LES TRAHISONS NÉCESSAIRES

DU MÊME AUTEUR

Avoir confiance en soi sans se prendre la tête, co-édition First Éditions/Lizzie, 2021.

L'hypnose pour tous, Payot, 2017 ; *L'hypnose pour simplifier les relations familiales : une autre voie pour alléger la vie de famille et de couple*, Pocket, 2019.

La famille, l'argent, l'amour : les enjeux psychologiques des questions matérielles, coécrit avec Bernard Prieur, Albin Michel, 2016.

Nos enfants, ces petits philosophes : partager avec eux leurs grandes questions sur la vie, coécrit avec Isabelle Gravillon, Albin Michel, 2013.

Petits règlements de comptes en famille, Albin Michel, 2009.

Raconte-moi d'où je viens : parler à nos enfants de leurs origines biologiques, culturelles et sociales, Bayard, 2007 ; Marabout, 2009.

Nous nous sommes tant trahis, Denoël, 2004 ; *Amour, famille et trahisons : se détacher pour mieux s'aimer*, Marabout, 2008.

Arrêtez de vous disputer ! Faut-il se mêler des conflits des enfants ?, coécrit avec Isabelle Gravillon, Albin Michel, 2004.

Grandir avec ses enfants : comment vivre l'aventure parentale ?, La Découverte, 2001 ; Marabout, 2004 ; L'atelier des parents, 2014.

Adolescents, parents : des rendez-vous manqués ?, Casterman, 1981.

Site Internet : http://www.parolesdepsy.com/

Fabrice Midal présente
NICOLE PRIEUR

LES TRAHISONS NÉCESSAIRES

S'autoriser à être soi

Robert Laffont

ISBN : 978-2-221-25474-5
Dépôt légal : novembre 2021
Éditions Robert Laffont – 92, avenue de France, 75013 Paris

À Mélanie, Rolande, Paule,
les femmes de ma famille
à qui je dois ma résilience.

Introduction
Les trahisons, une voie pour notre liberté

Trahison ! Le mot fait tellement peur. Pire, il sidère. Dès que nous le prononçons, il brûle les lèvres. Une fois que nous avons déclaré « J'ai été trahi. », « Il m'a trahi. », nous estimons que tout a été dit et qu'il n'y a rien à ajouter. Comme c'est dommage ! Car, au contraire, c'est à partir de cette déclaration que nous pourrons mettre à jour de nouvelles perspectives, apprendre à nous libérer de certaines contraintes inutiles, qui pèsent sur nos existences et nous entravent. Les trahisons sont, en effet, des processus bien plus riches que nous ne le concevons habituellement. À force d'être impensées, elles ne dévoilent pas toute leur profondeur. Il est urgent de sortir du jugement moral qui les condamne, car il nous prive de leur potentiel libérateur. Il est temps de visiter leurs terres fertiles, car nous y découvrirons des pistes inédites pour instituer une véritable éthique pour notre XXIe siècle, devenir des sujets libres mais responsables, présents à nous-mêmes et aux autres, ouverts à notre intériorité et au monde.

Les trahisons, au cœur de nos relations humaines

Commençons par nous pencher sur les différents visages des trahisons. Elles peuvent se révéler tragiques autant que sublimes, destructrices autant qu'épanouissantes, immorales, sordides autant qu'éthiques et vertueuses.

Si les trahisons que nous subissons sont les plus évidentes, il ne faut pas négliger celles que nous commettons, quelquefois à notre insu, et encore moins toutes celles que nous nous infligeons à nous-même. Nous nous trahissons nous-même si souvent, sans en avoir conscience. Combien de fois faisons-nous des choses à l'encontre de ce qui est bon pour nous, alors que nous ne cherchons qu'à nous faire du bien ?

Que ce soit sous l'une ou l'autre forme, nul n'échappe aux trahisons. Elles existent depuis la nuit des temps, elles sont à l'origine de l'histoire de l'humanité et de nombreuses civilisations. Inhérentes à toutes les formes de relations, elles ne sont pas toujours volontaires mais elles sont inévitables, car elles font, *ni plus ni moins*, partie de la structure du lien, de son essence. Elles sont le lieu où se joue la tension entre soi et les autres, l'espace où se manifestent des tiraillements constants, où, sans les autres, je n'existe pas. Mais avec les autres, à côté d'eux, face à eux, qui suis-je ? Comment être « soi » en présence d'autrui et lors de certains événements de la vie ? Elles interrogent la manière dont un sujet, à chaque moment de son existence, se place entre dépendance et autonomie, entre déterminismes et liberté, entre dettes et loyauté. Scène où se débat notre conscience morale, elles sont la métaphore de notre humanité, ballottée entre le bien et le mal, un équilibre difficile à trouver entre la part de soi et la part des autres, véritable miroir de notre ambiguïté fondatrice, de nos contradictions intérieures.

En réalité, on ne peut pas ne pas trahir. Il faudra à un moment l'admettre pour advenir à notre liberté et à notre profondeur. Être fidèle aux uns nous amène souvent à être déloyal vis-à-vis des autres, ou à être considéré comme tel. Quand, par exemple, nous sommes attentifs à nos enfants et que notre nouveau compagnon ne le supporte pas ou considère que l'on en fait trop pour les « petits » ; quand les parents d'un enfant handicapé sont très mobilisés par lui et que ses frères et sœurs en souffrent. Ou bien lorsque nous devons aller à une fête de famille peu enthousiasmante et que nous nous privons d'un week-end en amoureux ; ou encore quand nous faisons plaisir à un ami et que cela insupporte un autre. Bien des situations nous plongent dans un dilemme : « À qui faire plaisir ? » Pour les uns, « on assure », on répond présent. Pour les autres, on s'absente et on déçoit. Un même acte, une même parole peut rapprocher, créer du lien avec certains, et dans le même temps séparer, mettre une distance, jeter un froid avec d'autres. Non seulement il n'est pas facile de trouver le bon équilibre entre ce qu'il est juste ou non de faire, mais il nous faut aussi supporter cette double image de nous-même et ne pas faire vaciller notre confiance en nous.

Pour ne pas être troublé, fragilisé par ces conflits de loyauté, pour qu'ils puissent au contraire nous renforcer et conforter notre assise identitaire, nous ne pouvons faire l'économie d'une meilleure compréhension de ce processus. Car nous sommes tour à tour traître et trahi. Le traître, ce n'est pas toujours l'autre. Quand une femme est en rupture avec sa famille, quand un frère est fâché avec sa sœur, qu'une infidélité surgit dans un couple, ce n'est souvent que l'aboutissement d'une longue histoire de malentendus, de compromis, de souffrances, de non-dits, etc., impliquant bien d'autres protagonistes que celui qui est désigné comme traître. Ce dernier ne s'est-il pas lui-même senti trahi par les autres membres du groupe ? A-t-il trouvé la place, la considération dont il avait besoin ? La trahison ne peut se réduire à un acte, aussi spectaculaire et douloureux soit-il, ni à la seule figure du traître.

Prendre conscience que nous trahissons, sans le vouloir, nous permettra d'atténuer les effets destructeurs, pervers et douloureux de certains de nos actes et nous amènera sur le chemin d'un épanouissement durable et structuré. Mais les trahisons ne concernent pas seulement les relations aux autres et aux événements de la vie.

Se trahir soi-même, une expérience trop fréquente

Nous nous trahissons dans tant de situations quotidiennes ! Quand, par exemple, nous nous soumettons aux désirs des autres alors qu'ils sont contraires à nos propres besoins. Dans nos familles, dans notre couple, avec nos amis, nous nous conformons si souvent à des demandes qui ne nous conviennent pas ; par loyauté, nous obéissons à des attentes qui nous mettent en porte-à-faux avec nous-même et nous éloignent de ce que nous voudrions être ou faire. Nous nous plions aux demandes de nos proches que nous considérons comme plus importantes que nos propres aspirations. Dès lors, nous nous perdons de vue pour être bien vu de notre entourage. On a tant besoin de reconnaissance ! D'être reconnu comme le « bon fils », la « bonne fille », la femme, l'homme sur qui on peut compter, l'ami dévoué à qui l'on peut tout raconter, toujours prêt à rendre service, le collègue efficace, etc. On n'ose pas dire non, on n'ose pas s'opposer de peur de perdre l'amour, l'affection de ceux que l'on aime et estime ; ou bien pour espérer gagner un peu de considération, être regardé, enfin ! On en fait toujours plus parce qu'on a l'impression de ne pas être suffisamment à la hauteur. On a si peur de décevoir. Alors on se met entre parenthèses, on se dissout dans les demandes des autres, on passe à côté de soi, de sa vie. On se quitte soi-même pour ne pas que l'on nous quitte. Mais le naufrage de notre propre estime nous guette : on s'en veut de ne pas savoir dire non. On a tellement le souci de bien faire ! Voilà le drame : vouloir bien faire. On finit par rester prisonnier, dépendant de l'image que l'on veut renvoyer aux autres, reflet souvent bien pauvre de ce que l'on est au fond de soi.

Dans notre travail aussi, combien de fois nous sentons-nous contraint d'agir à l'encontre de nos valeurs ? Nous n'échappons pas facilement à l'hypocrisie qui règne en maîtresse dans le monde professionnel, où les relations sont souvent fausses, biaisées. C'est tellement à l'opposé de nous qui avons envie d'être entier, authentique ! Comme l'on déteste être hypocrite, « faux jeton » – devoir faire semblant, tricher, nous mine et nous met en colère contre les autres, contre nous-même. Derrière le sourire que l'on se croit obligé d'afficher, au fond de soi cela se fissure, on a mal. Notre étoffe personnelle s'étiole. Nous n'aimons pas celui que nous nous sentons obligé d'être. Nous nous sentons emporté loin de nous-même.

Se trahir non seulement engendre une souffrance sourde, persistante, difficile à cerner, mais nous coupe aussi des autres. Les liens sociaux se dissolvent, les relations sont difficiles, l'existence semble lourde à porter. Le monde paraît absurde, on s'y sent étranger, moins impliqué, on s'isole parce qu'on ne le comprend plus, qu'on n'y trouve pas sa place. L'extérieur devient une menace, on risque de se fermer sur un « moi » qui se replie, apeuré par les autres, englué dans sa méfiance. On peut devenir agressif, être agacé de tout et de rien. Le ressentiment n'est pas loin. On perd le goût du combat, de l'engagement. La fatigue, voire la lassitude, gagne du terrain. Plus on s'absente de soi, plus les liens avec les autres s'appauvrissent, plus les relations sont décevantes, difficiles, houleuses. La vie glisse entre les doigts et se perd dans l'amertume.

S'autoriser à être soi, un enjeu du XXIe siècle

Notre monde contemporain n'arrange pas les choses, qui amplifie encore davantage ces tensions intérieures et celles entre soi et les autres. Comment se sentir à l'aise quand nous travaillons pour une entreprise polluante alors que nous sommes sensible aux enjeux écologiques ? Comment être présent à nos parents âgés et dépendants alors que nos enfants ont besoin de nous pour garder les petits-enfants ? Comment vivre notre situation de mère et de père quand nous avons nos enfants seulement un week-end sur deux et alors même que nos beaux-enfants sont là toute la semaine ?

Plus que jamais, l'évolution de notre société nous met face à des dilemmes moraux, des choix douloureux, des conflits de loyauté difficiles, angoissants, dont les enjeux souvent nous dépassent, que ce soit sur le plan familial – avec les séparations, familles et fratries recomposées complexifient les liens – ou sur le plan professionnel, soumis à l'infernale loi des marchés financiers et du profit toujours plus grand pour les puissants, ou bien encore par rapport à toutes les nuisances environnementales qui sont si peu et si mal prises en compte par les États.

Nous sommes de plus en plus sollicité sur les multiples facettes de nos identités – femme ou homme, fille ou fils, mère ou père, sœur ou frère, belle-mère ou beau-père, collègue, ami, citoyen, membre de telle ou telle association, etc. C'est beaucoup pour une seule personne –, ce qui nous confronte constamment à des tiraillements qui nous débordent, nous divisent intérieurement et creusent encore davantage ce sentiment de nous trahir, d'être en décalage par rapport à nous-même. Nous ressentons comme un fossé interne entre le « soi » que nous voudrions être et celui qui agit et se manifeste. Nous ne nous reconnaissons pas toujours dans ce que nous avons fait et cela engendre des profondes souffrances. Nous perdons le contact avec nous-même et avec ce qui fait sens pour nous.

Notre monde va de plus en plus vite, nous bouscule, nous presse de répondre dans l'urgence sans nous laisser le temps de nous poser, de nous recentrer pour savoir ce qui est prioritaire pour nous. Cette accélération nous entraîne, malgré nous, à l'opposé de ce que nous aimerions faire, renforçant le sentiment de ne pas pouvoir nous respecter. Elle nous désynchronise de nous-même, nous fait perdre nos repères spatiotemporels. Dans le même temps, on nous dit qu'il faut prendre le temps de méditer, d'être présent à soi, aux autres. Comme notre société n'est pas à une contradiction près, elle assigne l'homme, la femme à devenir soi, à prendre soin de sa singularité, sans lui en donner les moyens, voire en entravant ce qu'elle impose. Nous voilà pris en étau : on aspire, légitimement au respect de soi mais on est vite happé par des mouvements contraires. Alors que nous rêvons de bienveillance, de douceur, nous sommes souvent emporté, embarqué dans des relations dures, quelquefois brutales, agressives, violentes. Nous avons beau vouloir être serein, rester zen, il faut néanmoins se battre. Il est bien difficile de rester poli dans un monde où les incivilités sont monnaie courante et où la courtoisie se révèle exceptionnelle, si ce n'est désuète.

Comment vivre au plus près de soi-même dans un monde de plus en plus étranger à nos valeurs, opaque et incompréhensible ? C'est à cette question que nous allons, ensemble, tenter de répondre. Car nous aspirons tous à vivre autrement.

Être fidèle à ses valeurs, se sentir en accord avec soi, être à sa juste place, être sincère, ne pas renoncer à ce qui fait sens dans sa vie, éprouver un sentiment d'unité et de cohérence interne qui assure notre présence au monde et aux autres, en un mot, être vraiment soi sans se trahir, nous en rêvons tous ! C'est une aspiration profondément ancrée en chacun de nous, car il y va de notre épanouissement et de notre accomplissement. Cette magnifique aventure est bel et bien l'enjeu de toute une vie.

Trahir, pour ne pas se trahir

Lever le tabou qui pèse sur les trahisons, voilà ce que je vous propose. Porter un nouveau regard sur ce processus s'avère indispensable pour pouvoir affronter les défis de notre siècle. La trahison, c'est ce qu'il va falloir traverser pour s'autoriser à être soi. Elle ouvre la voie à la légitimité que nous devons nous accorder pour oser devenir ce que l'on est, souvent à l'encontre de toutes les assignations contraires et de l'ambiguïté de notre propre inconscient, qui nous placent là où nous ne sommes pas, là où nous ne nous reconnaissons pas, décalages qui sont sources de tant de souffrances. Comment passer de la place à laquelle on m'assigne à la place à laquelle j'aspire ? Car, oui nous avons le devoir de nous respecter, d'advenir au meilleur de nous-même ; nous ne devons pas oublier, négliger les responsabilités que nous avons aussi à l'égard de nous-même. Il y va de notre dignité, de notre humanité. Nous avons à tenir compte de loyautés envers nous-même. À la fois, nous ne *pouvons* pas renoncer au respect de nous-même, et il *nous faut* cependant respecter autrui. Trouver l'équilibre au cœur de cette tension, c'est de cela dont il est question dans ce livre. Nous y découvrirons que la trahison, c'est avant tout une affaire de mouvements, de déplacements à la recherche d'un emplacement qui nous convienne, de justesse, mais aussi de justice.

Mais lever le tabou ne suffira pas ! Nous irons encore plus loin, car nous découvrirons que, pour ne pas se trahir, il va falloir trahir. Oui, « trahir pour devenir soi », telle est la pierre angulaire de notre recherche. Les trahisons s'avèrent souvent nécessaires, voire vitales pour pouvoir rester fidèle à nos propres valeurs, être cohérent avec nous-même. Pour devenir ou rester un sujet libre, dois-je me faire traître ? Oui, sans aucun doute !

« Trahir pour ne pas me trahir » : nous découvrirons que c'est là une proposition essentielle et éthique, au-delà de son apparente provocation. Agir, réagir pour ne plus subir ! C'est bien ce qui a sous-tendu les mouvements #MeToo et #MetooInceste. Trahir les secrets, dénoncer les abus, faire exploser le silence assourdissant des familles, l'omerta insoutenable des proches, pour faire advenir une justice et retrouver sa dignité.

Bien entendu, il ne s'agit pas de trahir de n'importe quelle manière. Nous découvrirons comment devenir un traître responsable. Et nous irons jusqu'à considérer que, loin d'être immorales, certaines formes de trahison constituent une voie privilégiée pour mettre en œuvre l'altérité et le respect mutuel. Advenir comme sujet libre et responsable, cela suppose que nous sachions, que nous soyons capables de préciser au nom de quoi et pour quelles raisons nous trahissons. C'est ce qui tracera la frontière entre les « traîtres salauds » et les « traîtres éthiques ». Alors, nous pourrons petit à petit accomplir une vie qui nous ressemble, dans laquelle nous nous reconnaissons.

Cette approche originale se présente comme un véritable antidote à nos souffrances et à nos enfermements divers. Découverte, créativité, sourire, joie de vivre sont donc à l'ordre du jour.

S'autoriser à être soi, c'est combattre à la fois les freins intérieurs, nourris grassement et tenus bien au chaud par notre inconscient, et les vents contraires de la vie, la force de circonstances qui ne dépendent pas de notre volonté ni de notre pouvoir. C'est repousser les barrières, les clôtures que nous gardons fermées à double tour en nous-même, qui encerclent notre existence, la limitent, et nous rendent malheureux, alors même que nous aspirons sincèrement au bonheur. Faire sauter les verrous intérieurs mais aussi dépasser certains obstacles extérieurs, tout au moins ceux dont on peut venir à bout. Et contourner ceux dont on ne peut pas venir à bout pour qu'ils ne nous immobilisent plus. Reconsidérer notre existence pour retrouver une combativité qui éveille notre élan vital et anime notre créativité.

Peut-être, finalement, est-ce avant tout laisser s'engouffrer en nous la puissance de la vie, sans en avoir peur.

Une démarche inédite

J'ai toujours eu à cœur d'amener mes patients au plus près d'eux-mêmes, à oser, pour y parvenir, agir les déloyautés nécessaires et libératrices. La démarche que je vous propose est largement inspirée de ma longue expérience de thérapeute, éclairée par mon regard de philosophe ; elle s'est avérée efficace tout au long de mon travail avec les femmes et les hommes, les couples, les familles, les fratries que j'ai rencontrés. L'hypnose fera, subtilement, partie du voyage et l'agrémentera en nous ouvrant à notre sensorialité et à la poésie. Ainsi, tout se fera en douceur et en profondeur.

Si le cheminement auquel je vous invite paraît déroutant, tant mieux, c'est que nous sommes dans la bonne direction ! Un peu d'hérésie nous tiendra en éveil. Ne vous étonnez pas si ce parcours produit tôt ou tard des changements profonds dans votre manière d'être. Il ne vous laissera pas indifférent, laissez-vous emporter.

Dans un souci de cohérence, je me contenterai de vous suggérer quelques « clefs », mais c'est vous qui devrez constituer votre trousseau. Parmi mes propositions, vous rejetterez celles qui ne vous conviennent pas et adopterez celles qui vous concernent. Vous seul savez ce qui est bon pour vous, même si vous ne savez pas encore que vous savez ! Vous deviendrez ainsi expert de votre existence. Chemin faisant, vous apprendrez à ne plus subir, à ne plus vous courber, à vous redresser, à rebondir, à oser dire « stop » et poser les limites nécessaires au respect de vous-même. Vous aurez la force de réagir, de vous révolter, de mettre en œuvre vos désirs de changement, de matins clairs. Vous vous sentirez plus vivants. En ne vous trahissant plus, vous pourrez développer des ressources inexplorées jusqu'alors, et enfin croire en vous et en la vie. Il s'agit de devenir l'homme, la femme dont vous serez fiers.

S'autoriser à mettre à l'œuvre les trahisons nécessaires, cela permet une rencontre avec soi-même, c'est retrouver une intimité avec sa propre profondeur, toujours étonnante et éblouissante. C'est se surprendre constamment pour s'apprécier de plus en plus. Accepter qui nous sommes, faire la paix avec soi, savourer notre singularité, oser affirmer nos différences, ce qui fait le sel de l'existence et la richesse des relations. Voilà le programme.

La durée sera notre alliée, car cela ne se fait pas en un claquement de doigts. On n'en a jamais fini d'être soi, c'est-à-dire d'être emporté dans des transformations incessantes – il s'agit d'un véritable processus. Apprendre à ne pas nous trahir nous permettra de ne plus nous éloigner de nous et de ce qui est essentiel pour nous-même. Le temps passé ensemble, au bout du compte, vous paraîtra court, car il s'agit de découvrir comment savourer votre existence, s'enraciner dans votre vie, retrouver des joies simples.

Pour rallumer le feu, croire en vous, vous sentir vivant, nous mettrons du mimosa dans vos rêves, nous irons entendre chanter le soleil et écouterons le rire de la pluie. « Ne néglige la voix d'aucun arbre, d'aucune eau [...] *Accorde-toi le soleil* [...] Apaise le conflit de ton rire. *Mets-toi dans tes couleurs*[1]. »

Un thème qui fait sens pour moi

Comme tout le monde, je me suis trahie maintes et maintes fois. J'ai ressenti tellement souvent les affres du doute que je me suis perdue par manque de confiance. J'ai mis du temps à devenir ce que je suis aujourd'hui, et j'ai encore tant à faire. Ce n'est pas un hasard si ce thème me passionne, et si j'ai eu envie de partager avec vous mon expérience de thérapeute mais aussi de femme, de mère, de grand-mère.

Je me suis trahie et j'ai trahi. J'ai souvent fini par échapper aux pièges qui risquaient de m'enfermer. Mon désir d'indépendance, mon besoin de me libérer sans cesse, de repousser les barrières, de faire sauter le verrou, de déranger l'ordre trop bien établi, de bousculer les idées reçues, mon refus de me laisser enfermer dans des dogmes, dans des « chapelles », ma révolte contre l'intolérance, mes colères contre l'indifférence, ma passion pour mon travail fait de rencontres et de découvertes,

1. Peter Handke, *Par les villages*, Paris, Gallimard, 1983.

l'héritage spirituel reçu de ma famille d'origine, mon amour pour mes enfants et petits-enfants, l'importance de mon couple, tout cela et tant d'autres choses encore ne sont que des illustrations de ce qui s'est révélé être mon principe de vie inconscient : « Comment ne pas me trahir », notamment en trouvant un équilibre entre toutes ces composantes essentielles de mon existence. Me réaliser sur un maximum de plans, cela a été ma manière de répondre à cette forme d'impératif intérieur. Faire en sorte que mes problèmes professionnels soient compensés par mes bonheurs de mère et de grand-mère, que mon couple m'aide à dépasser les lourdeurs de mon histoire familiale, mais aussi que mon travail, mes amis, mes engagements soient des lieux de ressourcement indispensable.

Je me suis rendu compte que, comme M. Jourdain qui faisait de la prose sans le savoir, j'ai toujours cherché à ne pas me trahir, sans me le dire aussi clairement. Les réflexions que je partage avec vous ont permis rétrospectivement d'éclairer ma trajectoire et de donner un sens à bon nombre de mes choix et comportements. Elles font apparaître après coup une cohérence dans ma vie, mettent en évidence une dynamique qui a déterminé plusieurs épisodes de mon existence. J'avais cru me perdre à plusieurs reprises, alors que je m'approchais de moi-même, je me construisais. Mes errances ont tracé mon chemin.

J'ai beaucoup lu, et bu à de nombreuses sources : philosophie, psychologie, sociologie, poésie et littérature, bien sûr. Mais toujours l'iconoclaste que je pensais être se laissait surprendre par l'incroyable justesse de nos textes fondateurs, Ancien et Nouveau Testaments. Ils m'ont beaucoup inspirée, dans une lecture laïque et symbolique. Juive, d'origine kabyle, baignant dans un monde chrétien, je ne me laisse enfermer dans aucun dogme et, en même temps, je suis fidèle à mes origines métissées, toujours en dialogue. Au cœur de ces multiples appartenances, les frontières se franchissent quelquefois avec audace, d'autres fois avec facilité, toujours avec allégresse.

Ce livre m'apparaît comme celui de la maturité, moment où s'expriment à la fois ma liberté et ma légitimité, ma légèreté et ma présence, temps où je me contente d'être là, dans l'ouverture au monde et face à l'étrangeté acceptée de mon moi, instant où je m'abandonne à l'oubli de mon ego, où je découvre qu'il n'est pas pour grand-chose dans ma rencontre avec la vie, voire plutôt un frein. Être soi, c'est peut-être cela : parvenir à remettre son ego à sa place, pour qu'il dérange le moins possible.

Un accompagnement pour une mise en pratique personnelle

À la fin de l'ouvrage, vous trouverez un livret pratique dans lequel un accompagnement personnel vous sera proposé, en lien avec chaque chapitre. Bien évidemment, vous pourrez vous autoriser à ne pas en tenir compte. Dans le cas contraire, le livret est là pour vous guider sur ce chemin qui vous mènera vers vous. Je vous inviterai à réfléchir à votre situation personnelle afin de voir comment les questions que j'évoque vous parlent, comment vous pouvez vous les approprier, les mettre en application ou inventer d'autres pistes plus concrètes pour vous. Évidemment, libre à vous, également, de vous organiser comme vous l'entendez. Vous pouvez sauter les questions qui ne vous inspirent pas, les faire les unes à la suite des autres, ne répondre qu'à certaines, y revenir plusieurs fois. Si cela vous aide, n'hésitez pas à écrire ce que vous avez besoin de déposer sur un cahier.

1

La famille, entre loyauté et déloyauté

La famille, ce cocon dont on vante les mérites, cette valeur refuge si précieuse aux yeux de la plupart d'entre nous, n'en demeure pas moins le lieu des premières expériences d'injustice, de souffrance. N'en déplaise à celles et ceux qui ont une représentation idéale de la famille, s'il est un lieu où se jouent quotidiennement des trahisons de toutes sortes, c'est bien celui-ci.

La famille, pourquoi est-ce si compliqué ?

Aborder la famille sous cet angle n'est pas très réjouissant, j'en conviens, mais cela présente un avantage inestimable : celui de nous permettre d'aller plus en profondeur dans ce qui tisse et fonde ce lien tout à fait spécifique. Évoquer les trahisons qui se trament au sein des familles nous réveillera et nous alertera sur les risques et dangers de la vie de famille, de manière à en atténuer les souffrances et les méfaits, quelquefois catastrophiques. Plutôt que de dire une énième fois aux parents ce qu'ils doivent faire et aux enfants comment se comporter, notre axe iconoclaste nous permet de comprendre l'architecture de la relation parents-enfants qui, pour rester invisible, n'en est pas moins déterminante. Il est temps de passer à un autre discours. Tous les pères et les mères de notre époque ont été nourris à la psychologie positive et sont prêts à embrasser toute la bienveillance du monde pour permettre à leurs chers, merveilleux et si tyranniques bambins d'être le plus heureux possible. Ils ont entendu des quantités de recommandations, recettes, modes d'emploi, mais voilà, cela ne fonctionne pas aussi bien que promis. Quelque chose coince. Alors, agissons.

La famille, lieu de nos premières souffrances

Entrer par la voie de la trahison dans le sacro-saint univers familial ouvre indéniablement de nouvelles perspectives. Nous pourrons mieux apprécier ce qui est « bon » dans notre histoire familiale, nous protéger et nous libérer de ce qui l'est moins et, surtout, apprendre à ne plus nous trahir nous-même. Devenir soi, parent comme enfant, chacun à partir de sa place propre.

Avant de nous engager sur ce chemin, nous avons à défricher le terrain et à balayer d'emblée une de nos tenaces et dangereuses illusions.

En effet, « qui aime bien trahit bien », pourrions-nous plagier. Il ne suffit pas de s'aimer pour se respecter. L'amour, bien que nécessaire, est loin d'être suffisant pour permettre à un enfant de devenir soi ou pour aider les parents à rester à leur place. C'est toujours animés des plus louables intentions, en voulant sincèrement le bonheur et le bien de leur enfant, que pères et mères – involontairement, inconsciemment – verrouillent plus ou moins durablement son développement. C'est en courant après une indépendance légitime que les enfants trahissent leurs parents. Mères et pères seraient-ils encombrés par leur trop grande volonté de « bien faire » ? Filles et fils, par leur trop grand désir de rester « de bons enfants » ? Dans cette relation spécifique entre parents et enfants, qui trahit l'autre ? L'ingratitude ressentie par les uns fait-elle écho au manque de reconnaissance dont les autres se plaignent ? Qui trahit-on le mieux, si ce ne sont les personnes qui nous sont chères ou l'ont été ?

Des lignes à haute tension

Bien sûr, il y a des parents plus ou moins structurants, des enfants plus ou moins faciles, des histoires familiales plus ou moins traumatisantes et lourdes. Mais quelle que soit leur forme – traditionnelle, monoparentale, recomposée, adoptive, homoparentale – on retrouve, au-delà de leur spécificité, des constantes communes, fondatrices de l'essence même du lien intergénérationnel.

Élever une fille ou un fils d'un côté, et grandir en tant qu'enfant de l'autre, mettent en œuvre des processus qui placent les uns et les autres dans des positions opposées, dans des enjeux existentiels différents. Les parents, pour être dans leur rôle, transmettent, sans mesurer tout à fait ce qu'ils transmettent. De leur côté, les enfants transforment ce qui leur a été transmis pour accéder à leur singularité, sans percevoir l'étendue des transformations nécessaires. La dynamique familiale, peut-être devrais-je dire la *dynamite* familiale, se fonde à partir de véritables lignes de haute tension, des forces antagonistes dans lesquelles s'ordonnent la place de chacun, son identité, sa fonction. Par exemple, un enfant pour se construire a besoin d'être porté par le désir de ses parents, d'être rêvé par eux. Il va se développer dans le regard que portent sur lui son père, sa mère et tous les autres membres de sa famille. Il aura confiance en lui si ses parents lui renvoient l'image de quelqu'un de solide, d'intéressant, de noble. Mais il a aussi besoin de s'émanciper de ces injonctions familiales pour devenir lui-même. Il lui faudra, pour affirmer sa différence, se révolter, désobéir, ne pas répondre à un certain nombre d'attentes qui pèsent sur lui et l'éloignent de lui-même.

Autres lignes de haute tension : il faut protéger son enfant alors même qu'il a, de son côté, besoin de se frotter au risque. Il est important de lui transmettre des valeurs, mais il sera amené à les remanier, à les renier, à les transformer. Un parent guide, montre le chemin, mais c'est à l'enfant de trouver sa propre voie. Dans la relation parent-enfant, chacun trouve sa place dans un mouvement contraire à celui de l'autre. C'est au cœur même de ces tensions que le lien se constitue, mais c'est aussi là que les trahisons s'infiltrent.

Le lien familial se tisse à la fois à partir d'attachements *et* de séparations, de présence *et* de distance, de partage *et* d'individuation, d'autorité *et* d'autonomie. Cette dialectique, qui constitue l'essence même du lien familial, interroge sans cesse le « Comment ne pas me trahir » et, bien sûr, le « Trahir pour ne pas me trahir ». Plus on admettra l'importance de ces questions, plus on se les posera en conscience, sans fausse pudibonderie, avec courage et clairvoyance, plus notre famille sera ouverte et souple, et permettra à tous de se sentir bien ensemble mais à une juste distance émotionnelle, identitaire, symbolique, séparés mais unis, différents mais s'appréciant et s'estimant.

Ensemble, mais *chaque-un*. Chacun se construit entre singularité et filiation, individuation et appartenance. On naît « enfant », mais il s'agit ensuite de devenir « sujet ». Être soi dans le « nous » familial demande à la fois que l'on reconnaisse d'où l'on vient et que l'on ose s'en séparer. Ne pas se trahir, c'est affirmer sa singularité, parvenir à s'individuer dans un système familial qui peut se sentir menacé dans sa cohésion par l'expression de trop de différences.

Comme un arbre, chaque individu a besoin de ses racines, mais il a aussi besoin de son propre oxygène ; il devra se faire sa propre place au soleil, il sera amené à se greffer à d'autres plantes. Ses feuilles, ses fruits, ses fleurs ne seront jamais tout à fait les mêmes que ceux des autres arbres alentour. Aucun végétal n'est strictement identique aux autres, c'est ce qui fait le charme d'une forêt, la richesse de la nature ; ils poussent sur une même terre mais ont tous des aspects spécifiques. Il en est ainsi d'une famille : on a beau avoir la même origine, traverser les mêmes bonheurs et épreuves, nul ne les vivra de la même manière. Un même terreau, des pousses uniques. C'est la biodiversité qui assure la bonne santé d'une forêt, il en est de même pour une famille : elle sera d'autant plus épanouissante qu'elle saura accueillir la différence de chacun et s'en réjouir. Mais encore faut-il oser la mettre en œuvre. La vie nous est donnée, mais nous sommes les artisans de notre propre existence. Ne pas se trahir, c'est aller vers soi souvent à l'encontre de la parole et des désirs parentaux.

Car, en tant qu'être humain, nous ne nous contentons pas de « pousser » comme un arbre, nous avons à « grandir », c'est-à-dire à nous rapprocher de ce que nous avons envie d'être ; devenir ce à quoi nous voulons ressembler. Cette aspiration du sujet moderne signe sa liberté. Comment nous en donner les moyens ?

Ne mettons pas toutes les trahisons dans le même panier

Quand on parle de trahisons familiales, le spectre est large et recouvre plusieurs réalités relevant de processus différents. Il est important de préciser les choses.

Nous pouvons considérer qu'il y a au moins trois catégories de trahisons familiales.

La première regroupe les crimes de « haute trahison », comme la maltraitance, l'inceste, les abus sexuels, la violence physique ou morale, qui heureusement ne concernent pas tout le monde ! Il y a, d'un côté, les traîtres « salauds » qui agissent et, de l'autre, les victimes terriblement éprouvées qui subissent. Elles méritent un travail à part entière et nous ne les aborderons pas ici.

La deuxième catégorie regroupe les trahisons *familières.* Ce sont celles qui se tissent au sein même de l'amour le plus tendre, le plus sincère. Elles sont tellement fréquentes qu'on ne les remarque pas. Elles avancent à pas feutrés, subtilement, insidieusement, sans faire de bruit, car elles ne donnent pas toujours lieu à des actes spectaculaires et elles se drapent de bons sentiments. Elles sont tellement *familières* qu'on ne les considère pas comme des trahisons, et c'est bien là le danger. Les parents ne se doutent pas qu'ils trahissent, les enfants ignorent qu'ils sont trahis. Elles n'en sapent pas moins les fondements d'une identité, peuvent priver une personne de sa propre vie. La phrase si banale « C'est pour ton bien » a rendu malheureux tant d'enfants ! Quand un parent insiste pour imposer à son enfant quelque chose qui ne lui convient pas, quand on en veut à sa fille, à son fils de ne pas rentrer dans les projets forgés pour lui. Quand une mère, un père fait sentir à son enfant qu'il les déçoit, qu'il n'est pas à la hauteur au regard de « tout ce que j'ai pour lui ». Quand un parent compte sur son enfant pour le sauver, le rassurer, réaliser ce qu'il n'a pas pu faire, le considérant non comme un sujet à part entière mais comme un prolongement de lui-même, n'y a-t-il pas trahison ? Quand une mère, un père abandonne sa fonction de parent, met l'enfant à une place qui n'est pas la sienne, lui-même n'étant pas à sa place de parent, il n'assume pas sa responsabilité, il trahit. De même, lorsqu'un enfant est instrumentalisé dans les conflits du couple parental ou au moment de sa séparation, qu'il devient le territoire annexé, occupé du pugilat, comment peut-il évoluer ?

Ces trahisons familières sont inévitables. Inutile de vous culpabiliser. Nous avons tous, en tant que parents, trahi, avec des conséquences plus ou moins destructrices et désastreuses. On peut considérer qu'elles font intrinsèquement partie de la vie de famille.

Sans les excuser, essayons de comprendre comment ces trahisons familières se mettent en place.

Le plus souvent, c'est parce que nous n'étions pas suffisamment en paix avec nous-même, que nous portons encore de lourdes valises liées à notre histoire, pleines de souffrances, d'amertumes, de manques qui remontent à l'enfance. Ayant laissé une part de nous sur le bord du chemin, nous traînons nos fragilités et nos ressentiments. Nous attendons trop de nos enfants et, au regard de cela, s'ils ne nous permettent pas de soigner notre amour-propre blessé, s'ils ne viennent pas réparer, compenser nos failles, on leur en veut, on leur reproche de ne pas être ceux que nous aurions besoin qu'ils soient. On a une mauvaise image d'eux parce que l'on a une mauvaise image de soi. On ne les accepte pas parce qu'ils renvoient à tout ce que l'on n'accepte pas en soi. On les trahit, parce qu'on s'est trahi soi-même et que, inconsciemment bien sûr, on comptait sur eux pour se restaurer. Mission impossible. Comment faire ?

Quand on est parent, on n'en reste pas moins l'enfant de nos propres parents, et l'une des meilleures choses à faire, c'est de se libérer soi-même de ce qui nous entrave. En effet, le plus souvent, quand une mère ou un père n'est pas à sa place, c'est qu'il est resté trop englué dans son histoire familiale, qu'il ne s'est pas assez émancipé des injonctions de ses propres parents, qu'il n'a pas encore trouvé sa place dans la famille, dans sa fratrie, dans son histoire, qu'il n'a pas su, pas pu, jusqu'à présent oser être lui et savourer le plaisir de s'apprécier avec indulgence. Symboliquement, il reste l'enfant de ses parents et ne parvient pas à devenir le parent de ses enfants. Pour advenir à sa fonction parentale, il faut avoir soi-même suffisamment désobéi à ses parents, les avoir suffisamment trahis.

C'est ici qu'entrent en scène les trahisons nécessaires, car libératrices. Ces trahisons du troisième type vont sauver la situation, équilibrer des relations qui étaient mal parties, et vont nous aider à sortir du piège des trahisons familières. Pour être à sa place de parent, des trahisons s'imposent. Il faut pouvoir trahir pour continuer à grandir. Quand un parent se libère du poids et des entraves de son histoire familiale, alors il en libère aussi ses enfants, qui n'auront plus besoin d'en reprendre le flambeau, n'auront plus ni à porter cette histoire, ni à en subir les conséquences. Double gain. Quand nous nous autorisons à devenir ce que nous sommes, nous ouvrons la voie à nos enfants. N'est-ce pas la meilleure manière d'être à sa place de mère et de père ?

Les trahisons libératrices constituent le chemin que chaque individu, selon son âge, enfant ou adulte, doit parcourir pour devenir soi-même. En abordant par cet angle-là les relations familiales, on se donne les moyens de sortir des sinistres répétitions, et l'on évite de stigmatiser les erreurs, les carences, les défaillances des uns et des autres. On permet alors de réorienter la dynamique familiale en désamorçant quelques bâtons de dynamite.

Déloyal dès notre naissance !

De toute manière, nul n'échappe à la déloyauté, alors autant assumer cette réalité inexorable ! Cela nous permettra de nous engager plus facilement vers les trahisons libératrices. Accepter l'idée que l'on est – de toute manière – traître, et ce, dès sa naissance, constitue un préambule à notre démarche.

Dons, dettes et loyautés dans une famille

Dans une famille, tout commence par un don. Et cela est déterminant. Il s'agit là d'une spécificité de la relation parents-enfants unique en son genre. Les couples, par exemple (nous le verrons plus tard), ne se constituent pas en premier lieu à partir de dons. Ces dons initiaux constituent et structurent le lien primordial, fondamental, transgénérationnel.

Nous reprenons ici l'analyse de l'anthropologue Marcel Mauss[1]. En observant des sociétés tribales, il a mis en évidence que le don est au service du lien selon trois séquences : *donner*, *recevoir*, *rendre*. Les relations sociales se tissent au rythme de ces trois moments : quelqu'un *donne* à une autre personne qui *reçoit*, et qui, dans le but de poursuivre le lien, *rend* en donnant à son tour. Chaque étape est essentielle pour maintenir la relation, la préserver dans la durée. Dons et contre-dons (Marcel Mauss parle de contre-don) sont donc intentionnels, dans le sens où ils ont pour fonction d'entretenir et de soutenir la relation en instituant une réciprocité. Nous pouvons transposer cette analyse dans le champ familial.

Dans une famille, tout commence donc par un don, et pas n'importe lequel : le bébé reçoit la vie. Avant même de naître, il est déjà héritier ! Il hérite d'une histoire, tissée de souvenirs heureux, de mythes, mais aussi de traumatismes, de non-dits, de secrets, de rituels de fête, de deuils plus ou moins bien faits. Il est d'emblée le noble héritier de la névrose familiale. Quelle famille y échappe ? Cette névrose peut être, selon les situations, plus ou moins sclérosante, toxique, ou bien stimulante, énergisante, mais en naissant l'enfant est immédiatement plongé dans les comptes, contentieux et conflits portés par la mémoire familiale et son inconscient. Avant qu'il ait poussé son premier cri, une place au moins symbolique lui est assignée. Il n'a pas encore montré sa jolie frimousse que l'on a imaginé son visage, projeté sur lui des traits de caractère qui détermineront peut-être pour

1. Marcel Mauss, *Essai sur le don*, Paris, PUF, 2007.

longtemps son profil. Dès les premiers « C'est tout le portrait de sa maman ! » « Non, de son grand-père ! », la place et la fonction symboliques d'un enfant s'esquissent tendrement, mais risquent de l'enfermer.

Le patrimoine génétique qu'il a reçu va s'enrichir d'un patrimoine culturel, affectif, idéologique. L'enfant baigne d'emblée dans un environnement qui laissera son empreinte dans son corps. La manière dont un enfant est attendu dépend de son environnement social (on n'accueille pas un bébé de la même manière en Occident qu'en Afrique, par exemple), mais aussi du contexte familial ; si la future maman vit pendant sa grossesse des événements difficiles comme la maladie ou la mort d'un parent, le lien qu'elle aura avec son enfant en portera la trace. Puis, dès qu'il sera accueilli par des bras aimants, il aura droit à de l'attention, de l'amour, de la joie, mais lui sera aussi transmis un corpus de savoirs, de savoir-faire, des grilles de lecture du monde, des croyances, des valeurs, des règles, un certain rapport à la vie, aux autres. Et tant d'autres choses, du pire au meilleur.

Toutes ces transmissions sont fondatrices ; elles structurent l'identité de l'enfant, scellent son appartenance, l'inscrivent dans une filiation, définissent les frontières du « chez nous » et « chez les autres ». Elles sont indispensables, car elles constituent le cadre dans lequel il va grandir. Puissantes, elles n'en demeurent pas moins, en grande partie, inconscientes. Quel parent ou grand-parent sait vraiment ce qu'il transmet ? Quel enfant perçoit clairement ce qu'il reçoit ? Ces transmissions intergénérationnelles immatérielles sont souvent invisibles, jusqu'à ce qu'un indice ou un symptôme viennent les révéler. Nous y reviendrons.

À côté de l'émerveillement que suscite son arrivée, en marge de l'éblouissement devant son premier sourire, si nous voulions jouer les empêcheurs de tourner en rond, nous pourrions susurrer à l'oreille de l'enfant : « Te voilà à peine arrivé parmi nous que tu es déjà surendetté. » En se rapprochant davantage encore de lui, je n'hésiterais pas à lui suggérer à voix très basse, pour que personne d'autre que lui n'entende ce précieux conseil : « Courage, bébé, avec quelques déloyautés bien gérées et quelques trahisons, tu vas pouvoir t'en sortir ! »

En effet, les dons créent des dettes qui, à leur tour, engendrent des loyautés. Sa position de donataire le rend immédiatement redevable. Dès qu'il respire, il croule instantanément sous les dettes. Sur ses frêles épaules s'accumulent d'importantes attentes. Dans le lien familial, « rendre » prend un sens particulier. « Rendre », ici, c'est répondre aux attentes, c'est-à-dire être loyal[1].

Dans le contexte intrafamilial, on pourrait considérer que les trois séquences définies par Marcel Mauss prennent la forme suivante : *dons, dettes* et *loyautés.* Les parents *donnent,* l'enfant *reçoit* et devient immédiatement redevable, sans avoir rien demandé, et le contre-don serait sa *loyauté.*

Ce cycle structure l'ensemble des droits et des devoirs, des responsabilités mutuelles liées à nos places au sein d'une famille ; c'est le niveau éthique du lien familial. En tant que tel, il en constitue l'architecture, c'est-à-dire le soubassement. Quasiment invisible, il fait cependant

1. Pour aller plus loin sur la question de la loyauté : Nicole Prieur, *Petits règlements de comptes en famille*, Paris, Albin Michel, 2009.

tenir ensemble les différents membres d'une famille, et ce, sur plusieurs générations. Il peut relier, par exemple, un enfant à des aïeux qu'il n'a jamais connus. Il maintient les liens jusque dans les dissensions et les ruptures. Car ce lien éthique perdure même lorsqu'on n'est plus en relation. Les enfants placés dans des foyers ou des familles d'accueil, parce qu'en danger dans leur famille, gardent envers leurs parents ce lien symbolique, ambigu mais puissant. Cette dimension sous-jacente assure la continuité du groupe, maintient filiation et appartenance, écrit l'histoire familiale, à travers ses différents aléas.

Ainsi, le bébé se trouve lié à sa famille par tout un système de loyautés. Être loyal implique d'intérioriser les attentes du groupe et d'adopter un comportement conforme à celles-ci. Ce sentiment d'être redevable crée des obligations de toutes sortes – morales, symboliques – qui façonnent des identités, imposent des comportements, ordonnent des places, attribuent des fonctions. La pression est d'autant plus insidieuse qu'elle reste le plus souvent implicite, peu ou mal définie. Qu'attend-on vraiment de moi ? Qu'est-ce que j'attends au juste de l'autre ? Que je sois, qu'elle ou il soit, une « bonne fille », un « bon fils » ? Qu'est-ce que cela représente pour les uns et pour les autres ?

Cette notion de loyauté est centrale pour comprendre les enjeux relationnels familiaux, puisque chacun intègre tout au long de son enfance des expectatives et des injonctions familiales[1]. Elle structure la relation de confiance et détermine les légitimités : on ne choisit

1. Concepts développés par Ivàn Boszormenyi Nagy et présentés, entre autres, dans le livre de Catherine Ducommun-Nagy, *Ces loyautés qui nous libèrent*, Paris, J.-C. Lattès, 2006.

pas d'être loyal, on l'est d'office. C'est un lien primitif entre parent et enfant, qui s'origine dans une réalité existentielle : la relation de dépendance d'un enfant envers ses parents. La loyauté dépasse le simple attachement, participe à la construction du sujet. Elle n'est pas toujours évidente et constitue souvent une réalité cachée, latente, en grande partie inconsciente.

À côté des loyautés verticales qui circulent entre les générations, existent aussi des loyautés horizontales, entre pairs, notamment au sein d'une fratrie.

On ne choisit pas d'être loyal, très bien. Mais jusqu'où doit-on l'être ? Faut-il avoir peur d'être déloyal ? D'ailleurs, où et quand commence la déloyauté ? En fait, loyauté et déloyauté ne peuvent pas se penser l'une sans l'autre. Tout au long de notre vie, nous ne cessons de nous déplacer sur l'axe qui va de l'une à l'autre, tantôt loyal à certains et tantôt déloyal à d'autres. Elles sont intimement liées, imbriquées. Comment s'articulent-elles ? Sur cet axe loyauté-déloyauté, notre ligne directrice va prendre tout son sens : qu'ai-je besoin de trahir pour ne pas me trahir ? Jusqu'où être loyal, envers qui, quelle déloyauté sera nécessaire à mettre en place et faudra-t-il s'autoriser pour tendre vers ce que je suis et peut devenir ?

… sans oublier la déloyauté !

Un constat s'impose, qui signe la singularité unique en son genre des échanges familiaux. Entre parents et enfants, nous sommes, en réalité, dans une véritable disproportion de moyens. Ce que reçoit un enfant est tellement incommensurable qu'il ne pourra jamais – quoi qu'il fasse – rendre à la hauteur de ce qu'il a reçu, et donc s'acquitter de sa dette. Les dons descendants vers la génération suivante sont tellement nombreux qu'ils sont sans commune mesure avec ce qui pourrait être « rendu ». Les mouvements de retour vers les parents et les anciens, avouons-le, ne font jamais le poids, même quand les enfants nous comblent.

Nous touchons ici à l'une des dimensions spécifiques des relations intergénérationnelles et intrafamiliales : leur asymétrie irréductible. Car les parents ne cessent de donner à leur enfant de leur vivant, mais aussi au-delà. Sont transmis, alors, des biens matériels et immatériels. Les missions auxquelles ils assignent leur fils et leur fille ne s'arrêtent pas à leur décès. Tel se sentira chargé de préserver l'entente au sein de la fratrie, reprendra le relais pour inviter tout le monde aux fêtes ; tel autre se sent obligé de travailler à la ferme, ou dans l'entreprise familiale, alors qu'il rêvait de faire un métier artistique qui lui correspond bien mieux.

Le bébé, puis l'enfant, au fur et à mesure qu'il grandit, va se trouver très tôt devant un défi impossible à relever. Comment répondre à cet amoncellement d'attentes, à tant d'obligations ? Elles sont démesurées, contradictoires. Comment être l'enfant idéal de maman, de papa, de grand-mère, de grand-père ? La belle-fille ou le beau-fils parfait des nouveaux partenaires de ses parents séparés ? La super sœur, le super frère du reste de la fratrie ? Le bon élève de la maîtresse ? Le copain fiable ? Le gentil pensionnaire de la nounou ? Strictement irréalisable !

Nul ne peut être loyal à l'aune de ce qui est attendu. Nul ne peut jamais être tout à fait à la hauteur des demandes incommensurables qui pèsent sur lui, et dont la plupart ne sont même pas exprimées clairement.

Entre le don et la dette, le reçu et le rendu, existe un hiatus, une béance, véritable espace des loyautés inaccomplies, et impossibles à accomplir, dans lequel le sentiment de trahison se complaît, se déploie, enfle à loisir. Cela se traduit par un vécu d'injustice et d'ingratitude, aussi bien chez les parents que chez les enfants. Ces derniers ont l'impression de ne pas avoir reçu ce qu'ils auraient voulu recevoir, regardant de travers ce qui est ou fut donné aux frères et sœurs. Quant aux mères et aux pères, ils estiment que leurs efforts sont mal récompensés, ils espèrent des choses que leur chère progéniture ne pense pas leur devoir.

Comment, en tant qu'enfant, vivre avec cette dette si lourde ? Quand une mère divorcée ne s'est pas remariée et qu'elle répète à son enfant qu'elle a fait ce choix « pour mieux se consacrer à lui », quand des parents se sont « sacrifiés » pour payer à leurs enfants des études, que faire de cette dette ? D'ailleurs, s'agit-il vraiment d'une dette ? Est-ce juste de la reporter sur les enfants ? En tant que parent, peut-on – doit-on – alléger la dette ou le sentiment de dette des enfants ? Il me semble indispensable de ne pas leur faire porter le poids des efforts que l'on a faits pour eux et qui relèvent de nos propres choix.

Accepter d'être redevable

Ainsi, redevables nous naissons, redevables nous restons ! Face à l'immensité de ce qui est demandé dans une famille, la désobéissance est inéluctable, au moins en partie, qu'on le veuille ou non, qu'on le regrette ou pas.

Nous arrivons ainsi à ce paradoxe intéressant : même quand on veut être loyal, on demeure déloyal. La loyauté implique inévitablement la déloyauté. Les dons et les dettes ne peuvent réellement ni se superposer ni s'équilibrer. Cela est aggravé par le fait que ce qui circule n'est pas quantifiable. On échange de l'amour, de l'attention, on consacre du temps, du soin, on offre un sourire, de la tendresse, etc. Comment peut-on évaluer ce qui est donné, comment savoir ce que l'on a reçu ? Un flou artistique règne dans les chaumières. Nul ne peut « ramener » les compteurs à zéro. Qu'on le regrette ou non, l'entreprise est rigoureusement infaisable. C'est une des lois humaines qui inscrit l'individu dans une relation d'obligations envers les ascendants. On sera toujours peu ou prou débiteur à l'égard des générations passées. En famille, nous ne serons jamais quittes ! Autant l'accepter.

Car se lancer dans une logique de liquidation de dette ou de donnant-donnant risque d'aboutir à des impasses. Libre à chacun d'essayer d'instituer une symétrie entre parents et enfants, mais cela a toutes les chances de rigidifier les relations, de les enliser dans une logique fictive du « Il ne faut rien devoir à personne ». Une névrose d'indemnisation, qui à première vue peut paraître vertueuse, a de fortes chances d'impliquer plusieurs générations, d'embourber dans le passé, de constituer un retour sans fin sur les événements anciens : un enfant pourra passer sa vie à « réclamer » le dû d'un aïeul, à vouloir lui rendre justice si ce dernier subit un préjudice, il se perdra à vouloir régler les contentieux des générations précédentes, il aura plus de mal à avancer dans son existence personnelle.

Ainsi, comme des particules en suspension, dons, dettes, loyautés et déloyautés circulent dans la famille, en maintenant un mouvement incessant, un bouillonnement jamais stabilisé. En famille, les comptes ne sont donc jamais réglés ; les dettes ne peuvent être liquidées, les comptes équilibrés. On reçoit sans mesurer ce que l'on reçoit, en attendant toujours davantage que ce qui est donné.

En famille, les parents donnent sans compter à des enfants qui ne cessent de compter ce qu'ils n'ont pas reçu. Souvent, même s'ils s'en défendent, les mères et les pères attendent longtemps un tant soit peu de gratitude, de reconnaissance.

Grandir, c'est trahir. Mode d'emploi

Assumer sa déloyauté inexorable, c'est un premier pas qui permet déjà d'admettre que nous sommes un peu traître sur les bords, sans vraiment le vouloir.

À présent, il est temps de franchir un pas décisif et de devenir acteur des trahisons nécessaires et libératrices, d'oser mettre en œuvre celles qui nous feront grandir. Voici les premières clefs de votre trousseau.

Admettre que nous ne sommes pas les enfants idéaux de nos parents

« Il y a une partie de moi qui ne cesse de juger l'autre ; c'est la petite fille en moi qui veut toujours faire plaisir à sa mère et qui estime que ce qu'elle fait n'est pas suffisant pour pouvoir mériter l'amour de sa mère et la reconnaissance de son père. Alors, j'essaye de rattraper cela, mais je m'essouffle et je m'y perds », m'explique avec clairvoyance cette patiente.

Longtemps, même devenus adultes, nous restons taraudés par cette quête toujours inquiète de la reconnaissance parentale. On a tellement peur de décevoir nos parents, de perdre leur amour. Une culpabilité sourde nous fait souffrir. Un sentiment de faute, de défaillance, de ne pas être à la hauteur, peut miner notre confiance en nous, notre estime de nous, et peut nous conduire vers des échecs répétés en amour, dans notre travail.

En tant que thérapeute, je suis régulièrement confrontée à cette blessure toujours ouverte, à cette recherche toujours douloureuse, quel que soit l'âge. Jamais cet espoir d'un amour idéal, voire absolu, de notre père ou de notre mère ne nous quitte véritablement. Le bruissement de ce manque frémit durablement en nous. Nous portons tous, au plus profond de nous ou bien à fleur de peau, le regret de ce regard qui nous manqua, de cette reconnaissance qui jamais ne fut à la hauteur de ce que nous espérions.

Nous souhaitons longtemps, trop longtemps, que notre mère et notre père puissent nous voir comme nous voudrions qu'ils nous voient, qu'ils acceptent ce que nous devenons, qu'ils puissent être fiers de nous. Alors même que nous sommes, au regard de notre âge, devenus adultes, que nous avons de nombreuses responsabilités professionnelles, alors même que nous menons une vie de femme, d'homme, à peu près réussie, nous n'en demeurons pas moins dans l'attente ou la demande d'une secrète approbation émanant de nos parents. Combien de fois, aux fêtes de famille, par exemple, nous retrouvons-nous, petit garçon ou petite fille, en quête de compliments ?

Tout se passe comme si nous ne nous autorisions pas à être ce que nous sommes sans nous préoccuper de ce que nous aurions dû être pour nos parents.

« J'ai toujours attendu, et j'attends encore que mon père me parle comme à une adulte », me disait récemment une femme de 50 ans avec beaucoup d'émotion. « Mon père n'a jamais cru en moi, il ne m'a jamais dit que j'étais belle », expliquait cette autre adulte de 43 ans, en proie à un profond doute d'elle-même. « Ma mère ne m'a jamais aimé, elle ne m'aimera jamais comme j'ai besoin qu'elle m'aime ; ça lui est impossible, il faut que j'arrête d'attendre cela d'elle » : c'est quand il put enfin l'exprimer que cet homme s'est senti libéré de l'attente qui lui avait longtemps fait perdre toute confiance en lui.

« Depuis que ma mère est malade, je vais la voir tous les jours, mais elle continue à me critiquer, alors que je me tue à lui faire les courses, je sors plus tôt du travail, je ne m'occupe pas de mes petits-enfants, mais elle n'est pas contente. Et, comme toujours, elle ne parle que de mon frère, qui ne vient jamais la voir. Je n'en peux plus, car je passe à côté de tout, mon couple, mon travail, je n'ai plus de temps à moi », me confiait Marie, 61 ans.

Il faudra bien l'admettre un jour : quoi que nous fassions, nous ne *sommes* pas l'enfant parfait que nos parents auraient voulu que nous soyons. Permettez-moi d'être encore plus claire ! Nous *n'avons pas été*, nous ne *sommes* pas, nous *ne serons* jamais l'enfant idéal qu'ils attendaient. Grandir, c'est renoncer à la reconnaissance des parents, mais plus encore à celle que l'on n'a pas eue, et admettre qu'on ne l'aura pas. Inutile de s'essouffler.

À ne pas vouloir trahir leurs attentes, nous nous trahissons nous-même.

Grandir, c'est supporter leur regard déçu et, surtout, ne plus en souffrir, ne plus être blessé par leur jugement tacite ou explicite. Tant que nous restons dans l'attente du regard de nos parents, nous nous absentons de nous, nous ne nous donnons pas les moyens de mobiliser nos ressources, car nous restons figé dans cette attente somme tout très infantile. Nous avons du mal à être dans notre temps présent.

Grandir, c'est cesser de se perdre dans l'espoir vain de récolter le sourire d'un père, l'approbation d'une mère, leur amour inconditionnel. C'est cesser d'attendre ce qui a peu de chance d'advenir de leur part, puisqu'ils n'ont pu, jusqu'à présent, nous le donner[1].

Plus encore, il s'agit d'accepter d'avoir déçu nos parents, tout en admettant que ce n'est pas pour autant que nous sommes « nul ». Supporter leur évaluation, leur jugement, sans en être ébranlé. S'estimer, même si l'on ne rencontre pas l'estime recherchée dans leur regard.

En un mot, grandir, c'est accepter de n'être qu'un « mauvais fils », une « mauvaise fille » aux yeux de nos parents qui nous attendent là où nous ne pouvons pas être. C'est devenir un traître qui s'assume ! Être mauvais à leurs yeux, certes, et pour autant croire en soi, s'affirmer, affermir notre identité à partir de cette acceptation même. S'émanciper de leur jugement, c'est-à-dire ne plus se voir à travers leurs regards, c'est une manière d'accéder à une autonomie symbolique et identitaire.

1. Nicole Prieur, *Grandir avec ses enfants. Comment vivre l'aventure parentale*, Paris, La Découverte, 2002.

Admettre que je suis un fils, une fille qui déçoit sans que cela me fasse vaciller. S'autoriser à croire en nous, même si nous ne sommes pas reconnu par nos parents, c'est cela qui va nous rendre plus vivant, plus présent à notre vie actuelle. C'est notre première étape.

Renoncer à vouloir sauver ses parents !

Avouons-le, il ne suffit pas de vouloir trahir pour pouvoir le faire. Nous ne savons pas toujours qu'il y a quelque chose à trahir. Ce travail n'est pas toujours facile, car le désir ou le besoin de répondre aux demandes parentales s'enracinent dans un processus complexe. Il n'est pas toujours évident de se défaire des demandes de nos parents, qui révèlent bien souvent leurs propres blessures, fragilités, frustrations, car elles sont liées à leur histoire, à leur place dans leur fratrie, leur famille, etc. Elles parlent quelquefois davantage d'eux-mêmes que de leurs enfants. Elles portent le poids de leur propre passé.

Dès son plus jeune âge, un enfant perçoit la vulnérabilité de son père et/ou de sa mère, et il va s'y trouver impliqué, de manière inconsciente. Pour être un « bon fils », une « bonne fille », il risque de s'engouffrer dans ces failles parentales et de se donner un rôle, une fonction que peut-être nul ne lui a demandé ouvertement d'endosser. C'est ce que l'on appelle les loyautés invisibles.

Ces loyautés invisibles se mettent en place dès l'enfance ; elles sont particulièrement insidieuses, car elles ne s'expriment pas toujours par des demandes et attentes explicites. Elles s'organisent à partir d'un étrange mélange entre la fragilité des adultes, réelle ou perçue par l'enfant, et le rôle que ce dernier va chercher à prendre ou à se donner par rapport à cette fragilité, soit parce qu'on le lui demande vraiment, soit parce qu'il espère en tirer un bénéfice (être l'enfant préféré de la fratrie, par exemple), ou un peu des deux en même temps.

Souvent, ces loyautés invisibles se manifestent à travers le désir de sauver ses parents. Y renoncer sera notre deuxième étape.

« Mon père est parti du jour au lendemain, ma mère a beaucoup pleuré. Heureusement que je suis là, elle dit qu'elle continue à vivre seulement pour moi. Je veux être son chevalier servant, parce que je l'aime trop », explique Jules, 8 ans.

« Je suis en colère contre mon père et je me fâche beaucoup contre lui, il parle mal à ma mère, mais elle ne dit rien. Alors c'est moi qui le remets à sa place, j'ai trop mal pour elle », raconte Louise, 14 ans.

« Ma mère était orpheline, elle m'a toujours considérée comme sa propre mère, je devais la soutenir. Elle était dépressive et c'est toujours à moi qu'elle racontait ses états d'âme, au point de m'envahir et de ne plus savoir si ce que je ressentais, si mes émotions, c'étaient les miennes ou les siennes », exprime Mélanie, 20 ans.

Enfant, nous sommes interpellés par la fragilité de tel ou tel parent, par sa souffrance, par les injustices du sort qui ont pu le rendre vulnérable, alors nous cherchons à rendre justice. Nous nous constituons comme son prolongement symbolique, son soutien moral, sa source d'élan vital, son pilier existentiel ou psychique. Nous voulons faire à sa place, le protéger, l'épargner, réparer son enfance, soigner ses blessures, le défendre, le sauver d'une manière ou d'une autre, quitte à inverser les rôles, devenir le parent de son père ou de sa mère. Au moins deux raisons peuvent expliquer cette propension. S'identifier à un parent faible rend vulnérable ; donc, en étayant son père ou sa mère, l'enfant renforce sa propre identité. D'autre part, soutenir un parent, combler ses manques, les réparer, nourrit l'espoir d'être aimé en retour et, quand il y a des frères et des sœurs, permet d'imaginer qu'ainsi on accédera à une place et reconnaissance privilégiées.

Pourtant, quelle position dangereuse pour l'enfant ! Quel poids ! L'enfant ne sait plus qui il est vraiment, les processus de différenciation sont entravés, il se trouve enfermé dans une relation fusionnelle très angoissante, tant il y a une confusion identitaire, émotionnelle, entre parent et enfant. Plus personne n'est à sa juste place. Tout le monde est en porte-à-faux avec soi-même. Cela peut se traduire par des symptômes qui sont autant de portes ouvertes pour déceler les loyautés invisibles.

Alain, 25 ans : « J'ai été en échec scolaire jusqu'à la troisième. À ce moment-là, j'ai rencontré une psy et j'ai compris que c'était pour moi une manière de faire tenir le couple de mes parents. L'énergie qu'ils passaient pour me faire faire les devoirs les maintenait ensemble, mais de manière artificielle, car cela alimentait encore plus leurs disputes. C'était un enfer pour moi d'entendre leurs cris. Heureusement, ils ont fini par se séparer, j'ai pu retrouver le goût des études. »

Ces loyautés invisibles ont la peau dure, elles ne se laissent pas facilement débusquer et peuvent avoir des conséquences néfastes à l'âge adulte, même quand on a quitté le foyer familial.

Combien ai-je reçu d'hommes et de femmes, de tous âges, de toutes conditions, qui se perdaient à vouloir encore, à 30 ans, 40 ans, 50 ans, sauver un de leurs parents ou le couple parental, dans l'espoir secret et inconscient de parvenir à être « adoubé », reconnu enfin comme le bon fils, la bonne fille, sur qui l'on peut compter, auprès de qui on peut s'épancher, qui sait répondre présent ?

Sylvie, 36 ans : « Mon père a toujours été disqualifié par ma mère, il ne se plaignait pas, ne disait rien, ça me révoltait. J'ai toujours pris sa défense, au point d'être fâchée aujourd'hui encore avec ma sœur et ma mère, et ce n'est pas pour autant que mon père fait cas de moi quand je vais le voir. Mais le pire, je viens de m'en rendre compte, c'est que je suis insupportable avec les hommes que je rencontre : je veux tellement en faire pour eux, comme si je voulais leur apporter ce que je n'ai pu apporter à mon père. »

Il est temps de sortir de cette vaine illusion. On ne sauve rien ni personne, on se perd soi-même à vouloir le faire !

Nous commençons à mieux saisir combien loyautés et déloyautés sont imbriquées, comment chacune peut se retourner en son contraire, comme un gant. Sous prétexte de loyauté vis-à-vis de ses parents, l'enfant devient déloyal à lui-même. Pour ne pas se trahir, il devra accepter son impuissance à réparer l'histoire familiale, à compenser les faiblesses parentales.

Et, du côté du parent, accepter ce soutien d'un enfant, ne pas le reconnaître dans sa différence, dans sa souveraineté, le maintenir là où l'on a besoin qu'il soit, n'est-ce pas le trahir, mais aussi *se* trahir en tant que parent, en n'étant pas à sa place d'adulte ?

Bien entendu, ce n'est pas la fragilité ni la vulnérabilité du père ou de la mère qui sont en cause ; souvent, on ne peut pas la cacher, et quand bien même, la dissimuler ne servirait pas à grand-chose. Le problème, c'est de laisser l'enfant s'installer dans cette fonction ou d'entretenir une forme de délégation (faire à notre place, régler nos contentieux). Respecter son enfant, être loyal à son égard, c'est littéralement lui interdire d'en faire trop pour nous. Être un parent loyal, c'est libérer son enfant d'une trop grande loyauté à notre égard, c'est alléger le poids de sa dette. L'autoriser à une certaine déloyauté, c'est apprendre à ne pas avoir besoin de lui pour exister, c'est devenir nous-même autonome par rapport à lui. En un mot, c'est grandir, encore et toujours.

Notamment, en se posant régulièrement des questions : « Qu'est-ce que je suis en train de trahir ? À l'égard de qui suis-je le traître ? Qu'est-ce qui est juste, à l'égard des autres, à mon égard ? Comment trouver *ma* place, sans être emporté par le flot des loyautés invisibles ? À quoi, à qui être fidèle ? »

Se libérer des missions impossibles

Quelquefois, c'est dans la mémoire inconsciente de la famille qu'il faut aller chercher où se nichent les loyautés invisibles. Pour que notre histoire familiale n'entrave pas trop notre parcours personnel, il est important de débusquer les fantômes qui y rôdent. Quelquefois, les symptômes d'un membre de la famille sont une clef qui permettra d'ouvrir les placards dans lesquels ces fantômes sont enfermés. Cela nécessite bien sûr que l'on s'interroge sur ces signes émanant de l'inconscient familial.

Mathieu est un joli poupon de 8 mois. Il a de l'eczéma. Camille, sa maman, pressent bien que cette affection est liée à un problème psychoaffectif. Elle consulte donc. Elle raconte qu'elle a eu cet enfant avec un homme de passage. De toute façon, elle ne sera qu'une mère célibataire de plus sur la longue liste des mères élevant seules leur enfant dans la famille : son arrière-grand-mère, sa grand-mère, sa propre mère. Décidément, dans cette famille, on pourrait croire que le destin poursuit les femmes. Camille n'a pas connu son père, avec lequel sa mère est restée mariée à peine quelques années. Elle n'a jamais osé poser de questions. À chaque tentative, sa mère pleurait, se mettait en colère contre tous les hommes de la terre, qui ne sont capables que de « laisser tomber les femmes, « ne sont que des lâches, des imposteurs, abandonnent leurs enfants, etc. ». Ce qui est une bonne manière de couper court à toutes les questions qui auraient permis à Camille d'en savoir un peu plus sur ce père absent et diabolisé. Selon la version officielle, il est parti sans jamais chercher à prendre des nouvelles de sa fille et encore moins à la voir. La mère de Camille, comme toutes les femmes de la famille, travailla très dur, assumant les deux rôles parentaux à la maison. Peu de temps avant d'être enceinte, Camille apprend presque par hasard, de celle qui fut sa deuxième femme, que son père vient de décéder. Et tout un pan caché de son histoire se dévoile alors. Cette femme lui explique que son père n'a cessé de tenter de prendre contact avec elle, que sa mère a vraisemblablement tout intercepté – lettres, cadeaux, etc. –, qu'il aurait voulu la voir, lui présenter ses demi-frères et demi-sœurs, mais que rien n'a pu franchir la farouche barrière maternelle. *A posteriori*, bien des cachotteries de sa mère

– incompréhensibles sur le moment – prennent sens. C'est peu dire que les choses se bousculent alors dans la tête de la jeune femme.

Jusqu'à présent, Camille avait fait ce récit d'une voix monocorde, douce, presque de petite fille. Matthieu jouait tranquillement sans se préoccuper de sa mère. Tout à coup, sa voix change, et tout son corps se fait colère : « Je veux que cela cesse. Je veux donner un père à mon enfant ! » Le ton est radical, définitif, affirmé. Matthieu suspend quelques secondes son jeu, la regarde intensément, comme pour lui dire : « Je ne t'ai jamais entendue parler comme ça ! » Camille lui répond par un regard tendre, puis elle s'adresse à lui, parle avec beaucoup de douceur, comme pour le rassurer : « C'est fini de bannir les hommes dans cette famille ! » Elle vient de dire « stop » aux répétitions douloureuses. Elle reprend en main le cours de sa vie et accède à sa place de mère.

Cette jeune mère venait de se rendre compte qu'elle avait été élevée dans la haine, le rejet, la méfiance et la disqualification systématique des hommes. C'est comme si les femmes de cette famille se transmettaient – implicitement – de mère en fille la mission d'éliminer les hommes, d'élever les enfants sans père. Ce qui ne les empêchait pas de déclarer officiellement : « Pourvu que tu trouves un bon mari ! »

En tant qu'enfants, nous sommes tous des « chargés de missions » ! Les mandats reçus peuvent être plus ou moins contraignants, avoir des conséquences plus ou moins graves. Ils entraînent souvent répétitions sur répétitions. On se promet de ne surtout pas faire comme les générations précédentes et cela nous rattrape. Ce qui est considéré comme un destin n'est quelquefois qu'une mission transgénérationnelle, restée tapie dans le sombre inconscient familial et qui se transmet, assignant les enfants à des fonctions qui les dépassent, les engluent et les détournent de leur propre réalisation. Elles se glissent, mine de rien, par petites phrases, projections, identifications et représentations. Heureusement, chaque génération offre la possibilité de dénouer, de déjouer certaines missions.

La mission de Camille est venue se heurter à l'existence de Matthieu. La naissance de ce petit garçon a placé sa mère dans un conflit de loyauté qui pourrait s'énoncer de la manière suivante : « Si je continue à être loyale aux femmes de la famille, je fais prendre des risques à mon fils, qui est un homme en devenir. Si je veux être loyale envers lui, je dois désobéir et trahir cette mission familiale. » Ce n'est pas sans mal qu'elle a choisi son camp.

Mais une forme de culpabilité risque encore de nous entraver, dont il faut aussi se défaire. Trahir, oui, mais encore faut-il aller jusqu'au bout de sa trahison.

Comment ? En reconnaissant que la trahison a bel et bien eu lieu, que nous en sommes l'acteur, en osant la voir en face sans avoir peur de nous regarder dans le miroir. On peut l'assumer à partir du moment où l'on reconnaît le sens qu'elle a, que l'on admet qu'elle était inévitable pour notre cheminement, voire inexorable, vitale ; que, sans elle, c'était l'asphyxie, que l'on mourait à petit feu, que l'on passait à côté de soi. Il ne suffit pas de trahir, il faut aussi assumer pleinement sa trahison, entre autres en dépassant la culpabilité qu'elle engendre. Ce sera notre troisième étape.

Assumer sa culpabilité

Camille poursuit. « Je ne sais pas si c'est le seul fait du hasard, mais je viens de rencontrer un homme formidable, aimant, qui est prêt à adopter Mathieu. Il me propose de fonder une famille. Au début, j'ai dit non, je ne lui faisais pas confiance. Encore un truc hérité de ma mère ! Mais je crois que je vais accepter, j'ai envie de connaître autre chose qu'elle, j'ai le droit au bonheur, moi ! Il faudra que ma mère et ma grand-mère s'y fassent ; elles n'accepteront peut-être pas mon ami, mais je refuse d'être malheureuse comme les femmes dans cette famille ! »

Cette jeune femme vient de franchir une étape décisive : elle s'est autorisée à réussir là où les femmes de sa famille avant elles n'ont pu le faire. Elle s'est accordé le droit de connaître l'amour, alors même qu'il a fait défaut à sa mère, à grand-mère et à son arrière-grand-mère. Elle a dépassé la culpabilité que l'on éprouve souvent lorsqu'on a le sentiment que, en avançant sur le chemin de sa vie, on abandonne à leur triste sort les figures aimées. Cet écart peut donner l'impression que l'on devient étranger à sa propre famille, et ce n'est pas toujours facile de l'assumer.

Cette culpabilité prend racine dans les quelques résidus de loyauté qui résistent encore ; elle empêche de se sentir pleinement satisfait de soi et peut constituer une entrave au bonheur. La part de nous qui reste encore affiliée à la fragilité de nos parents nous retient, elle engendre une culpabilité récalcitrante, sous l'effet de laquelle on risque de se mettre en échec sur certains plans ou de développer des symptômes.

Comme Olivier, cet homme de 40 ans qui a réussi financièrement alors que sa famille d'origine était dans la précarité. Tout lui sourit et pourtant toutes les femmes qu'il a aimées l'ont quitté. Il n'arrive pas à vivre une relation stable et durable, alors qu'il le désire tellement. Se sent-il inconsciemment « mauvais objet » au point qu'il ne s'autorise-t-il pas à se laisser aimer ? Tant qu'Olivier ne se regarde pas autrement que ses parents le voient, il reste leur petit garçon et a du mal à être aimé pour ce qu'il est aujourd'hui par les femmes qu'il rencontre. Il n'est pas encore suffisamment séparé psychiquement, symboliquement, de ses parents.

Le bonheur, c'est un droit que l'on s'accorde ; souvent, il suppose une certaine forme de rupture avec sa famille, une rupture symbolique ou réelle. Pour être heureux, il faut se l'autoriser, et parfois même s'imaginer qu'on peut l'être.

Muriel, 38 ans, développe un ulcère à l'estomac. Elle a fait des études brillantes et travaille dans le domaine culturel, alors que ses parents, issus de l'immigration, ne savent pas parler français correctement et que sa mère est illettrée. Sa famille est fière mais, en même temps, elle la traite de snob, comme si, par sa réussite, elle les avait trahis. Cela lui gâche son bonheur. « En réalité, j'ai de la peine pour eux, ça me rend malade de voir à quel point ils n'ont pas évolué, je suis un peu en colère contre eux. J'éprouve vraiment des sentiments contradictoires, presque de la pitié et aussi de l'agacement, et ça me rend malade. On vit sur deux planètes diamétralement opposées. Quand j'étais petite et que j'avais un livre à la main, on me disait que ça faisait mal à la tête de lire, je devais me cacher. J'ai eu une chance que les autres n'ont pas eue : à l'école, j'ai eu un déclic, j'ai compris que, pour m'en sortir, il fallait que je sois une bonne élève. Maintenant, je me sens coupable, comme si j'étais responsable d'eux, ou que j'avais quelque chose à me faire pardonner. Plus je suis généreuse avec eux, plus ils prennent ça pour un affront, comme si cela les renvoyait à leur petitesse. On dirait que ce que je suis devenue est une insulte pour eux. Mais je veux seulement partager avec eux. Ça me déstabilise beaucoup. J'aimerais juste les faire profiter de ma réussite. Ils ne me laissent pas être la bonne fille que j'ai envie d'être. Ça finit par peser sur mon couple et mes enfants, je ne sais pas quoi faire, je suis gênée de l'avouer, mais j'ai presque honte quand ils vont chez leurs grands-parents. Je n'assume pas mon évolution. »

Muriel pense que ses parents la considèrent comme une traîtresse. Est-ce vraiment comme cela qu'ils l'envisagent ? Quoi qu'il en soit, elle ne pouvait pas faire autrement. Elle n'a pas choisi de les trahir. Aurait-elle pu dire non aux opportunités qui se présentaient à elle ? Elle a fait ce qui était quasi vital pour elle : elle s'est émancipée du poids du déterminisme social. Ce qu'elle a du mal à accepter, c'est que sa réussite puisse être considérée comme violente pour ses parents, parce qu'elle les renvoie à leur fragilité, à ce qu'ils n'ont pas eu la chance de pouvoir faire. Quand elle a admis que, malgré elle, en pensant bien faire, elle a blessé ses parents, elle a accepté leur regard, et cela a apaisé ses relations avec sa famille. Elle a assumé pleinement sa responsabilité c'est-à-dire les conséquences de ses gestes au-delà de ses intentions. Supporter d'être désigné comme un traître par des gens que l'on aime, c'est à ce prix que la trahison devient libératrice.

Quelquefois, il n'y a rien d'autre à faire qu'à rompre. Affirmer ce que l'on est suscite des réactions de rejet trop difficiles à vivre. « Quand j'ai annoncé mon homosexualité, mon père a été très agressif envers moi, violent dans ses paroles, il m'a totalement dénigré, je n'aurais pas imaginé cela de sa part, ça a été terrible de voir son regard de haine, je me suis effondré, depuis, j'ai coupé les ponts. Je ne supportais plus l'attitude de réprobation de mes parents, comme si j'étais un fils maudit. » Ce que raconte Romain, 27 ans, beaucoup d'autres personnes l'éprouvent aussi.

Patrick est un ancien enfant placé, il a subi violence et maltraitance dès sa prime enfance. Il a grandi dans une famille d'accueil qui lui a permis de dépasser les traumatismes passés. Aujourd'hui, à 25 ans, il apparaît comme un jeune homme solide, bien dans sa peau. Il raconte qu'il a réussi à obtenir un CAP de pâtissier, mais alors qu'il est plutôt sérieux, il lui a fallu longtemps avant de trouver l'emploi stable qu'il occupe à présent.

« À 18 ans, j'ai décidé de couper totalement les ponts avec mes parents, que je rencontrais de temps en temps dans le cadre de l'Aide sociale à l'enfance. Je n'avais plus rien à voir avec eux, je ne leur en veux même plus de ce qu'ils m'ont fait subir, mais je ne supportais plus ce qu'ils étaient, totalement dégradés. Je ne les considérais même plus comme mes parents, ils étaient trop toxiques. Quand je les voyais, ils se disputaient, se déchiraient, j'avais honte. En plus, ils ne faisaient aucun cas de moi. Je continuais à ne pas exister pour eux. Après chaque visite, je m'effondrais et je mettais des jours et des jours à m'en remettre. »

Peu de temps après sa majorité, ses parents meurent dans un accident de voiture. Patrick poursuit : « C'est peut-être terrible, ce que je vais vous dire, j'ai été soulagé, comme si je m'étais allégé d'un poids immense ; je n'avais plus besoin de me dire : "Méfie-toi de tes parents, ils ne sont pas bons pour toi." C'était toujours une déchirure et je me sentais coupable de penser cela. Aujourd'hui, j'ai décidé de changer de nom, de prendre celui de ma famille d'accueil. Ils ont été tellement formidables, je leur dois tout, je leur ai demandé de m'adopter. Ils n'attendaient que cela, j'ai l'impression que ma vie reprend son cours normal. Les choses s'apaisent. Je viens d'ailleurs de trouver un travail que j'adore. » Dans certaines situations, il faut pouvoir se libérer totalement de ses loyautés.

Sans attendre la mort de nos parents, comment aller jusqu'au bout des trahisons nécessaires ? En nous sentant totalement légitimés dans cette démarche. Ce sera notre quatrième étape.

Il n'est jamais trop tard pour trahir !

Vous n'avez pas encore trahi ? Pas de souci, il n'y a pas d'âge limite pour aller vers soi. Il est temps de vous mettre en chemin, car nous pouvons considérer que « trahir pour ne pas se trahir » est une obligation morale, un devoir envers soi-même, auquel nous n'avons pas le droit d'échapper. Est-ce que cela ne fait pas partie intégrante de l'accomplissement de notre humanité ?

« Va vers toi. » C'est de Dieu même que le prophète Abraham entend cet ordre[1]. Cela ne lui laisse pas beaucoup de choix. *Aller vers soi* ne peut se faire que dans une forme d'arrachement, une séparation qui

1. Genèse 12, 1.

est de l'ordre de l'abandon de ce qui nous a engendré. « L'homme quittera son père et sa mère, et il s'attachera à sa femme[1]. » Naître à soi implique que l'on sorte du lieu de notre origine. C'est désormais à une autre voix qu'à celle de ses parents que celui qui se nomme encore Abram doit obéir. Naître nous inscrit dans un système d'obligations envers la famille. Grandir implique la refondation incessante de ce système d'obligations, afin de l'élargir, de lui donner une envergure plus vaste, au-delà du seul horizon familial.

S'ensuit pour Abram un long périple, il se perd, se trompe, est trompé, avant de pouvoir se fixer et accomplir ce qu'il a à accomplir, pour lui et surtout pour toutes les générations à venir. Le sujet ne peut-il se trouver que dans une certaine forme d'errance, dans des détours successifs, des tâtonnements ? Il faut se heurter à tant de choses, de rencontres, d'épreuves pour advenir à soi. Cela ne peut se faire en un simple claquement de doigts, et chaque étape constitue une progression, un lieu d'apprentissage utile qui emmagasine des couches successives du soi. Ces voyages aident en tout cas le jeune adulte à transformer ses images parentales, à y introduire de la mobilité. La névrose, c'est être figé dans la répétition de notre relation aux parents. Si l'on reste toujours le même, est-on encore vivant ?

L'exil met en contact le jeune Abram avec l'infini du monde qui lui est offert, situé à l'extérieur de l'enclos nourricier qui le protégeait jusqu'à présent. En découvrant l'inconnu du monde, il devient enfant de la vie. Très bien, mais Abram s'impatiente : Dieu lui avait promis une immense descendance avec Saraï après qu'il

1. Genèse 2, 24.

eut conçu un premier fils Ismaël avec Agar, leur servante. Or, rien ne vient alors que l'âge avance. Saraï est en effet stérile.

La trahison n'est pas encore suffisamment accomplie. Il ne suffit pas d'abandonner la maison familiale, il ne suffit pas de désobéir à ses parents, de se différencier, de s'individuer, il faut aussi changer de nom. C'est la transformation de leur prénom qui va permettre à Abram et à Saraï d'accéder à une nouvelle identité, plus proche de ce qu'ils sont. Le premier s'appellera désormais Abraham, tandis que Saraï devient Sarah. Un « h » est ajouté à leur prénom, ce qui en change subtilement le sens. Le « h » ouvre sur un avenir. Abram voulait dire « père élevé », c'est-à-dire inaccessible, peut-être hautain. Abraham signifie « père d'une multitude ». Saraï voulait dire « *ma* princesse », Sarah « *la* princesse ». Passer du « *ma* » au « *la* » a fait sortir le couple d'un rapport de possession. En prenant une autre place par rapport à Abraham, Sarah sort d'une relation dans laquelle elle ne s'appartenait pas, où elle se trahissait et s'enlisait. Quand le couple accède à une relation d'altérité, alors il peut engendrer. Lorsqu'Abraham et Sarah peuvent se reconnaître dans leur souveraineté, dans leur dignité d'êtres inaliénables, le souffle du « h » rend leur couple fécond. Pour advenir à une nouvelle naissance, des changements profonds sont nécessaires. Isaac naît alors qu'Abraham a 100 ans, Sarah, 90 ans. Cela donne de l'espoir pour accomplir les trahisons nécessaires et advenir à soi comme sujet !

Mais certains changements sont plus radicaux encore. On pourrait presque dire que le conte de la Petite

Sirène, tel qu'Andersen l'a écrit, va encore plus loin que l'Ancien Testament.

Dans les profondeurs de l'océan s'élève le château du roi de la mer. Comme il est veuf depuis de nombreuses années, c'est sa maman qui élève les six petites princesses. La plus jeune est de loin la plus belle, elle a une voix exceptionnelle. On l'appelle la Petite Sirène. Mais elle est souvent rêveuse et triste, elle passe son temps à admirer la statue d'un jeune humain, statue échouée là, à la suite d'un naufrage. Elle adore écouter sa grand-mère parler du monde des humains.

« À 15 ans, tu auras la permission de monter à la surface. »

La Petite Sirène ne cesse de poser à sa grand-mère une question bizarre : « Est-ce que les humains meurent ? » Et sa grand-mère inlassablement répond : « Oui, en effet, ils meurent mais ils ont une âme éternelle et, à leur mort, elle s'élève dans le royaume des cieux. Royaume que nous ne pourrons jamais connaître. »

Quand elle peut monter à la surface de l'eau, la Petite Sirène est émerveillée, et encore davantage quand elle voit s'approcher un magnifique navire. On y donne une fête en l'honneur d'un jeune prince. À ce moment-là, son sang ne fait qu'un tour : ce prince ressemble au beau visage de la statue qui gisait au fond de l'océan et qu'elle admirait tellement. Il existe donc vraiment. Tout à son admiration, elle n'entend pas l'orage gronder. Le navire est brisé ; à peine a-t-elle eu le temps de sauver le prince. Dès lors, elle ne cesse de penser à lui. Mais comment se faire aimer de lui ? Comment devenir femme ?

Une horrible sorcière lui propose un marché : « Je peux te donner des jambes, mais sache qu'à chaque pas tu souffriras comme si la lame d'un couteau te transperçait les os. Tu garderas cependant ta grâce et ta beauté. Oui, ma petite, poursuit-elle dans un rire narquois et hideux, mais ce que tu me demandes a un prix ! Mon salaire, ce sera ta voix merveilleuse, je te coupe la langue. Encore une chose : si le prince ne se marie pas avec toi, tu mourras comme les humains. »

En quelques secondes, la Petite Sirène devient une jeune fille magnifique, mais muette.

Nous connaissons la suite : le prince ne se mariera pas avec elle ! Elle doit donc mourir. Pourtant, au moment de sombrer, elle ne comprend pas tout de suite ce qu'il lui arrive. Elle se sent devenir légère... Si légère... Quand elle ouvre les yeux, elle est entourée par des milliers oiseaux pépiant joyeusement. Et la Petite Sirène s'envole, joyeuse comme elle ne l'a jamais été, vers les nuages roses. Elle se sent enfin parfaitement heureuse. Elle est chez elle, parmi les filles de l'air.

Que signifie métaphoriquement ce conte ?

Aller vers soi nécessite des séparations qui sont souvent autant de deuils et de pertes douloureuses. Devenir soi impose des renoncements : la Petite Sirène a perdu sa voix, elle souffre de ses jambes. Il faut du courage pour aller à la rencontre de mondes inconnus, pour oser s'ouvrir à de nouvelles rencontres, mais cela laisse entrevoir un immense champ de possibles.

La filiation, l'appartenance à notre famille d'origine ne déterminent pas notre identité. Nous existons et pouvons naître ou renaître dans d'autres lieux d'appartenance. L'origine biologique ne scelle pas définitivement un destin. La Petite Sirène passe du monde aquatique à celui des humains pour se trouver finalement merveilleusement bien, en harmonie avec le monde des oiseaux. Elle a trahi l'univers des sirènes dans lequel elle ne se sentait pas chez elle, elle a été douloureusement trahie par les humains, mais elle a fini par trouver son lieu d'affiliation.

Nous avons donc une vie au-delà de notre famille, aussi importante soit-elle. Il existe tant d'autres mondes dans lesquels nous nous réalisons, dans lesquels nous nous reconnaissons davantage. Mais nous pourrons d'autant mieux les apprécier que nous aurons trahi.

Devenir un traître heureux

Trahir avec panache

Que les trahisons soient nécessaires, au point d'être parfois vitales, notamment avec des parents toxiques, on le comprend mieux désormais. Nous en connaissons maintenant les étapes. Mais cela n'est toujours pas suffisant. Il faut à présent se demander comment devenir un traître heureux, c'est-à-dire un traître qui ne fait pas n'importe quoi pour devenir lui-même, qui se donne la peine de se soucier des autres, d'être attentif à tout ce qui n'est pas lui. Notre réponse sera sans ambiguïté : il s'agit de devenir un traître, mais un traître éthique. L'étymologie du mot « trahison » nous met sur la voie : « trahir » vient de *tradere* en latin, qui à l'origine signifiait « passer d'un camp à un autre », sans avoir la connotation morale actuelle. Il y avait la notion de passage, mais pas forcément dans le « camp ennemi ».

Mais *tradere* a aussi donné « tradition ». Est-ce ainsi que l'on devient soi, dans ces déplacements constants entre trahison et tradition, dans cette tension qui est sans cesse à interroger ? Que doit-on trahir pour être soi ? Surtout, que faut-il accepter de son histoire, de ses origines, pour ne pas se trahir ?

Il s'agit d'un véritable devoir de reconnaissance. Un traître, en effet, n'est pas forcément un renégat. Il peut agir en conscience et de manière responsable, en mesurant les conséquences de son acte et en se demandant ce qu'il doit malgré tout à ceux-là mêmes qu'il a dû trahir pour ne plus se trahir.

Sa conscience éthique va se construire autour d'au moins trois questions : Qu'ai-je reçu ? Envers qui dois-je être reconnaissant ? Que transmettre à mon tour ?

Ces interrogations, nous n'avons jamais fini de nous y confronter. Elles nous travaillent tout au long de notre vie ; nous y apportons des réponses différentes à chaque nouvelle étape, à chaque cycle de la vie familiale, quand on quitte le domicile des parents, quand on forme notre couple, quand on devient parent, quand nos enfants prennent leur indépendance, quand nos parents deviennent dépendants. S'engager dans l'éthique, c'est entrer dans le questionnement, voyager dans l'énigme de la conscience morale. Ces interrogations me semblent être un moyen de rendre justice aux générations précédentes.

Solder les comptes

Une étape s'impose avant d'aborder ces trois questions. La souffrance vient surtout de ce qui n'est pas advenu. Le poids psychique des carences, absences, frustrations, sentiments d'injustice, etc., est bien plus lourd et encombrant que les choses positives que l'on a pu vivre. Ces dernières, nous avons tendance à les oublier facilement. Mais on se rappellera avec émotion, colère ou tristesse du cadeau attendu et qui n'est pas venu, pas forcément du superbe Lego® qui faisait l'admiration des copains et a été jalousement convoité par le frère aîné. Les manques de l'enfance blessent durablement. On garde longtemps en mémoire les failles des parents, leurs loupés, le geste tendre si longtemps espéré, l'attention que l'on n'a pas reçue, les peurs qui n'ont pas été apaisées, l'incompréhension, etc. Longtemps, même quand l'on est devenu adulte, ils continuent à faire souffrir. Quel que soit notre âge et celui de nos parents, on espère encore et toujours que ces derniers répondent enfin à nos besoins.

Grandir, c'est solder les comptes non solvables. C'est-à-dire ne plus revenir sur les défaillances parentales ni sur les carences de notre enfance. Ne plus attendre l'impossible, ne plus espérer de manière naïve que les parents puissent nous apporter un jour ce qu'ils n'ont pu nous donner jusqu'à présent. Ne plus attendre qu'ils reconnaissent leurs erreurs, et la souffrance qu'ils nous ont infligée. Les libérer d'avoir à se justifier auprès de nous. Sortir du ressassement stérile.

Réclamer notre dû nous inscrit dans une logique de droit destructeur. En un mot, il s'agit de ne plus rien attendre de nos parents, en un véritable travail d'exonération qui permet de sortir de la position infantile. Admettre qu'ils ne nous doivent plus rien désormais. Passer par pertes et profits tout ce qui n'est pas advenu.

Finalement, cela revient à accepter le fait que nos parents étaient loin d'être parfaits, que notre famille ne correspond pas à l'image mythifiée que l'on se fait des relations entre proches. Nous avions renoncé à être les enfants rêvés de nos parents, à présent il faut accepter que nos parents sont loin d'être idéaux. Et donc les libérer d'avoir à répondre à toutes nos attentes.

Nous sommes alors prêts à passer à l'étape suivante, qui consiste à reconnaître ce que nous avons reçu malgré tout, même si ce n'était pas ce que nous attendions.

Qu'ai-je reçu ?

Ne plus avoir le regard tourné vers les manques, ne plus rester figé sur la souffrance de notre enfance, soulage et transforme profondément la relation aux parents, l'image que l'on a d'eux. Cela permet de réécrire autrement le passé, sur un mode plus léger, joyeux. On s'apercevra que ce père trop souvent absent savait faire rire la maisonnée les rares fois où il était là, et enchantait ces moments de présence. On a acquis grâce à lui le goût de la fête, un sens de l'humour. Cette mère froide, distante, peu rassurante, a transmis son goût du travail, sa ténacité, son courage. Ce parent dépressif était aussi très mélomane, et l'on a peut-être hérité de son sens artistique.

Reconnaître ce que notre famille nous a apporté malgré tout, au-delà de ses défaillances, non seulement nous fait advenir à la gratitude, mais encore nous place dans une filiation positive. En valorisant telle ou telle figure parentale, on devient le fils ou la fille d'un parent dont on reconnaît – *a minima* – des qualités. Ce regard moins négatif est plus gratifiant que lorsqu'on se considère comme l'enfant de parents totalement mauvais. Dans cette position de gratitude, je restaure aussi ma propre image, je conforte mon estime de moi-même.

Envers qui être reconnaissant ?

La question des devoirs filiaux se pose tout au long de notre vie, mais avec une acuité plus grande quand nos parents vieillissent. « Mes parents étaient alcooliques, vous imaginez combien j'ai souffert. Je me suis fait tout seul, maintenant qu'ils sont âgés, qu'ils ont besoin de moi, je ne peux pas les laisser tomber. » François, 68 ans, est très ému en m'expliquant cela.

Chacun y répond selon sa représentation des solidarités, ses valeurs, ses priorités. Être déloyal ne nous empêche pas d'être responsable, au contraire. Ne pas se trahir comme sujet éthique, c'est respecter ses aînés.

« Tu honoreras ton père et ta mère » se trouve être la cinquième des dix paroles inscrites sur les tables de la loi que Moïse a reçues, appelées couramment les Dix Commandements. Les quatre premières concernent la relation des hommes avec Dieu. La cinquième a une position charnière et concerne la relation de l'homme avec ses parents. Les cinq dernières évoquent les devoirs des hommes les uns envers les autres. En hébreu, « honorer » se dit *cavod*, qui signifie littéralement « lourd ». Au plus près du texte, le commandement est le suivant : « Rends lourds ton père et ta mère. » Comment comprendre cette parole ?

Accepter l'idée qu'ils ne pouvaient pas faire autrement, qu'ils ont sans doute fait du mieux qu'ils ont pu, les resituer dans leurs trajectoires sans les regarder avec nos yeux d'enfant centré sur son ego et ses seuls manques. Admettre qu'ils ont eu leurs souffrances, leurs impossibles, leurs fardeaux, leurs propres loyautés. Même à leurs manquements, on peut donner du poids. En un mot, donner de la substance à leur être, de l'épaisseur à leur vie. Même si le sens de leurs gestes, de leurs actions, de leur choix nous échappe, comme à tout le monde, admettre qu'il existe.

Donner du poids à la vie de ses parents ? Quelle drôle d'idée ! Pourtant, c'est peut-être une orientation intéressante pour se libérer d'avoir à répéter leur histoire. Si l'on ne donne pas suffisamment de densité à ce qu'ils sont, on se retrouve à porter tout le poids qui leur a manqué, ainsi que la lourdeur de leurs fragilités, voire de leur inconsistance.

Plus on resitue ses parents dans la profondeur de leur vie, moins on se sentira tenu de combler leurs failles. Cela permet de remettre l'histoire en mouvement.

Finalement, n'est-ce pas ainsi que nous pouvons « rendre » à nos parents – en instaurant quelque chose de l'ordre du « les rendre » à leur propre vie –, les restaurer dans la profondeur de leur existence, dans la complexité de leur vécu, même si – et peut-être d'autant plus – ce sens nous échappe ? C'est peut-être cela, respecter ses parents et s'approcher du pardon.

Que transmettre à mon tour ?

Dans l'asymétrie spécifique des liens familiaux que nous avons mis en évidence, on constate une chose intéressante. On équilibre les mouvements du donner et du recevoir, non pas en *rendant* à celui qui nous a donné, mais en transmettant aux jeunes générations, en donnant à notre tour à d'autres qu'à ceux qui nous avaient donné. Ainsi, alors que le « rendu » est un retour, transmettre s'avère être un geste qui ouvre, qui engendre du futur, un temps à venir. C'est aussi un mouvement qui nous engage, car il nous projette dans le temps de l'« après-nous ».

C'est autour des transmissions que se structurent la filiation, le sentiment d'appartenance ; c'est une fonction essentielle des familles.

Bien sûr, nous voulons toutes et tous transmettre à nos enfants le meilleur, de belles valeurs, de belles représentations du monde, un amour de la vie, etc. Mais nous l'avons vu : dans les mailles de la transmission passe beaucoup d'inconscient et de négatif. Et nous n'atteignons pas toujours nos objectifs.

La question à laquelle nous devons peut-être être le plus vigilant serait : « Comment est-ce que je transmets ? »

Transmettre est un geste qui nous engage et qui, en même temps, nous échappe. On ne sait jamais de quoi va se saisir un enfant, ce qu'il va retenir de ce qu'on souhaitait lui faire passer. Ce qui est certain, c'est que cela interroge notre cohérence.

Quand nous demandons à un enfant de ne pas mentir, mais qu'il voit bien que nous dissimulons la vérité, quel message lui envoyons-nous ? On transmet davantage par notre savoir-être que par nos beaux discours, surtout s'ils ne sont pas congruents avec notre conduite.

Les transmissions nécessitent de la part des adultes une réelle cohérence entre le dire et le faire. Elles exigent une authenticité. Veiller à ne pas se trahir constitue une superbe et efficace introduction.

2

Se révéler à soi-même au sein du couple

Les séparations, les divorces, les ruptures n'ont jamais été aussi fréquentes que depuis quelques décennies. Les couples, rattrapés sans doute par la réalité, ne craignent plus de les considérer comme possibles, voire probables. Tout en espérant le « grand et bel amour », on ne se jure plus de s'aimer pour la vie. On connaît les risques de souffrances, d'insatisfactions, de déceptions, de difficultés de la vie de couple, etc. Pourtant, les candidats à l'aventure restent nombreux et persévèrent, persuadés qu'ils feront mieux que les autres.

Le couple, une épopée possible ou impossible aujourd'hui ?

Qu'est-ce que l'on peut bien aller chercher quand on s'engage dans l'épopée du couple ? Qu'est-ce qui alimente l'énergie amoureuse, quels sont les ressorts profonds de la dynamique de la vie à deux ? Qu'est-ce qui permet de rester ensemble malgré les crises et insatisfactions ou, au contraire, qu'est-ce qui fait que l'on se sépare à un moment donné ?

Les raisons d'aujourd'hui ne sont plus les mêmes que celles d'hier, mais est-on au clair avec ce qui nous pousse vraiment dans les bras et dans le lit d'un amoureux, d'une amoureuse au XXIe siècle ? Mettre en évidence, là aussi, l'architecture de ce lien spécifique en nous libérant de certaines fausses idées nous permettra de mieux savoir comment le consolider.

De nouveaux défis

Aujourd'hui, les hommes et les femmes qui vivent en couple, qu'ils soient hétérosexuels ou homosexuels sont confrontés à de nouveaux défis par rapport aux anciens modèles sociétaux à l'œuvre jusqu'au milieu du XXe siècle environ. L'évolution des femmes dans la société, leur revendication d'égalité, entraînant dans son sillage une réflexion sur l'identité masculine, la multiplication des divorces et des séparations, rendant plus fragiles les unions, la contraception, ouvrant la voie à une sexualité plus libre, la possibilité du mariage « pour tous », faisant évoluer la question du genre, ont transformé considérablement le rapport homme-femme.

Mais, plus encore, sans qu'on le mesure encore tout à fait, nous assistons à une véritable révolution anthropologique qui bouleverse non seulement la fonction même du couple dans nos sociétés occidentales, mais aussi ses fondements. Cette révolution[1] est directement liée à la procréation médicalement assistée (PMA), qui permet une situation totalement inédite depuis le début de notre humanité, à savoir pouvoir enfanter en dehors du socle sexuel du couple. Les FIV (fécondation *in*

1. Maurice Godelier, *Métamorphoses de la parenté*, Paris, Fayard, 2004.

vitro), les dons de sperme et d'ovocytes, la procréation pour autrui ont permis, par exemple, à deux hommes, deux femmes, une femme seule, de devenir parents en dehors de toute sexualité. On n'a plus besoin d'être marié, d'avoir une sexualité hétérosexuelle, d'être un homme *et* une femme pour avoir un enfant.

Que l'on soit ou non directement concerné par cette évolution, nous y sommes tous impliqués, car elle a des conséquences sur chacun de nous. Elle pose, en effet, la question essentielle : qu'est-ce qui fait couple aujourd'hui ? À partir du moment où les bases millénaires des unions ont été bouleversées, nous ne pouvons plus faire l'économie d'une réflexion profonde et peut-être radicale. Il est urgent de repenser les fondements sur lesquels la vie à deux s'institue, car ils ne sont ni évidents ni explicites. Les couples sont fragilisés par les représentations anciennes, ancestrales qui continuent à coller à la peau, alors qu'elles ne correspondent plus à ce qui est attendu d'une relation amoureuse. Une certaine confusion règne, entre les attentes profondes, l'idée que l'on se fait du couple, le désir d'indépendance et celui de fusion, etc. Les modèles de princesses et de chevaliers servants, certes caricaturaux, continuent sournoisement à peser sur nos vies et sur nos représentations. À l'œuvre depuis tant de siècles, ces standards genrés nous jouent encore des tours et brouillent nos attentes. On ne s'en défait pas en quelques décennies même si l'on en a la plus sincère volonté.

En tout cas, le couple n'occupe plus les fonctions qui ont été les siennes pendant longtemps. Jusqu'à récemment, le mariage était ce qui fondait la famille : on se mariait pour avoir des enfants, c'était le préalable quasi absolu. Gare aux « filles-mères » et aux « bâtards » ! On restait ensemble pour assurer une continuité dans les fonctions parentales, même si l'on se détestait, même si l'on se trompait. C'était le lieu par excellence de la transmission et de la préservation des standards du masculin et du féminin. Le mariage était une institution sacrée, et l'union était décidée par les parents, le père bien souvent ; les enfants, surtout les filles, n'avaient pas leur mot à dire. Affaire d'argent avant tout, de dot, il laissait peu de place à l'amour ; il s'agissait d'entretenir le patrimoine familial pour le transmettre à son tour, si possible en l'augmentant. Le groupe d'appartenance en définissait largement les contours, car l'ordre familial préservait l'ordre social et les hiérarchies instituées, garantissait le pouvoir des hommes sur les femmes et forgeait ainsi des identités. On était censé être ce que les normes sociales nous demandaient d'être. Pas de développement personnel en vue ! Être une femme, c'était essentiellement être une bonne épouse et une bonne mère. Être un homme, c'était, principalement, assurer à sa famille un bon niveau de vie, représenter l'autorité. Les rôles étaient inégalement répartis, mais chacun était sommé de rester à sa place, d'assumer correctement sa fonction ; les identités préexistaient aux individus, qui n'avaient pas intérêt à revendiquer une émancipation. Cela ne venait d'ailleurs pas souvent à l'esprit des uns et des autres, qui souffraient sans le savoir ou en silence, car tout était orchestré, dirigé par le « devoir » et les normes. Les sentiments, le désir, le plaisir n'étaient pas vraiment des priorités. Le respect des conventions était essentiel et servait de carcan moral. La question de savoir si l'on se trahissait soi-même ou non ne se posait pas et ne venait même pas à l'esprit.

Tout cela a été en partie balayé, enfin ! Mais pour autant, sommes-nous plus heureux ? Émancipés de bon nombre de contraintes anciennes, les individus choisissent, à peu près, librement l'élu de leur cœur. Les couples sont plus ouverts, potentiellement plus épanouissants, plus excitants, plus vivants, et pourtant le mode d'emploi n'est pas encore tout à fait au point. Les promesses de Cupidon sont si souvent déçues. Trop de femmes et d'hommes sont malheureux dans et par leur union, et la conscience de leur souffrance la rend encore plus intolérable. Le bonheur n'est ni souvent ni durablement au rendez-vous. Il faut dire qu'avec toutes les attentes qui désormais pèsent sur la vie amoureuse, le couple démarre sa course avec un handicap important et finit souvent par succomber, asphyxié sous d'écrasantes illusions. La souffrance est alors destructrice et pèse lourdement sur les enfants, quand il y en a. Les hommes et les femmes que je reçois sont désorientés, perdus, ils ne savent plus comment faire pour éviter de se disputer, mieux communiquer, mieux se faire respecter dans leur couple. Souvent, ils ne se posent pas les bonnes questions. Entre leurs désirs, leurs besoins, les conseils nombreux et variés qu'ils reçoivent de leurs proches, des médias, des divers spécialistes, ils sont dans une grande confusion, mélangeant pêle-mêle les questions utiles et opérantes, les faux problèmes, les pistes erronées.

Essayons ensemble d'y voir plus clair et de mettre en évidence la ligne de fond qui structure le couple. Ce qui revient à se demander, de manière crue : à quoi cela sert-il de vivre ensemble.

Le couple, un véritable laboratoire du respect mutuel

S'il y a un lieu où l'on espère ne pas se trahir ni être trahi, dans lequel on pense vraiment pouvoir être soi, parvenir à réaliser le meilleur de soi-même, c'est bien le couple !

Delphine, 28 ans : « Quand j'ai voulu me lancer dans des études, parce que je n'avais pas eu la possibilité d'en faire dans ma famille d'origine, c'est lui qui m'a aidée, il m'a accompagnée dans toutes mes démarches, quand j'étais découragée, il m'a soutenue, il a toujours cru en moi. Il m'a vraiment permis de m'éveiller à moi-même. »

Arthur, 31 ans : « Si mon compagnon ne m'avait pas poussé à me présenter au concours d'entrée au conservatoire, je n'aurais pas eu la carrière que j'ai eue, mes parents m'avaient rejeté parce que j'étais homo, j'étais démoli, je ne croyais plus en rien, je ne me projetais pas dans l'avenir, je me sentais absolument nul, j'étais dans un trou noir. Cela n'a pas été facile de remonter la pente, je lui en ai souvent voulu de me pousser, mais il a cru en moi, il a vu clair en moi, mieux que moi, il m'a permis de me réaliser. »

La recherche identitaire est un enjeu de plus en plus exigeant pour les hommes et les femmes du XXIe siècle ! Le « nous » du couple doit permettre au « je » de chacun de se déployer face à un « tu » aimant et aimé. Chaque partenaire attend de pouvoir s'épanouir grâce au regard bienveillant de l'élu de son cœur. Le couple, c'est un espace où l'on aimerait se présenter à l'autre dans la nudité de son être, attendant d'être reconnu dans sa singularité la plus irréductible, s'exposant dans sa vulnérabilité, sa fragilité, en toute confiance, espérant que l'autre n'abuse pas de son pouvoir. Un lieu où l'on peut se reposer, poser les masques, les armes. Être soi sans se prendre la tête, sans craindre de se trahir ou d'être trahi. Mais aussi parvenir à mettre en œuvre des ressources inexplorées, un potentiel souvent méconnu de soi – ou auquel, par pudeur, on n'ose pas croire – mais dont on sent inconsciemment que, si l'on ne le réalise pas, on passera à côté de quelque chose d'important pour soi et on en sera malheureux.

Devenir soi, mais aussi permettre à l'autre d'accéder à soi, dans une forme de réciprocité, car on pressent qu'il pourrait être dangereux de ne pas « co-évoluer », de laisser l'un des deux sur le bord du chemin. Le couple serait donc une épopée à mener ensemble pour que chacun soit plus épanoui, se trahisse le moins possible et se révèle à soi-même ! Il devient le laboratoire où l'on apprend à instituer une relation de reconnaissance et de respect mutuels. Finalement, ne sommes-nous pas en train de vouloir faire du couple le lieu d'une altérité possible ? L'altérité dans un couple, c'est quand chacun met l'autre en mouvement vers son propre devenir, quand dans leurs regards croisés les amants se font respectivement découvrir des terres désertées jusque-là, ouvrent des perspectives mutuelles. Dans une influence réciproque, chacun crée un peu l'autre et se laisse créer par lui. Dans cet échange vivant, mobile, chaque identité est « travaillée », enrichie par cet autre si important.

Dans nos contextes de vie déstabilisants, aisément anxiogènes, fréquemment déshumanisés, cette aspiration serait comme une résistance, un antidote à un monde dans lequel les sujets n'ont pas toujours leur place. Peut-être même l'un des derniers bastions qui nous permette de réhumaniser les liens, de (re)trouver du sens, de réenchanter la vie.

Le « ne pas me trahir » servirait aussi de moteur, de stimulus pour le couple. Voir l'autre évoluer peut nous mettre nous aussi en mouvement vers nous-même.

Damien, 38 ans : « Quand elle a eu son nouveau poste de directrice de l'agence, j'ai été un peu sonné. Jusqu'à présent, je n'avais pas vraiment d'ambition pour moi, je me contentais d'être là où j'en étais, je n'avais pas de projet d'avancement ni de carrière. Mais là, ça a été comme un électrochoc, je n'ai pas voulu rester en rade, j'ai fait une formation qui m'a permis moi aussi de progresser dans ma boîte, et je me surprends à aimer relever les challenges. Je me sens plus fort, alors qu'avant j'allais au travail parce qu'il le fallait. J'ai changé mon rapport au travail, j'aime y aller, je suis bien plus à l'aise. Maintenant, dans le couple, je me sens plus à ma place, on a gagné tous les deux, on s'entend mieux. C'est aussi important qu'on ait chacun un endroit où se réaliser en dehors du couple. Quand on ne comptait que l'un sur l'autre, c'était étouffant. »

Dans une telle démarche, chacun se sent concerné par l'accomplissement de l'autre, même si c'est déstabilisant pendant quelque temps ; chacun parvient à se nourrir des succès de l'autre et, surtout, ne se sent pas menacé par la vitalité de l'autre. Plus je me sens être moi, plus j'accepte l'autre et plus cela constitue une invitation faite à mon partenaire pour qu'il se mette aussi en mouvement vers lui-même. Rien de tel pour rendre un couple vivant et accéder à la possibilité de prendre du plaisir au devenir de l'autre ! Un couple uni, ce n'est pas un couple qui fait toujours tout ensemble. On sort du modèle 1 + 1 = 1, toi et moi on ne fait qu'un, pour tendre vers le modèle 1 + 1 = 3 : à chacun un temps, un espace à soi, et un autre pour le « être et faire ensemble ». Quand un couple est ouvert sur le monde, que chacun y préserve une part d'autonomie, cela renforce sa cohésion et la consolide. Quelle légèreté alors de ne plus attendre de son amoureux, de son amoureuse, qu'il ou elle soit notre thérapeute ou un magicien guérisseur ! Cela donne de l'air. En libérant notre conjoint d'avoir à répondre à tous nos besoins, on ne lui fait plus porter la responsabilité de nos difficultés, on allège le poids de nos attentes massives, impossibles. Le couple respire, et parvient à respecter les distances nécessaires entre ses deux membres.

Bien évidemment, l'ambivalence règne. Pour répondre aux attentes des partenaires, le « nous » du couple doit être suffisamment fort pour soutenir le « je » de chacun, mais pas trop pour ne pas l'étouffer. On voudrait changer l'autre, mais on attend qu'il nous accepte tel que l'on est. On veut bien s'engager, mais il ne faut pas perdre son indépendance. Le couple est un lieu de partage, mais chacun veut conserver un petit jardin secret. On met beaucoup de choses en commun, mais l'argent est de plus en plus souvent placé sur des comptes séparés. Pour parvenir à tricoter partage et indépendance, individualité et communauté, le couple tanguera inévitablement, tâtonnera. Des ajustements seront constamment nécessaires, qui prendront du temps. Mais c'est dans les oscillations incessantes qu'un équilibre se trouvera, qu'une réciprocité s'affirmera. En réalité, tout ou presque est à inventer pour les couples d'aujourd'hui.

Très beau programme, mais repérons les embûches : elles sont nombreuses et s'infiltrent dès le premier regard échangé !

Tout commence si mal !

Pardonnez mon cynisme, mais tout commence souvent mal dans une histoire d'amour, en dépit du bonheur réellement éprouvé. Voici quelques pièges à repérer pour mieux se préparer à les affronter et/ou à les éviter.

Remettre Cupidon à sa place

« Tout va bien entre nous, mais je ne suis plus amoureuse comme au premier jour, je ne sais pas si je vais rester encore avec lui. » Combien de fois ai-je entendu ce propos.

Ah, l'amour ! tout a été dit, écrit, chanté à son propos : les passions, les tragédies, le sublime. Cette quête intarissable de l'amour est à la hauteur des souffrances qu'il inflige. L'énergie qu'il insuffle n'a d'égal que les désillusions qu'il suscite. S'il a inspiré de tous temps théologiens, poètes, compositeurs, romanciers, dramaturges, philosophes, psychologues, il n'a peut-être jamais été autant que de nos jours promu au rang de dimension absolue de l'existence. Aussi décrié qu'encensé, aussi inquiétant que palpitant, aussi excitant que décevant, il n'en est pas moins considéré comme le pilier essentiel du couple. Quelle erreur lourde de conséquences !

L'amour, la sexualité, nous avons voulu croire depuis le XXe siècle que c'était ce qui fondait un couple, mais nous n'avions pas mesuré que c'était également ce qui le fragilise. Les flèches de Cupidon sont censées sceller une union, la maintenir fraîche et satisfaisante le plus longtemps possible, sinon elle perd de son intérêt, de sa saveur. Mais à trop miser sur l'amour et ses promesses, on le rend quasiment impossible. Peut-être aimons-nous trop l'amour !

L'amour fait mal, parce qu'on en attend trop. La rencontre amoureuse va se révéler être un océan de promesses, mais aussi un gouffre de déceptions. À trop croire en l'amour, on prend le risque d'être trahi par nos propres espoirs.

L'amour, la sexualité, ce n'est pas rien dans la vie d'un couple, évidemment ! Ils sont indispensables, mais ils ne suffisent pas à rendre le couple épanouissant et à instituer le respect attendu. On peut aimer et disqualifier, on peut être tendre et emprisonner. S'aimer, désirer le corps de l'autre, aimer faire l'amour ensemble, ça ne fait pas tout. Denrées périssables qui risquent d'entraîner les amants dépités dans le triste cycle désir-satisfaction-déception, où l'amour peut se transformer en son contraire, la haine. Cette idéalisation de l'amour, ce mythe de l'amour comme ciment du couple augmente les déceptions.

Au moment de la rencontre, chacun croit désormais aux miracles de l'Amour ; on va être « sauvé » par l'autre. Sur notre petit nuage, rien ne peut nous atteindre, on va soulever des montagnes. Grâce à la présence de l'autre, on va oublier l'ex qui avait été si malveillant. Nos différentes blessures vont être pansées, à défaut d'être pensées. Tout ira bien dans le meilleur des mondes. On peut se contenter de « vivre d'amour et d'eau fraîche » pour apaiser nos anciennes souffrances, combler nos manques. Du coup, on attend dur comme fer que l'amoureux, l'amoureuse, corresponde parfaitement à l'image idéalisée qu'on en a. On imagine la pression de cet idéal de perfection !

Que l'espoir, voire l'utopie, préside à la constitution d'un couple est essentiel, indispensable. Les deux participent à la mise en place des projets et projections dans le futur, ils sont un moteur puissant. Ce n'est pas cela qui pose problème. Ce qui pose problème, ce sont les illusions. L'utopie, c'est un projet qui peut sembler difficile à réaliser, voire improbable, mais pas impossible. C'est un peu le rêve d'une folie… qui devient réalité. L'illusion, c'est une analyse établie sur des données erronées, fausses, et qui par conséquent n'a aucune chance de se réaliser. Et c'est notamment le cas de l'illusion qui consiste à croire que l'amour seul peut guérir. « J'ai tout de suite constaté qu'il se mettait facilement en colère, mais je me suis dit qu'avec un peu de patience, qu'en l'aimant tendrement, il s'apaiserait et se calmerait. Plusieurs années après, c'est encore pire. » En écoutant Fabienne, je pense à toutes les femmes et tous les hommes rencontrés qui tenaient des propos identiques, persuadés qu'ils allaient pouvoir transformer l'autre. À force de croire en ses miracles, on transforme l'amour en mirage. Car l'amour ne peut pas tout, il est tellement complexe, entremêlé de générosité et d'égoïsme, de pudeur et de peur, de bonté et de maladresses, si ce n'est de malveillance. Il n'est, tout compte fait, qu'à l'image de notre ambiguïté humaine. L'oublier nous joue des tours.

Ce qui n'arrange rien, c'est l'illusion de transparence que l'amour-sorcier entretient. On imagine que l'amant va, dans cette proximité partagée, deviner, percevoir nos besoins, y répondre sans qu'il soit nécessaire d'en parler, alors même que nous ne savons pas nous-même les énoncer clairement. Cessons de croire que le compagnon, la compagne, peut tout régler pour nous au nom de l'amour que nous nous portons. Considérer que l'amour ne peut pas tout éviterait bien des souffrances.

Mais le plus grand danger de l'amour consiste en ce qu'il soumet ceux qui en sont trop dépendants à l'injonction de plaire. Aimer, et surtout être aimé, constitue une forme d'oppression qui pousse à accepter le pouvoir de l'autre, voire son emprise. Peut-on accepter d'être aimé à n'importe quel prix ? Quelle dignité doit-on préserver de manière à ne pas réduire à zéro notre estime de nous-même, notre amour-propre ?

Repérer les quiproquos !

La mythologie de notre XXIe siècle nous fait donc croire que l'amour fonde le couple alors que, dans les faits, c'est par des quiproquos que tout commence. Quiproquos qui seront la source de nombreux malentendus et ne manqueront pas de fragiliser l'union.

Tout au plaisir infini de la rencontre, nous ne percevons pas le ver sournois qui pénètre dans l'alcôve de nos amours. Tant que nous l'ignorons, nous ne protégeons pas notre union.

Dès les tendres premiers regards, les merveilleuses nuits de la lune de miel, *on s'éprend* l'un de l'autre *et, en même temps, on se méprend*. Les méprises, qu'on le veuille ou non, constituent un prélude à la relation amoureuse. D'emblée, la trahison préside à l'origine de la rencontre, car quand on regarde l'autre, on le voit en grande partie non pas pour ce qu'il est, mais comme on voudrait qu'il soit. Grâce à notre analyse élargie de la trahison, nous découvrons que celles qui sont à l'œuvre dans un couple ne concernent pas seulement l'infidélité.

Ces méprises sont inévitables, car d'une manière générale, dans toutes les relations, je me construis dans le regard de l'autre. Je suis en partie invisible à moi-même. Sur le plan corporel, par exemple, je ne peux voir mon dos, mon visage, que dans le reflet d'un miroir ou dans le regard de l'autre. C'est l'autre qui me révèle cette part d'invisible que je porte. Autrui atteste qu'il la voit. Sur le plan psychique et identitaire également, c'est en grande partie dans le regard de l'autre que je me construis et me découvre. Mais qui voit-il vraiment ? Celui ou celle que je suis, que j'aimerais être, que je crois être ? Ou, avant tout, celle ou celui qu'il a besoin que je sois. C'est en grande partie à travers le prisme de ses représentations qu'il me considère, tant son regard est chargé de projections, d'attentes, du poids de son histoire, de l'épaisseur de son vécu, de l'empreinte des rencontres précédentes. À des degrés divers, j'existe pour l'autre d'abord comme une réalité fantasmatique. La proximité du couple, son intimité, amplifient à l'extrême ce processus inhérent à toute relation.

Le risque, c'est de s'y soumettre, de vouloir y correspondre, de finir par se fondre dans le personnage que l'autre a besoin que l'on soit. Tout cela parce qu'on espère être aimé en s'y conformant !

Quand le partenaire fait de mon invisible avant tout le champ de ses projections, de ses désirs, la relation devient aliénation. Quand ce que l'autre veut pour moi, de moi, ne correspond pas à ce que je veux, à ce que je peux intégrer de ma propre réalité, quand il m'éloigne de moi, de mes besoins réels, c'est la destructivité. Quand le regard de l'autre nous place là où nous ne sommes pas ou pas encore, quand il nous enferme là où nous ne voulons pas ou nous ne voulons plus être, quand il nous coupe de nous-même en nous plaçant là où nous ne pouvons pas nous reconnaître, alors un véritable jeu de massacre identitaire risque de s'installer. On court le risque de s'enfermer dans la trahison de soi.

Quand on laisse s'installer ces méprises, quand on ne parvient pas à les dépasser, elles aboutissent au mépris de soi et de l'autre.

Pierre, 48 ans : « Chaque fois que je faisais quelque chose qui ne correspondait pas à ce qu'elle attendait d'un mari, d'un père, quand je me fâchais contre les enfants, c'étaient des reproches, des critiques, ça m'a miné. J'ai douté de plus en plus de moi. Je me sentais en dessous de tout, alors que c'était elle qui attendait des choses impossibles. Et je l'ai détestée. En fait, on s'est trompé de casting. »

Fabienne, 53 ans : « Il voulait me façonner à son image, il me donnait des conseils pour tout, comme à une petite fille. Cela m'a aidée au début parce que je n'avais pas confiance en moi. Je croyais qu'il s'intéressait à moi, cela me flattait, je pensais enfin pouvoir devenir une personne importante pour quelqu'un, moi qui me sentais toujours insignifiante. J'aimais cet homme fort qui me guidait, cela m'a rassurée au début. Je le voyais comme un homme généreux, bienveillant. Je me pliais volontiers à ses demandes pour gagner, garder son amour, j'en avais tant besoin. Mais au bout d'un moment, j'ai perdu le goût des choses, je ne savais plus ce qui me faisait plaisir ou non, ce que je désirais. En fait, j'ai eu des angoisses, je ne savais plus qui j'étais à force de vouloir devenir la femme dont il rêvait mais qui n'était pas moi. » Ce fonctionnement peut être satisfaisant pendant un temps, mais il faut pouvoir mesurer à partir de quand il devient un piège plus destructeur qu'épanouissant, et cela pour les deux partenaires, car on entend souvent aussi des personnes se plaindre de devoir être dans la position du « fort », « de celui qui assure », sans s'abandonner quelquefois à leur fragilité.

« Plus je voulais lui faire plaisir, plus je devenais ce qu'il voulait que je sois, et plus il m'ignorait. » Comme pour Stéphanie, un cercle douloureux et destructeur finit par s'installer quand on se perd soi-même pour l'autre.

Le pire, c'est que nous ne mesurons pas toujours à sa juste valeur le fait que très souvent, quand on se conforme aux désirs de l'autre, on devient insignifiant à ses yeux comme aux nôtres, on y perd notre dignité. Une fois façonné à l'image du partenaire, on n'est plus intéressant pour lui.

Par ailleurs, de la méprise à l'emprise, il n'y a que quelques pas. La violence risque de s'installer, violence physique, psychique, encore trop fréquente. Repérer ces glissements est indispensable pour éviter les dérapages dramatiques.

Si ce miroir tendu par le partenaire risque de nous clouer au pilori, il peut être aussi, heureusement, celui qui, le mieux au monde, nous éveille à nous-même. Ce regard de l'aimant est tragique ou magique. Il est potentiellement aussi bien poison ravageur de la pomme offerte par la sorcière à Blanche-Neige qu'éveil de la

Belle au bois dormant sous la magie du baiser du Prince charmant. Les yeux doux de l'aimant peuvent agréablement nous surprendre nous-même, dans un étonnement sans cesse renouvelé devant cet inconnu de soi que l'autre n'en finit pas de nous faire explorer. À l'inverse, on peut se délester un peu plus de sa substance, se vider de soi-même, se laisser dévaster jusqu'à n'être plus que l'ombre de soi-même.

Dans le couple, la frontière entre ces deux versants est subtile, fluctuante. On peut glisser facilement de l'un à l'autre. Jusqu'à un certain point, cela reste réversible. Le couple, c'est à la fois ce lieu spécifique où le lien peut se transformer en acide susceptible de ronger la part la plus intime de soi, mais c'est aussi l'espace où la tendresse peut aider chacun à prendre le risque d'être soi-même. Si, comme l'a écrit Marcel Proust « l'être aimé est successivement le mal et le remède, suspend et aggrave le mal[1] », comment passer de la méprise à la reconnaissance attendue ?

Qui j'aime, quand j'aime ?

Ce n'est pas si évident, car l'inconscient a tendance à nous jouer des tours. Un autre piège préside à la rencontre amoureuse. Il relève de l'ambiguïté essentielle du désir. L'amour nous rend désirant, il nous éveille à cette force vitale qui nous ouvre au plaisir d'exister. Il se déploie sur le registre de la sexualité, mais pas seulement : il anime tout ce qui peut être partagé dans le couple, véritable source d'énergie existentielle qui sous-tend l'attachement mutuel.

1. Marcel Proust, *À la recherche du temps perdu*, vol. IV, *Sodome et Gomorrhe*, Paris, Gallimard, 1921.

Mais si les désirs sont un des moteurs princeps du couple, ils n'en demeurent pas moins porteurs eux aussi de risques.

Entre Paul et Nathalie, ce fut le coup de foudre. Jeunes et beaux, ils partagent l'infini des rêves, l'attrait de l'impossible, mais tout le reste les sépare. Nathalie, enfance choyée, surprotégée, dans une famille traditionnelle, à forte emprise morale. Paul, famille nombreuse, père décédé dans des conditions mal élucidées, mère démunie. Nathalie, trop sage ; Paul, trop fougueux, toujours à la limite de la loi et de la transgression. Ces contraires qui s'attirent attisent une belle et lumineuse passion. Paul entrouvre à Nathalie, les portes – jusque-là inaccessibles – du plaisir. Nathalie invite Paul dans l'ordre – longtemps – attendu d'une famille bien rangée. Chacun désire offrir à l'autre son monde, dans un geste qui serait partage et volupté, plaisir et sérénité. Vertige des besoins. Tourbillons des désirs ! Dès le départ, ce couple est chargé d'attentes, comme une valise que l'on bourre pour faire un long voyage. Il y a pour Paul attente de réparation, de compensation de son manque affectif. Nathalie, pense-t-il, est prête à beaucoup donner. De son côté, elle aspire à trouver un peu d'air. Sa mère autoritaire régente tout, écrase son père avec lequel Nathalie a toujours partagé les jeux, la tendresse, la patience. Elle a envie de fuir ce spectacle désolant pour elle, ainsi que le puritanisme de la famille, qui s'est aggravé depuis la mort de son petit frère. Le plaisir s'est absenté. La culpabilité envahit tout l'espace familial. Il lui faut plus de libertés, plus d'insouciance.

Dans le feu de la rencontre amoureuse, Paul et Nathalie partagent la solide conviction d'avoir trouvé « la bonne personne », l'âme sœur avec laquelle l'horizon va s'ouvrir. Rien ne compte davantage pour eux que de prolonger cet état de grâce où transparence rime avec confiance, légèreté danse avec oubli. Paul voudrait que Nathalie le stabilise un peu, mais au fond de lui peut-il vraiment s'y résoudre ? Peut-il se passer d'un certain désordre pour vivre ? Est-il fait, même s'il y aspire véritablement, pour la vie de couple ? La tranquillité qu'il a sincèrement envie de trouver auprès de Nathalie l'angoisse peut être plus qu'il ne l'imagine et le renvoie à des choses qu'il ne peut pas affronter encore en lui. L'absence de père plane. Ce vide le hante, il lui faut s'étourdir pour ne pas se laisser envahir. Sans en avoir conscience, Nathalie voudrait que Paul lui permette de sortir de son affection débordante pour son père. Elle a envie de se couler dans l'amour d'un homme, de s'abandonner dans ses bras accueillants. Mais ce que lui propose Paul la rassure-t-elle suffisamment pour qu'elle prenne le risque de quitter, de lâcher l'amour inconditionnel de son père ? Trop de père d'un côté, pas assez de l'autre, cela suffira-t-il à créer un équilibre ? Leur couple s'est fondé sur une volonté commune et sincère de changer de position par rapport à leur famille d'origine. Mais y sont-ils vraiment prêts au plus profond d'eux-mêmes ? Sous sa générosité, Nathalie enferme Paul petit à petit, elle le rend prisonnier de sa bonté. Elle se perd à vouloir le sauver. Il se dénie à vouloir s'assagir. Plus Nathalie se pose comme la béquille identitaire et affective de Paul, plus il devient dépendant et s'affaiblit. Plus Paul est le moteur des désirs de sa femme, plus elle déprime. Dans ce besoin sans cesse entretenu que chacun a de l'autre, elle ne peut supporter qu'il lui échappe, il ne peut envisager qu'elle s'appartienne. Fatale codépendance ! Il faudrait ne jamais s'éloigner, ne pas respirer l'un sans l'autre. Or, plus on se cramponne, plus on se perd, en croyant pourtant se retenir.

Sans doute pourrait-on dire que, à travers Paul, c'est son père bien-aimé que Nathalie voit ; peut-être cherche-t-elle aussi son frère parti trop vite. Quand Paul regarde Nathalie, voit-il sa propre mère ? On croit aimer la personne qui dort à côté de nous, mais, sans que nous le sachions, d'autres figures font obstacle. Une bataille sourde entre conscient et inconscient alimente sans cesse l'ambiguïté de nos désirs. On veut une chose, on en fait une autre. Notre inconscient nous trahit si souvent !

Des croyances profondément ancrées peuvent nous jouer des tours et nous amener à mettre en œuvre des comportements à l'opposé de ce que l'on souhaite vraiment. Le couple, c'est un véritable choc des cultures, même quand les partenaires sont du même milieu. Il est, en effet, soumis à deux lignes de fond contraires et antagonistes. Une dure et tenace guerre se déroule entre le « programme officiel » et la « construction du monde » de chacun[1]. Le « programme officiel », c'est l'ensemble des projets explicites qui fondent le couple, sur lesquels il y a accord. « On fera de beaux voyages, on aura une belle famille... » La « construction du monde », c'est un corpus de croyances qui s'est constitué dans les précédentes expériences familiales, amoureuses, imprégnées de nos références culturelles, etc. Profondément ancrées, elles sont souvent inconscientes, peu remises en cause, et influencent puissamment nos attitudes. C'est la « construction du monde » qui met des bâtons dans les roues des plus nobles intentions : elle constitue

1. Mony Elkaïm, *Si tu m'aimes, ne m'aime pas. Approche systémique et psychothérapie*, Paris, Seuil, 2001.

une puissante force de résistance aux changements. Elle vient s'opposer à nos besoins explicites, et risque de nous maintenir dans des répétitions douloureuses, alors même que nous tentons de tout faire pour en sortir. Par exemple, une jeune femme qui a souffert d'un manque de reconnaissance de la part de son père va, tout en la réclamant « officiellement » à son amoureux, « s'arranger » pour ne pas entendre la reconnaissance de l'autre, la dénier, la ruiner, voire l'empêcher. « Quand il me fait des compliments, j'ai l'impression qu'il s'adresse à quelqu'un d'autre. » Ce faisant, au lieu de donner à son « programme officiel » toutes ses chances pour qu'il se réalise, elle renforce sa « construction du monde » et continue à penser que « les hommes ne sont pas capables de rassurer les femmes ». Ce qui n'arrange rien, c'est que l'amoureux de cette jeune femme a aussi une « construction du monde » qui va parfaitement, et pour le pire, conforter celle de sa chérie : « Mon père n'a jamais su faire un compliment à ma mère, et de toutes les manières elle n'acceptait rien de lui. » Conclusion suggérée par sa perfide construction du monde : « Pourquoi dire des gentillesses à ma dulcinée puisque, de toutes les manières, elle ne les entend pas ? »

Car, bien sûr, notre inconscient va nous faire « choisir » celui ou celle qui va maintenir le *statu quo*. Encore un tour de ces pernicieuses loyautés invisibles. Ainsi, tout va bien dans le meilleur des mondes, on s'enferme dans la répétition de la névrose familiale, on reste de « bons » enfants qui reproduisent à l'identique les erreurs des parents, alors même que l'on en avait souffert et que l'on s'était promis de faire autrement. Loin de permettre de trouver dans le couple le réconfort espéré, la vie à deux fragilise encore davantage et rend malheureux.

Pour ne plus nous trahir dans un couple, nous avons donc à trahir nos illusions, notre inconscient, notre immobilisme, peut-être aussi notre impatience à être heureux, tout de suite, 24 h/24. Ce n'est que dans le changement, quand on parvient à transformer bien des choses, que l'on peut faire du couple un lieu de respect réciproque. La reconnaissance, c'est un véritable parcours. Et quand on décide de vivre à deux, il faut savoir quelle reconnaissance on cherche et identifier celle dont nous avons le plus besoin.

Oserais-je dire qu'il faut choisir son camp ? Ce n'est évidemment pas aussi radical, mais il y a des réaménagements à opérer.

Réaménager dans son couple ses loyautés filiales

Faire couple, cela complexifie les loyautés de tout un chacun. Aux loyautés filiales, verticales, viennent désormais se surajouter les loyautés horizontales vis-à-vis de la compagne, du compagnon. Quand je fais couple, je n'en demeure pas moins le fils ou la fille de ma famille. Comment transformer les loyautés premières ?

Faire couple ne concerne donc pas seulement les deux partenaires, cela s'ordonne par rapport à un environnement social, culturel, amical, fraternel, mais aussi par rapport à l'histoire familiale de chacun, à la place, à la fonction que chacun a ou a eue dans sa famille d'origine. Les tourtereaux ne sont pas seuls au monde. Transformer ses loyautés vis-à-vis de sa famille, c'est l'un des processus constitutifs du couple. Cela lui permet de se poser en tant qu'unité séparée et suffisamment différenciée des familles d'origine, de tracer des frontières entre le « nous » du couple et le « nous » de la famille.

Le couple se trouve face à un double travail. Chacun - l'un *et* l'autre - doit régler sa distance par rapport à sa propre famille, ce qui n'est déjà pas rien, mais aussi par rapport à sa belle-famille. De plus, le partenaire devra prendre en compte les contentieux de sa compagne ou de son compagnon avec ses propres parents. Dialectique croisée qui amplifie les difficultés de chacun. Nous avons vu comment nous pouvions solder les comptes avec notre père et notre mère ; il s'agit à présent de ne pas entrer dans une logique de règlements de comptes avec beau-papa, belle-maman, et de supporter le lien que notre chéri continue à entretenir avec eux.

« Ta mère, tu ne la trouves pas un peu trop envahissante ? elle appelle tous les jours.

— Peut-être mais si elle n'était pas là, qui s'occuperait des enfants quand ils sont malades ? »

Après quelques minutes de silence, la balle est dans l'autre camp :

« Et ton père, tu as vu comment il te parle, il te considère comme un gosse.

— Oui, mais n'oublie pas que c'est lui qui me conseille pour mon business et que cela me réussit bien. Et puis, heureusement que mes parents étaient là pour nous aider à acheter notre maison. »

Nous voilà en plein cœur des conflits de loyauté, conflits évidemment inévitables. Déjà, repérons à quel point belle-maman, beau-papa et quelques ancêtres sont présents, à leur manière. Les belles-familles ne se contentent pas d'être assises parmi nous lors d'un dîner ou d'un déjeuner, elles occupent une place fantasmatique énorme, avec des conséquences inconscientes puissantes. Chaque partenaire continue à porter – on pourrait dire « importer » – dans son couple, surtout à ses débuts, le goût amer des déceptions, des souffrances, des frustrations de l'enfance, et cela laisse des traces psychiques bien plus lourdes et plus problématiques que la seule présence physique de la belle-famille. Cette présence psychique est le témoin d'un passé inachevé, mal « rangé », pas suffisamment « passé », et elle est susceptible de faire écran dans le couple, elle peut entraver la construction du sentiment d'appartenance à cette nouvelle entité.

Le risque est grand de demander au partenaire d'être un substitut parental, de venir réparer, compenser, combler ce que l'on n'a pas reçu de sa famille d'origine, ou même – ce qui n'est pas du meilleur augure – de poursuivre à l'identique, de répliquer le modèle de couple parental ou la relation merveilleuse, et sans doute idéalisée, que l'on a eue avec son père ou avec sa mère, survivance d'un Œdipe mal résolu. Œdipe, quand tu nous tiens ! Le problème, c'est que, dans un premier temps, cela est valorisant, mais que, dans un second temps, l'effet boomerang peut nous conduire à en vouloir à l'autre de nous avoir placé à cet endroit.

De plus, belle-maman ou beau-papa ont souvent la fâcheuse habitude de se rendre indispensables, d'être serviables, utiles. Si touchants avec leurs bons sentiments, et en même temps si encombrants ! Ils savent si bien entretenir les loyautés. Ils sont eux-mêmes, de leur côté, si peu enclins à perdre le contact avec – voire le contrôle sur – leur tendre enfant de 35, 40, 45 ans, si tentés de vérifier s'il est heureux dans son couple.

Pas de doute, pour faire bon ménage, il va falloir faire du ménage et parvenir à définir quelle distance mettre entre « eux » et « nous ». Les deux partenaires n'auront pas toujours le même sentiment, la même position par rapport à la distance à mettre en place, physique et psychique ; ils n'auront pas les mêmes besoins de présence d'une mère, d'un père. Chacun voudra que l'autre coupe le cordon, mais sans toujours être lui-même tout à fait prêt à le faire.

Plus on aura pour soi-même soldé les comptes, plus on pourra accompagner l'autre dans cette entreprise. Le couple sera d'autant plus satisfaisant, renforcera d'autant mieux ses fondements qu'il permettra à chacun de parvenir à solder ses propres comptes, mais aussi qu'il pourra aider le ou la partenaire à oser le faire.

Quand on fait couple, trahir ses parents pour ne pas trahir son couple s'impose. Le couple peut constituer l'un des lieux privilégiés pour mettre en œuvre ces trahisons filiales, libératrices et nécessaires. C'est un lieu propice pour continuer à grandir. Mais s'il est confronté à trop de décalages, l'un des deux membres ne pouvant « lâcher » ses parents, réaménager ses loyautés, cela entrave le « nous » du couple. Ainsi, solder les comptes avec ses parents libère et peut consolider le couple.

Des conflits régulateurs ou séparateurs ?

Face à un tel remue-ménage, auquel, il faut l'avouer, on ne s'attend pas, on imagine bien que les clashs sont inévitables. Comprendre leurs fonctions pourra nous aider à oser les affronter et à mieux les vivre.

« Il ne me respecte pas », « Elle ne m'entend pas », « Il me parle mal », « Elle ne me prend jamais en considération, il faut toujours en passer par ce qu'elle veut »,

« C'est comme si je n'existais pas », « Je me sens humilié, dénié », « Il me critique sans arrêt, ce que je fais n'est jamais bien, toujours des reproches, j'ai perdu confiance en moi », « Je me sens seule », « On n'arrive pas à se parler, impossible de me faire entendre », « J'ai supporté sa mauvaise humeur parce que je ne voulais pas de conflits ». Petit à petit, la communication se grippe et la tristesse s'agrippe. On n'en peut plus de se trahir et d'être trahi.

Alors les conflits peuvent surgir. Il faut s'autoriser à aller jusque-là. Personne n'aime les disputes. Nous rêvons tous d'une vie sans éclats, qui se déroulerait comme un long fleuve tranquille. Et pourtant, aussi inconfortables soient-ils, ils sont inévitables, et même nécessaires. Encore un stéréotype à contrer, car les conflits peuvent être régulateurs. Quand la coupe est pleine, la communication ne peut parfois s'établir qu'à partir d'une éruption volcanique. Arrivé à un certain stade de souffrance, ce n'est bien souvent que de cette manière que l'on arrive à faire entendre les limites au-delà desquelles les choses deviennent insupportables et violentes, à tracer les lignes rouges que l'autre ne doit pas franchir. Le couple a quelquefois besoin de traverser son propre chaos pour parvenir à une compréhension mutuelle.

Combien de couples se sont séparés en déclarant que « pourtant, on ne se disputait pas » ? Justement, le risque est là ! Les conflits permettent de clarifier des attentes confuses, de mettre à jour les causes du malaise et de se donner les moyens de trouver des solutions. Ils sont un appel aux changements, un cri du cœur émanant de notre souffrance. Dans le quotidien du couple, on ne se rend pas toujours compte que l'on se trahit.

Les mots, les gestes dénigrants, dégradants, se mêlent à d'autres qui sont tendres, affectueux ; cela ne s'oppose pas nécessairement, alors on laisse passer. Jusqu'au jour où cela n'est plus tolérable. Les conflits sont quelquefois le seul moyen pour en prendre conscience et les signifier à l'autre.

Isabelle, 34 ans : « Il m'a fallu du temps pour percevoir combien il m'humiliait à chaque fois qu'on recevait des amis. Il le faisait avec humour, j'étais la première à en rire, c'était très sournois. Le lendemain de ces soirées, j'éprouvais toujours un petit malaise. Je mettais cela sur le coup de la fatigue. Un jour, il a exagéré plus que d'habitude, et j'ai vu la réaction des copains, ils étaient choqués ! Alors j'ai compris... J'ai explosé quand on est rentrés en voiture, il ne m'avait jamais vue dans cet état de révolte. Ensuite, on a pu en parler. Lui-même ne se rendait pas compte que ses moqueries me blessaient et à quel point... Il a été touché, il a cherché à comprendre ; cela lui vient sans doute de l'image de ses parents, son père ne respectait pas sa mère, qui a toujours tout accepté de lui. Ça a mis du temps avant qu'il ne change, parce que c'était profond chez lui et que ça touchait aussi des choses anciennes chez moi, de mon enfance, quand ma mère me disqualifiait toujours. Petit à petit, on s'est débarrassés de ce problème, mais ça a failli nous empoisonner au point d'envisager une séparation... Ça aurait été dommage. C'est comme si nous avions grandi ensemble, en dépassant nos souffrances d'enfant. Heureusement que je suis sortie de mes gonds, sinon on aurait répété le schéma de nos parents. »

Pour que les conflits agissent comme un régulateur, il faut être prêts à se remettre en cause, à envisager les changements nécessaires, à accepter certains compromis, sans que ce soit toujours « le même » qui cède du terrain. Inutile de se faire des illusions, cela suppose un véritable apprentissage. Se parler, oui, mais de telle sorte que l'autre puisse entendre et prendre en compte ce que l'on dit. Cela s'apprend petit à petit, on découvre qu'il vaut mieux éviter les attaques réciproques et sortir du registre des reproches mutuels qui ne font guère avancer. Il s'agit de faire entendre ses besoins propres afin de pouvoir dire le plus clairement possible ce que l'on ressent, mais aussi de s'efforcer d'écouter l'autre, de considérer ses besoins et d'avoir le courage de l'entendre évoquer sa souffrance. Ce n'est pas si facile lorsqu'on est encombré par son mal-être personnel.

Thomas, 43 ans : « Je sortais d'une histoire difficile, je doutais beaucoup de moi. Au début, j'ai fait beaucoup d'efforts pour que ça marche, au point de renoncer à une promotion dans mon job parce que j'aurais été trop souvent absent, et pourtant c'est dans mon travail que je me suis toujours le plus épanoui, pour moi c'est essentiel. Et malgré toutes les preuves d'amour que je lui donnais, elle me parlait mal, me rabrouait, j'avais l'impression de faire partie des meubles. Pendant longtemps, je n'ai eu ni la reconnaissance que j'attendais ni la considération que j'estimais devoir recevoir en retour de tout ce que je faisais pour elle. On se disputait beaucoup, j'étais prêt à partir, elle l'a senti. Alors on s'est mis à parler, beaucoup. Petit à petit, on a chacun vu et compris pourquoi on en était là, on a pris la mesure de nos fragilités respectives, on a mis à plat ce à quoi notre couple pouvait répondre et ce qui relevait d'un travail personnel. Ça n'a pas tout réglé, mais on est contents d'être ensemble, on a de plus en plus de bons moments et les mauvais durent moins longtemps. On parvient davantage à se respecter, et à moins souffrir quand l'autre ne répond pas à nos demandes. Je comprends qu'elle ne puisse pas toujours faire autrement à cause de son histoire, et que ce n'est pas "contre" moi. J'essaye de ne pas lui en vouloir. Ce n'est pas toujours facile, parce que ce qui vient en premier, ce sont les reproches, les critiques... Mais maintenant qu'on a dépassé la première grosse crise, on se sent plus "outillés". »

La crise, c'est aussi un moment où chacun évalue son attachement au couple. Elle interroge ce que chaque partenaire est prêt à faire pour transformer les choses, comment il peut s'investir dans l'amélioration de la relation. Quand on en sort, cela sonne comme un nouveau départ, comme si l'on renouvelait le contrat initial. La crise aura permis de coconstruire un modèle relationnel dans lequel chacun trouve plus facilement sa place, se sent davantage reconnu.

Anaïs, 34 ans : « Même si on n'est pas d'accord sur bien des points, c'est avec lui que j'ai envie de vivre. On partage tant de choses ensemble. Malgré nos disputes ou peut-être grâce à elles, on a créé un couple très stimulant, très vivant. On a tous les deux envie de le sauvegarder. »

Stéphane, 54 ans : « Quand on sort de nos disputes, et que chacun est prêt à faire des efforts pour changer les choses entre nous, je suis rassuré, je vois qu'elle est, comme moi, décidée à sauver notre couple. On y est tous les deux très attachés, on a vécu tant de choses ensemble. »

Un couple reste « vivant » quand il parvient à opérer sans cesse des ajustements pour que l'un et l'autre s'accordent, sans forcément « être d'accord ». Il se consolide à chaque fois qu'il retrouve un équilibre après les secousses. Il en sort plus fort. On peut repartir… jusqu'à la prochaine.

Le problème du conflit, c'est lorsqu'il devient le mode de relation quasi permanent du couple, quand les partenaires ne parviennent pas à en sortir. Dans ce cas, les disputes, loin d'introduire les changements nécessaires, figent chacun dans ses positions, dans ses représentations. Chacun veut imposer à l'autre ses propres besoins, ses points de vue, sans parvenir à prendre en compte ceux de l'autre. Les conflits n'ouvrent pas sur des perspectives communes, mais sur une escalade symétrique, dans laquelle plus l'un veut quelque chose, plus l'autre le refuse.

Quelquefois aussi, les conflits tiennent lieu de relation ; ils la maintiennent parce qu'il n'y a plus grand-chose à partager. Les chamailleries pour tout ou rien sont les seuls échanges. Combien de couples passent leur temps à se disputer sans parvenir à se séparer ?

Une fois repérés les pièges, voyons à présent les pistes utiles pour faire grandir le couple.

Évoluer ensemble

Apprendre à recevoir

Le couple est à la recherche d'une équité. Essentielle pour instituer le respect mutuel et l'altérité espérés, celle-ci se structure autour du système du *donner, recevoir, rendre* dont nous avons parlé précédemment. Mais ce cycle fonctionne ici de manière différente par rapport aux relations parents-enfants. Il va se révéler beaucoup plus fragile, plus aléatoire. Dans un couple, si le don constitue un geste nécessaire, il n'en demeure pas moins toujours risqué. Pour trouver un équilibre, il est prudent de le mesurer. Donner, oui, mais jusqu'où ? Comment ?

Le don peut être un piège pour soi et pour l'autre, qui peut se sentir enfermé, étouffé par trop de générosité. Le don est au service du lien, mais il peut aussi le ronger, le consumer, le détruire. Il est souvent considéré comme une preuve d'amour, mais il peut faire peur. Trop ou trop peu, pas au bon moment, il n'est pas facile de « tomber juste ». Il s'agit d'apprendre à donner de telle manière que l'autre puisse accueillir le don, faire en sorte que ce dernier réponde au mieux aux besoins légitimes de l'autre. Sinon, ce serait un geste solipsiste, égoïste, qui ne fait du bien qu'à soi. Le don ajusté au plus près de la réalité de l'autre suppose que nous puissions nous décentrer pour percevoir ce qui compte vraiment pour notre amoureux ou notre amoureuse.

Contrairement aux liens intergénérationnels, les dons qui circulent dans un couple n'entraînent pas systématiquement de sentiments de dette, parce qu'ils ne sont pas toujours reconnus comme tels. Ils n'engendrent pas forcément de loyauté, comme cela se passe entre parents et enfants. On peut ne pas se sentir redevable, même si l'on reçoit beaucoup de la part du partenaire. Au regard de ce qu'il a reçu, celui qui part et rompt ne se sent pas retenu.

Le risque est alors grand de considérer que le don est un dû ! Dans cette position somme toute infantile, on ne mesure pas ce qui est donné, on ne lui accorde pas de valeur, ce qui revient à n'avoir aucune considération pour celui ou celle qui donne. On reste dans la satisfaction pulsionnelle de celui qui reçoit comme un glouton. On avale sans être jamais rassasié de ce que l'autre donne. On en demande toujours plus à un autre qui, par peur de perdre l'amour, va se sentir obligé de donner, encore et toujours. On entre alors dans le cycle infernal, vicié, vicieux, du « ignorer, prendre, refuser, garder[1] ».

Ignorer la valeur du geste, jusqu'à ne pas voir le sujet qui donne. *Prendre* pour soi, sans jouissance. *Refuser* de se sentir redevable. *Garder* tout pour soi, jalousement, dans l'impossibilité de donner à son tour.

Alors que l'asymétrie est inhérente au lien transgénérationnel, elle représente un risque suprême, maximal, pour un couple. Si les dons et contre-dons ne s'équilibrent pas tant soit peu, cela génère de la souffrance et ruine le couple. L'amour ne résistera pas à un sentiment d'injustice – « J'en fais plus que lui » –, à un sentiment de non-reconnaissance – « Elle ne se rend pas compte de ce que je fais pour elle, et pour la famille » –, à un sentiment d'ingratitude – « Il me paye mal en retour du temps que je lui consacre ». Contrairement à ce qui se passe dans la relation parents-enfants, la dissymétrie, dans le couple, entre ce qui est donné et ce qui est reçu ne doit être que provisoire, temporaire, réversible à tous moments ; si elle devient la règle de fonctionnement permanente, c'est très douloureux. Mais ce n'est pas à partir des comptes d'apothicaires que l'on parviendra à l'équilibre, ni en courant après une improbable égalité arithmétique permanente, sur la base du « donnant-donnant ».

1. Alain Caillé, *Extensions du domaine du don*, Arles, Actes Sud, 2019.

La réciprocité peut aider à mettre en place l'équité, elle s'institue dans quelque chose comme « aujourd'hui pour moi, demain pour toi, et inversement ». Inévitablement, l'un, à un moment donné, parce qu'il est plus en forme, plus enthousiaste, plus disponible, en fera davantage, contribuera plus activement au bien-être du couple. Tel aime cuisiner et passera plus de temps devant les fourneaux. Tel autre aime les voyages et entraînera davantage le couple vers des découvertes. Tel consacrera plus de temps à la décoration de la maison, tel autre apportera avant tout du confort matériel. L'un donnera du temps, l'autre apportera sa gaieté, sa bonne humeur. Chacun devient, à tour de rôle, point d'appui, moteur pour l'autre, relais. Cela se construit dans la durée. Quand on vit à deux, la dimension temporelle est importante, car l'équité ne peut s'élaborer qu'à partir d'une succession de séquences inégales. La réciprocité respecte la différence de l'autre, s'en nourrit. L'équilibre se nourrit de ces échanges incessants, de ces dons réciproques qui permettent à chacun d'y trouver son compte. De cette manière, au fil du temps se renforce le sentiment de pouvoir compter sur l'autre.

C'est cela, la force morale qui soude la relation et la conforte.

Pour permettre la réciprocité, le moment du « recevoir » est essentiel. Cette séquence a, en effet, une incidence très forte sur l'évolution du lien dans un couple. Si j'ai du mal à accepter ce que l'autre me donne, à reconnaître le don, cela peut bloquer la relation. L'aptitude, la capacité à recevoir est pivot dans la relation affective. Si l'on ne peut recevoir, les liens se fragiliseront, la relation se figera, le temps s'immobilisera, le couple ne sera plus vivant.

Recevoir n'est cependant pas aussi simple qu'il y paraît. Cela peut être vécu comme un risque, c'est un geste finalement difficile qui me rend redevable, me met à la merci de l'autre. On a peur d'y perdre sa liberté. Mais, surtout, recevoir nous interroge sur nous-même, sur la valeur que nous nous accordons : « Moi qui ai le sentiment que je ne vaux rien, suis-je digne d'un tel don ? », « Est-ce que je mérite un tel cadeau, un tel amour, la confiance de cet homme », » La bonté de cette femme, en suis-je digne ? » Recevoir suppose une bonne image de soi, une identité suffisamment solide. Recevoir peut-être vécu comme une menace pour son intégrité, comme une intrusion de l'autre sur son territoire propre, comme une violation du corps. Car la chose donnée véhicule toujours une part du donateur. Que faire de cette part de l'autre ? Puis-je l'intégrer sans me déprendre de moi ? Pour recevoir, il faut pouvoir s'ouvrir, ce qui peut être déstabilisant, perturbant. Recevoir dans l'intimité, c'est accueillir l'autre en moi. Y suis-je prêt ailleurs que dans l'acte sexuel ? Comment ne pas me sentir envahi ?

Mais en ne recevant pas, j'empêche l'autre de donner, je le prive de ce geste si important. Quand je reçois, j'accorde à l'autre la possibilité de donner à son tour, d'être dans cette position flatteuse, restauratrice, narcissisante de donateur. Finalement, la générosité consisterait moins à donner qu'à accepter de recevoir. Recevoir serait une forme suprême de don. Accepter de recevoir, c'est reconnaître ce que me donne autrui ; le considérer comme donateur, c'est également être honoré par le don qu'il me fait. Être reconnu comme un sujet qui donne rassure, restaure dans sa dignité.

Tisser la confiance

En fait, instituer une réciprocité, honorer le présent et la présence de l'autre, c'est bien ainsi que l'on pourra instituer la confiance. Elle se met en place quand l'autre nous amène à croire en nous. Plus le partenaire m'aide à devenir moi-même, à réaliser ce qui est bon pour moi, à aimer ce que je suis, plus se tisse la confiance mutuelle. Quand chacun aide l'autre à ne plus se trahir, une force puissante circule entre les amants.

Que quelqu'un croie en nous, c'est déjà un cadeau, mais qu'il puisse nous aider à croire en nous-même, c'est magique. La confiance mutuelle sert d'écrin à l'accomplissement de soi et permet d'accéder au plaisir d'être soi. Faire confiance permet de se libérer du passé, de ne plus le porter comme un destin. La renaissance est possible.

Dans *L'Idiot*, de Dostoïevski, le prince Mychkine débarque à Saint-Pétersbourg. Il porte, comme un « idiot », un regard naïf et bon sur le monde, il fait confiance aux gens, et notamment, contre toute évidence, à une femme fatale, Nastasia, considérée comme perverse. Celle-ci en est bouleversée, au sens fort du terme. Elle se reconnaît dans la confiance de Mychkine, et elle retrouvera la pureté de l'âme après sa vie immorale. La confiance du prince lui a permis de se transformer, elle a ouvert l'intrigante à une dimension de son être qui, jusque-là, ne lui était pas accessible, et cette révélation a changé le cours de son existence. Elle a retrouvé sa fierté, sa dignité. Alors, faut-il être idiot pour être confiant, ou faut-il être prince ?

La confiance est sans doute l'une des choses les plus indispensables au couple, mais aussi l'une des plus difficiles à mettre en place. C'est une attitude d'ouverture qui se rapproche du don. Accorder notre confiance à quelqu'un lui donne un certain pouvoir sur nous ; faire confiance, c'est s'en remettre à l'autre, et cela nous met, dans un premier temps, dans un état de vulnérabilité. Je ne sais pas si l'autre est fiable, s'il honorera la confiance que je lui fais.

Je me mets en danger quand j'accorde ma confiance à quelqu'un, mais ce déséquilibre est indispensable. Il faut pouvoir le supporter, ce qui implique d'avoir une base suffisante de sécurité intérieure. Les expériences successives permettent de confirmer ou de détruire le sentiment de fiabilité de l'autre. La confiance est donc un exercice périlleux ; c'est un pari qui nous situe entre le savoir et le non-savoir. La confiance en l'autre suppose une certaine forme d'abandon de pouvoir, de contrôle temporaire. Pendant un certain laps de temps, j'ignore quelle valeur a pour l'autre la confiance que je lui accorde, s'il la respectera. Et cela se rejoue à chaque fois. Longue à instituer, elle peut s'envoler en un seul geste. La puissance de la confiance réciproque vient de ce qu'elle n'est jamais acquise.

Dans un couple, la confiance ne se limite pas à la fidélité sexuelle, elle se tisse quand on conforte l'autre dans son être profond, mais plus encore quand on l'aide à tenir les promesses qu'il s'était faites à lui-même. La confiance s'élabore à partir de notre capacité à les tenir, dans la force morale et impérative de la parole donnée. « Je te promets » suppose que « Tu me promets à ton tour ». Réciprocité !

La responsabilité de chacun consistera à évaluer les engagements qu'il peut honorer, à ne pas s'engager au-delà de ce qui lui est possible et à ne pas exiger de l'autre ce qu'il ne peut pas donner.

Préserver l'énigme de l'autre

Les problèmes de couple, à en croire la mythologie, ne sont pas l'exclusivité des humains !

Comment diable Psyché – c'est le nom de l'âme dans la mythologie grecque – s'est-elle acoquinée avec Éros, fils d'Hermès et d'Aphrodite[1] ? Elle serait la fille d'un roi. Ses deux sœurs sont déjà mariées. Psyché est d'une beauté plus qu'humaine. On vient de partout pour l'admirer, mais personne n'ose l'épouser tant sa splendeur effraye les fiancés. Désespéré, son père interroge l'oracle, qui lui répond : « Revêt Psyché de ses atours de mariée, expose-la au sommet de la montagne ; là, un monstre viendra en prendre possession. » Tous sont terrifiés mais obéissent. Laissée seule, Psyché se désole sur son sort, quand soudain elle se sent enlevée par le vent et emportée dans les airs qui la posent délicatement dans un jardin extraordinaire, près d'un palais magnifique. Là, épuisée par tant d'émotions, Psyché s'endort. Au matin, elle se lève pour chercher le mari annoncé par l'oracle et ne voit personne. Le deuxième soir, émerveillée mais intriguée, elle se couche. Aussitôt, elle sent auprès d'elle une présence ; c'est son mari. Celui-ci lui dit : « Si tu me vois, tu ne me verras plus. » Le voir, ce serait le perdre. Finalement, ce mari anonyme ne

1. Pierre Grimal, *Dictionnaire de la mythologie grecque et romaine*, Paris, PUF, 1951.

semble en rien monstrueux. La vie s'écoule ainsi, pleine de bonheurs pendant plusieurs semaines.

Mais Psyché se languit de sa famille et a envie de les rassurer sur son sort. Elle supplie tant et tant son mari qu'il accepte de la laisser retourner chez ses parents quelque temps. Jalouses du bonheur de Psyché, ses sœurs perfides et sournoises parviennent à la convaincre de transgresser l'ordre du mari. Dès son retour, elle prend une lampe pour voir Éros endormi auprès d'elle. Tout à son admiration devant ce superbe Amour, elle fait tomber sur lui une goutte d'huile. Il se réveille. La sentence tombe : » Si tu me vois, tu ne me verras plus. » Psyché est chassée de ce véritable paradis.

N'étant plus protégée par Éros, elle subit bien des épreuves, notamment de la part d'Aphrodite, jalouse de sa beauté. Un jour, elle tombe endormie dans un sommeil magique. De son côté, Éros ne parvient pas à l'oublier. Il la cherche, finit par la trouver. Il la réveille et obtient de Zeus l'autorisation de l'épouser. Aphrodite, terrible belle-mère, pardonne. Psyché et Éros peuvent enfin filer le parfait amour.

Le temps a fait son travail, les relations belle-mère et belle-fille se sont apaisées, le fils a géré un peu mieux ses loyautés, Éros et Psyché peuvent se reconnaître mutuellement, se respecter dans leurs différences, leur complémentarité. Ils peuvent vivre un peu plus tranquillement leur amour, comme s'il leur avait fallu réécrire la partition de leur rencontre initiale, dans laquelle ils ne se regardaient pas.

Très bien, mais se regarder, est-ce se connaître ?« Si tu me vois, tu ne me verras plus. » La reconnaissance se tisse au sein d'une étonnante articulation du visible et de l'invisible. « L'amour rend aveugle », dit-on couramment.

Tout se passe comme si une certaine forme de regard était une entrave à la relation amoureuse. Le regard qui prétend connaître l'autre, notamment, serait-il dangereux ? En fait, l'amour ne doit pas nous laisser supposer que l'on connaît l'autre. Même dans cette intimité où l'on pense se comprendre sans avoir besoin de se parler, l'autre reste toujours un inconnu, une énigme. Voir l'autre, ce n'est pas le connaître. Sa réalité nous déborde sans cesse.

Le mythe de Psyché nous suggère qu'il y a toujours à défaire l'image qui s'impose, dans un effacement qui évite ainsi tout risque d'enfermement ontologique. L'invisible est peut-être une garantie contre la tentation de l'objectivation de l'aimé. Reconnaître l'insaisissabilité de l'autre, ne pas être tenté de l'emprisonner dans un regard qui peut figer, tuer sa singularité, c'est peut-être cela, aimer. D'un amour qui élève l'autre tout en nous élevant nous-même. Respecter cet équilibre est essentiel. Ce respect de l'énigme de l'autre constitue une garantie pour l'altérité. Reconnaître l'autre, c'est toujours le connaître autrement, en accueillant le mouvement incessant de son évolution. Accepter de se laisser surprendre par l'émergence de figures nouvelles de l'autre, s'en réjouir, ne pas l'enfermer dans des images figées, c'est honorer la vie.

Le mariage de l'âme et d'Éros, ce n'est pas rien tout de même ! Leur amour défait l'opposition entre le sexuel et le spirituel. Cette union « sacrée » laisse supposer qu'une certaine forme d'amour peut devenir spiritualité. Comme si, dans le consentement à la part invisible, inconnaissable de l'autre, pouvait naître un lien plein de grandeur. Un regard érotique qui introduit à la spiritualité, ce serait peut-être un regard qui révèle mais ne se saisit de rien, qui effleure mais n'efflore pas, qui caresse l'autre sans le dévoiler, sans chercher à le saisir, à le retenir.

Dans cette expérience, le soi découvre à quel point il échappe lui aussi à lui-même, à toute illusion de « se connaître ». Il se découvre souvent étranger à lui-même. Le couple serait cet espace où chacun peut accueillir la part d'étrangeté, de mystère, d'indicible, d'inatteignable qu'il porte en lui. Dans cette rencontre de chacun avec la part qui lui échappe, on mesure encore une fois que le soi, ce n'est pas le moi étriqué, mesquin qui a besoin de croire qu'il se connaît pour pouvoir se sentir exister. Ici, le soi existe avec d'autant plus de force qu'il échappe à lui-même, au sein d'une relation intense et intime qui le permet sans danger. Un couple devient un lieu sécurisant, où on se sent bien, quand il permet à chacun d'accueillir cet inconnu de soi.

Sentir le silence ensemble, nourrir l'intimité

Le parcours que nous venons de découvrir est plus ou moins long selon chacun, plus ou moins ardu. Quelquefois, il faut plusieurs unions, séparations, ruptures pour y parvenir. Parfois même, on s'arrête en chemin, parce que ce n'est pas la voie qui nous convient.

Quand on y parvient – chance ? endurance ? bon alignement des étoiles ? –, les conflits s'apaisent, les oppositions sont moins cruelles. Vient ou revient, plus durable, le temps de la douceur, de la tendresse, de la simplicité rassurante. Sans doute fallait-il avoir traversé les étapes précédentes. Les erreurs, les errances ont permis de décanter les illusions, les clichés, et d'alléger le lien, de libérer la relation de poids trop encombrants. Quoi qu'il en soit, comme le chantait si bien Barbara :

Et sans prévenir, ça arrive
Ça vient de loin
Ça s'est promené de rive en rive
Le rire en coin
Et puis un matin au réveil
C'est presque rien
Mais c'est là, ça vous émerveille
Au creux des reins

La joie de vivre
La joie de vivre
Oh, viens la vivre
Ta joie de vivre[1]

Dans des moments de grâce partagée, on prend tout de l'autre et de soi. Les ego cessent de nous tyranniser, de nous faire souffrir. On peut alors s'abandonner à un oubli apaisant. On ne se pose plus de questions. On se contente d'être, d'être là ensemble, dans le partage silencieux de l'intime, ce lieu de notre profondeur, de notre intérieur le plus retiré en soi. Quand ce lieu où se fonde ma subjectivité la plus irréductible peut s'ouvrir à la rencontre de l'intime de l'autre, alors il y a connivence, bien plus puissante sur le plan existentiel qu'une complicité. Ouvrir à une autre intériorité cette part de moi est la condition de la profondeur de la rencontre, au cœur de l'intime partagé[2].

1. Barbara (Monique Andrée Serf), « Le Mal de vivre », album *Le Mal de vivre*, Philips, 1965.

2. François Jullien. *De l'intime. Loin du bruyant Amour*, Grasset, 2013.

À ce stade, nous n'avons plus besoin de recherche de reconnaissance, nulle quête de quoi que ce soit. Tout cela nous quitte, nous nous en libérons petit à petit. Envolée la prise de tête ! Nous nous sentons enfin libérés, vraiment légers, dans cette intensité partagée. Il n'y a pas ou plus de visée sur l'autre, le risque de possessivité se désagrège, les exigences plombantes se dénouent. Plus besoin d'avoir des projets pour l'autre. Les pressions mutuelles tombent. Toutes les questions que nous nous sommes posées auparavant perdent de leur importance, deviennent insignifiantes. Après avoir traversé les orages, plutôt que de les fuir, on peut profiter du ciel bleu.

Il n'y a plus qu'à découvrir, à deux, l'expérience de l'« être là ». Être là, ensemble. On échange des petits riens, des gestes simples, en toute tranquillité. On se laisse flotter, sans plus attendre ni vouloir quoi que ce soit. C'est la caresse du temps qui passe, l'arc-en-ciel ou la brume. On regarde ensemble ou l'on ne regarde pas. Le silence partagé alors, ce n'est pas le mutisme. C'est juste une expérience existentielle, sensorielle, sensuelle, spirituelle, sexuelle, etc. Tout cela à la fois, et rien en particulier. Dans cet être-là, ensemble, on est accordés l'un à l'autre, sans même se préoccuper de savoir si on est ou non toujours d'accord sur telle ou telle chose. On est ensemble même si l'on ne partage pas tout. Le couple s'ouvre à la vie, s'y abandonne avec volupté, nonchalance, dans un « ne rien faire ensemble » simultané. On se confie au souffle de la vie, portés par le chant des mésanges. L'aube est là, chaque jour renouvelée.

Profitons-en jusqu'à la prochaine crise, car, comme tout moment exceptionnel, cela ne peut durer. Sinon, cela finirait par être ennuyeux !

3

Séparations, infidélités. Quelle vie possible après une trahison ?

Il faut se rendre à l'évidence, la vie à deux est parfois trop décevante, trop exigeante : trop d'irrespect, trop d'indifférence, trop d'offenses, trop d'ennui, trop de ressentiment, trop difficile à « tenir dans la durée », etc. Trop de trop !

Quand rien ne va plus

Usure, fatigue de l'autre et de soi avec l'autre… On peut choisir de rester tout de même, ou de se séparer. Quelquefois, on continue la vie à deux parce qu'on ne peut pas faire autrement : la rupture serait trop difficile à supporter. D'autres fois, on se quitte… et cela ne règle rien. S'il y a mille et une façons de vivre en couple, il y en a autant de se quitter ! Mais c'est toujours source de souffrance, que l'on y parvienne ou qu'on hésite longtemps.

Rompre pour ne plus subir

Valérie, 46 ans : « Je suis tombée en dépression, je n'étais plus que l'ombre de moi-même, je me suis rendu compte que je mourais à petit feu dans mon couple.

Quand j'étais au fond du trou et qu'il n'a pas levé le petit doigt pour m'aider, je me suis dit que, de toutes les manières, j'étais seule. J'ai pris conscience que je pouvais me passer de lui, j'ai longtemps cru que, sans lui, je n'étais rien, pas capable de grand-chose… Nous étions au bout de notre histoire, d'ailleurs je ne sais même pas si elle a commencé un jour ! Nous n'avions vraiment plus rien à faire ensemble. J'avoue que c'est dur de se rendre compte de tout cela. Il n'a même pas cherché à me retenir. La seule chose sur laquelle on a été d'accord, c'est le divorce. Il n'y avait pas d'autre issue ! »

Se séparer pour ne plus subir, pour ne plus rester là où l'on se trahit soi-même. Parfois, c'est la seule solution pour se protéger et se sauvegarder. Mais il n'est pas toujours facile de s'y résoudre, car c'est toujours un risque : on ne sait jamais à l'avance si c'est la bonne solution. Quant à la présence d'enfant(s), si elle fait hésiter, elle ne constitue plus un frein aussi absolu qu'avant.

« On s'est rencontrés très jeunes, mais on n'a pas su évoluer ensemble. J'ai essayé de la faire bouger mais, à part les enfants, elle ne s'intéressait à rien, alors que j'ai besoin de voyager, de sortir. Combien de fois je me suis retrouvé seul dans des soirées ? J'ai attendu que les enfants soient un peu plus grands. Et quand j'ai vu que rien n'y faisait, malgré toutes nos discussions, on s'est mis d'accord et on s'est séparés. Elle non plus n'était pas heureuse, elle ne supportait plus mes reproches, ce décalage nous blessait l'un et l'autre. On en a convenu : nos besoins se sont révélés incompatibles. Ce qui me faisait plaisir était d'une violence insupportable pour elle et inversement. On ne regardait plus dans la même direction… En même temps, on a encore de la tendresse. Ce n'est de la faute de personne, on n'était plus fait, pour vivre ensemble ! D'ailleurs, nous sommes tristes tous les deux devant cet échec, je pars mais je suis aussi accablé qu'elle. » L'émotion est sensible chez Michel quand il raconte.

Les sentiments, quelquefois, sont encore présents, mais ils ne suffisent pas à préserver le couple. On ne se quitte pas seulement par manque d'amour, mais par-dessus tout parce qu'on est trop malheureux, parce qu'on ne trouve pas sa place dans le couple, qu'on se sent entravé, étouffé, que l'on doit renoncer à trop de choses importantes pour soi, en accepter d'autres qui sont insupportables. En un mot, on se sépare quand on a le sentiment durable de se trahir soi-même.

Lorsque la séparation est considérée par les deux partenaires comme inévitable, elle n'en demeure pas moins douloureuse. Qu'elle se fasse à l'amiable, d'un commun accord, ou qu'elle soit imposée, c'est toujours un constat d'échec. Tout se défait, se dilue, la vie s'effrite. L'image de soi est ravagée, ainsi que l'image sociale. Quand un couple se sépare, le bouleversement est total, tout un contexte s'effondre : le cadre et le niveau de vie, le quotidien que l'on doit assurer seul, les responsabilités, les décisions à prendre sans pouvoir en discuter avec quelqu'un, etc. Certains amis s'éloignent ou « choisissent leur camp ». Il faut pouvoir se relever, continuer tout de même à vivre. On change d'identité, d'époux, on redevient célibataire, le couple parental se scinde, on est désormais « parent isolé », « famille monoparentale », quelquefois on retourne vivre chez ses parents. S'il y a des enfants, on se sent coupable de leur faire porter cette déchirure, et l'on perd le partage du quotidien avec eux. Dans la mesure où l'on s'est senti libre de choisir l'élu de son cœur, parfois contre l'avis de proches, on s'en veut d'autant plus de s'être trompé, et la colère contre l'autre est amplifiée par la colère que l'on ressent contre soi.

La souffrance est encore plus brûlante quand la rupture sonne comme un coup de tonnerre dans un ciel que l'on croyait sans nuages. « Pour moi, notre union était solide, on était ensemble pour la vie, je n'avais jamais imaginé que j'aurais à élever seule nos enfants. En partant, il a brisé la famille, et moi avec. Je n'arrive pas à m'y faire. » Audrey, 56 ans, est accablée.

« Il est parti du jour au lendemain, je n'ai rien vu venir, il m'a dit qu'il ne supportait plus notre vie, qu'il étouffait. Je ne comprends rien, il ne semblait pas malheureux. Pour moi, c'est un véritable séisme. » Pascale, 37 ans, a du mal à trouver les mots pour décrire sa souffrance.

« Nous évoquions ensemble depuis quelques semaines le projet d'avoir un enfant… Et puis elle m'annonce, un beau matin, qu'elle ne veut plus vivre avec moi, elle ne part même pas pour quelqu'un d'autre, d'après ce qu'elle me dit. Je suis abasourdi, moi je continue à l'aimer, ma vie s'effondre… » Vincent, 28 ans, n'arrive pas encore à réaliser ce qui lui est arrivé.

Sidération et désarroi saisissent celui qui n'avait pas vu de signes avant-coureurs. La perte est totale, la souffrance semble insurmontable. On se sent éliminé, éjecté, effacé d'une histoire qui continue à être importante pour soi. On se retrouve devant le gouffre de sa solitude, le vide de sa vie. Le sentiment d'injustice terrasse : « Je ne méritais pas cela. » La colère, le ressentiment, la rancœur tenaillent, et figent à l'endroit de la souffrance. « Je ne lui pardonnerai jamais ce gâchis, je lui en veux d'avoir tout détruit… »

L'incompréhension trace un fossé désormais infranchissable. D'un côté, celui qui part s'est senti longtemps incompris ; de l'autre côté, celui qui est quitté ne comprend pas la séparation.

Gauthier, 41 ans : « Je lui ai plus d'une fois envoyé des messages sur mon malaise, elle n'a rien vu, rien voulu entendre. Nous ne faisions plus rien ensemble, le week-end je partais faire du vélo seul, ou avec les enfants. Elle ne se posait pas de questions, et quand j'essayais encore et encore de lui parler, elle me disait qu'elle ne voulait pas d'histoires, et surtout ne pas se prendre la tête. J'ai fait ce que j'ai pu, parce que j'aurais voulu épargner cela à mes filles. J'ai moi-même souffert du divorce de mes parents. En même temps, je ne peux pas rester pour elles, je finirais par leur en vouloir. Pour mes filles, vivre dans cette tension, ce n'est pas drôle. On ne se dispute pas, mais elles voient bien qu'on vit comme des étrangers, jamais un geste tendre ; elles sentent tout à fait qu'on est malheureux. »

Souvent, le départ rend explicite une déchirure qui était déjà à l'œuvre dans le couple, qui couvait plus ou moins silencieusement depuis quelque temps. La rupture fait suite à une impossible rencontre. Si la séparation se préparait doucement pour celui qui claque la porte, sa brutalité met en évidence les antagonismes profonds qui fragilisaient le couple et le minaient depuis un certain temps. Les pseudo-amoureux ne vivaient pas la même histoire, ils ne partageaient pas la même carte du monde, ni la même représentation du vivre à deux. L'un avait conscience de ce décalage et était malheureux ; l'autre, qui se sentait bien dans le couple, malgré tout, ou n'osait s'avouer qu'il souffrait, est à présent effondré. La crise des représentations n'a pas pu être dépassée. Fautes d'échanges possibles, le couple n'a pas réussi à (ré) inventer un modèle de fonctionnement, mieux adapté à l'évolution de chacun des partenaires.

Pour autant, la séparation ne signe pas toujours la fin de la souffrance. « Le divorce a été prononcé il y a près de huit ans et on est toujours en conflit, tout est matière à bagarres, les affaires des enfants, les dates de vacances, le choix des écoles… Je ne sais pas quand cela s'arrêtera ! »

Et puis, bien sûr, c'est sans compter avec les étranges coïncidences qui peuvent accélérer les ruptures. Quand celui ou celle qui commence à se sentir trop malheureux dans son couple rencontre « par hasard » celui ou celle qui revêt alors les habits presque parfaits de l'amant idéal ou de la maîtresse. Combien notre époque de réseaux sociaux facilite-t-elle ces jeux de l'amour et du hasard ! Par exemple, un ex qui lui aussi n'est plus heureux dans son couple repense à cette histoire si bêtement interrompue… Un message, un rendez-vous… Advienne que pourra. Ce troisième personnage, qui vient avec son propre lot d'insatisfactions, d'attentes, d'espoirs, risque de tout bouleverser. Détonateur, sera-t-il séparateur ? réparateur ? révélateur ? Sera-t-il « seulement » celui ou celle qui permet que la rupture se fasse ? Ou bien celui ou celle qui fera (re)découvrir un amour plus épanouissant, jouissif, plus audacieux ? Celui ou celle avec qui on refera sa vie ?

Quand l'infidélité s'en mêle

« Comment ai-je fait pour ne rien voir, pour me laisser berner à ce point ? » C'est le cri de tant de femmes et d'hommes abasourdis quand ils découvrent qu'ils sont trompés.

Michèle, 52 ans : « Il allait voir des prostituées, jamais je n'aurais cru ça de lui ! Quand j'ai découvert ses côtés sordides, je me suis sentie moi-même salie. À son départ, c'est tout un aspect caché de cet homme qui s'est dévoilé, ça m'a fait froid dans le dos de me dire que j'avais pu vivre à côté d'un salaud sans m'en rendre compte. Je m'en veux terriblement. »

Quand la rupture fait suite à une infidélité, c'est un tsunami qui submerge et fait trembler la terre. La trahison est totale. Elle s'impose dans le fracas d'une violence inouïe, elle fait craquer tous les fondements de l'être. Le départ de l'autre entraîne une perte narcissique encore plus abyssale, ouvrant le gouffre vertigineux du doute de soi. On s'en veut de n'avoir pas su/voulu voir, malgré les soupçons. Les masques tombent. « Qui était vraiment l'homme, la femme avec qui je vivais ? » Toute l'histoire du couple est à réécrire. Tout est source de souffrances. Être rejeté, relégué, ne plus exister pour l'autre, être bafoué, avoir le sentiment d'être devenu quantité négligeable, soumis au bon vouloir de l'autre, aux caprices de sa sexualité, ne plus être « l'unique », « l'élu exclusif », le fait que le partenaire prenne du plaisir ailleurs, les mensonges, la duplicité. Le passé comme le présent sont ravagés. La perte est totale, tous les repères s'effondrent. Le bonheur de l'autre paraît indécent, arrogant, au regard de la détresse éprouvée. Les mots sont toujours trop faibles pour exprimer la dévastation. Tout est blessure.

Pauline, 44 ans : « C'est fou, on dirait un ado, il n'y a plus que son nouvel amour qui compte maintenant. Il en oublierait presque les enfants et son rôle de père, parfois on a l'impression que les responsabilités l'encombrent. »

L'infidélité reste la première cause de la séparation des couples, suivie par les questions relatives à l'argent. Bien entendu, toutes les ruptures ne sont pas liées aux tromperies, et toutes les infidélités n'entraînent pas une séparation, mais elles ébranlent les fondements du couple qui doit, s'il veut perdurer, faire un énorme travail de restauration du lien et de la confiance.

L'adultère n'a pas toujours été condamné comme il l'est par nos contemporains. Les « favorites » du roi, les « cocottes », cette forme de bigamie plus ou moins institutionnalisée, passaient pour être acceptables socialement, ce qui n'en était pas moins douloureux. Il y a eu selon les époques, les sociétés, une tolérance pour les « écarts » du mari, alors même que l'adultère féminin a toujours été très sévèrement réprimé. Il continue d'ailleurs à l'être dans certains pays, alors qu'il y a de plus en plus de femmes infidèles en Occident. Aujourd'hui, les tromperies ont mauvaise presse : pour autant, elles n'ont jamais été aussi tentantes, facilitées, aussi bien pour les hommes que pour les femmes.

Mais où commence l'infidélité ?

Margaux, 26 ans : « Je l'ai surpris l'autre soir sur un site porno, ça m'a dégoûtée, ça m'a tellement déçue, je n'arrive pas à en parler, ça a mis une sacrée distance, je ne peux plus faire l'amour avec lui, je me sens humiliée, comme si je devenais moi aussi un objet sexuel. » Un simple échange de regards, de SMS, un jeu de séduction, un dîner avec un ex ? Regarder une vidéo porno, un site de rencontres, est-ce une transgression ? Faut-il qu'il y ait acte sexuel pour « valider » l'adultère ? Jusqu'où les fantasmes sexuels de l'un sont-ils supportables pour l'autre ? À partir de quand la jalousie s'éveille-t-elle ?

Empêche-t-elle les tromperies ou empoisonne-t-elle le quotidien, en rendant encore plus malheureux celui ou celle qui la ressent ? Le « contrat » du couple n'est jamais très clair. Tant qu'il n'y est pas confronté, nul ne sait vraiment ce qu'il peut tolérer ou non. Ce qui est acceptable pour les uns peut être insupportable pour les autres. Il y a tellement de formes de tromperies, et tant de manières de la vivre ! Comment pourrait-on définir les contours de l'infidélité ?

C'est autour du secret que se structure son caractère illicite. Pour la personne trompée, c'est souvent le secret et son lot de mensonges, de non-dits, de duplicité, qui font terriblement souffrir, quelquefois davantage que l'acte lui-même ; le secret attaque directement le capital confiance. Pour l'infidèle, tenir une relation secrète demande une vigilance de tous les instants, surtout à l'heure du numérique où Internet se révèle un mouchard efficace. Mentir contraint à la prudence, aux dissimulations qu'il faut pouvoir tenir dans la durée. Cependant, préserver un secret, l'entretenir, donne le sentiment d'échapper à la routine du quotidien. Le risque fait frissonner et renoue avec l'esprit du jeu, de malice, de stratégie. La transgression augmente l'excitation, la jouissance. Dissimuler, tricher, avoir son « monde à soi », un peu en dehors du réel, donne un sentiment de liberté, d'autonomie. Dans ce jeu de cache-cache, il faut être créatif, innover, choisir des lieux de rendez-vous, découvrir des nouveaux « nids d'amour ». S'aime-t-on d'ailleurs ou a-t-on besoin de « jouer » à s'aimer. Le risque de perversion peut facilement s'infiltrer dans certains jeux de dupes.

Si la dimension sexuelle est prépondérante, elle se manifeste surtout comme une érotisation de la relation.

Cela peut aller d'un éveil des sens, n'être qu'un petit flirt, sans forcément « passer à l'acte », jusqu'à une véritable libération et découverte de la jouissance sexuelle. Femmes et hommes évoquent souvent une forme d'émerveillement. « Avec J., j'ai découvert mon corps, le plaisir de faire l'amour ; je n'avais jamais éprouvé une telle plénitude. Je me suis sentie devenir une femme. » « Dans cette relation, je suis rassuré sur ma libido, elle me désire et cela m'affirme dans ma sexualité d'homme. J'allais presque dire dans ma puissance. »

Être désiré/être désirant, se découvrir dans le regard de l'autre comme séduisant, attirant, va au-delà de l'acte sexuel. La sexualité, mais plus encore la sexualité illicite, cachée, participe à la révélation de soi et à la consolidation de l'estime de soi. Il y a un enjeu identitaire non négligeable dans la tromperie. Toute une part de soi en sommeil jusqu'à présent s'éveille, permettant une véritable métamorphose, qui peut aller jusqu'à l'acceptation de soi, jusque-là impossible. Ce que l'on attendait du couple, qui ne vient pas ou plus, peut advenir dans ces amours illicites.

Olivier se questionne douloureusement : « J'aime ma femme et les enfants que j'ai eus avec elle ; je la respecte plus que tout au monde, et je suis terriblement malheureux à l'idée de la faire souffrir. Mais je me suis marié pour avoir une identité sociale, et peut-être aussi pour obéir à mes parents, parce qu'en fait, depuis mon adolescence, je me suis toujours senti davantage attiré par les garçons que par les filles… Maintenant, je ne peux plus me mentir, je souffre d'angoisses terrifiantes, je fais des crises de panique, je suis totalement tiraillé. Je suis amoureux d'un homme, je sais que c'est auprès de lui que je vais pouvoir trouver la paix, être enfin moi, ne plus tricher avec ce que je suis vraiment, mais j'hésite encore. Pour l'instant, il ne s'est rien encore passé entre lui et moi, j'ai d'abord besoin d'en parler à ma femme, comme si j'avais besoin de son absolution ! C'est infantile peut-être, mais j'en suis là ! Comment faire pour à la fois me respecter et respecter les gens que j'aime ? »

Les loyautés sont mises à mal, mais résistent-elles à l'appel de son propre accomplissement ?

Bien souvent, comme pour diminuer la culpabilité de la tromperie, on se défend d'éprouver des sentiments envers l'amant ou la maîtresse, affirmant rester attaché à l'élu officiel de son cœur. « Ce n'est qu'un plan c…, je ne ressens rien pour lui. » D'un côté le sexe, de l'autre les sentiments, mais est-ce aussi simple ? Est-ce que l'on ne se trompe pas soi-même ? A-t-on besoin de se mentir à l'autre, pour ne pas affronter les conséquences de son infidélité ? On peut même se dire que tromper constitue une solution, un compromis, pour continuer à rester ensemble. L'adultère pour être plus fidèle à son couple ? Cynisme ou pragmatisme ? « Je vais voir ailleurs, c'est une manière de compenser ce que je ne trouve pas (ou plus) dans mon couple. Notre sexualité est trop pauvre, mais à part ça, tout va bien entre nous, on s'entend plutôt très bien sur beaucoup de plans. De toute manière, je n'envisage pas de me séparer d'elle : ni elle ni moi ne le supporterions. »

Dans certaines situations, l'infidélité donne du piment, agrémente la vie du couple « officiel » et ranime la flamme, comme l'explique Paul : « Depuis quelque temps, j'ai des soupçons, j'imagine qu'elle me trompe, ou qu'elle n'est pas loin de succomber à la tentation, elle est plus fuyante… Du coup, plutôt que de lui faire une scène, je préfère chercher à la reconquérir, je vais tout faire pour qu'elle soit comblée comme elle l'a toujours souhaité. Cela va aussi me rassurer sur mon propre pouvoir de séduction de savoir que je peux la retenir et qu'elle trouve auprès de moi ce qu'elle n'aura pas besoin de chercher ailleurs. »

Ce qui mène un homme ou une femme dans le lit et les bras d'un autre homme ou d'une autre femme, ce n'est donc pas seulement les insatisfactions liées au couple. On peut être plutôt heureux dans sa vie de famille et tromper l'autre ; ou, inversement, aller voir ailleurs pour être plus heureux dans son couple. « Cette rencontre m'a littéralement transformée, je suis plus joyeuse, je me sens libérée, j'ai l'impression que m'autoriser ces écarts m'a fait grandir. Même mon mari et mes enfants en bénéficient, sans savoir, évidemment, d'où me vient ma bonne humeur ! », s'étonne Léa.

Bien entendu, selon qu'il s'agisse d'une aventure d'un soir ou une liaison de plusieurs années, les conséquences ne sont pas les mêmes. Encore que ! De toutes les manières, l'ambivalence règne, le cœur ne cesse de balancer entre deux amours. Même s'il n'est pas toujours question de double foyer, bien des hommes et des femmes que j'ai rencontrés se reconnaîtraient dans le témoignage de Sébastien et dans son incapacité à faire un choix « Je n'en pouvais plus de mentir. Un jour, j'ai révélé à mon épouse que j'avais une liaison qui durait depuis longtemps avec une autre femme. Je l'ai fait quand ma maîtresse a accouché de notre enfant : à partir de ce moment-là, je ne pouvais plus garder le secret, j'ai eu le sentiment bizarre que ça concernait aussi ma famille “officielle” et mes enfants. Pour l'instant, on ne leur a rien dit mais cela me pèse de ne pas leur révéler la vérité. Mon épouse me somme de choisir ; je la comprends, mais j'en suis incapable ! Mes deux foyers sont importants, j'en ai besoin et encore plus depuis la naissance de ce petit. Si je dois quitter l'une ou l'autre, cela va être un déchirement. »

Tout se passe comme si ces tensions permettaient à certains de trouver leur équilibre. Osciller sans cesse entre le besoin de stabilité *et* celui de liberté, préserver à la fois le confort de la routine *et* le frisson de la transgression, articuler le désir d'appartenir *et* la nécessité de jouer avec les limites, écouter l'appel de la passion *et* l'ordre de la raison, est-ce une façon de se sentir vivant, l'expression d'une lutte incessante entre Éros et Thanatos ? Un érotisme qui échappe à la sécurité d'un foyer établi, qui demande plus d'attention parce qu'il conquis sur un territoire interdit, donne peut-être le sentiment de vivre plus intensément, sur plusieurs plans, sur des registres différents, complémentaires, dans une forme d'étourdissement pour échapper à l'angoisse de mort. Y aurait-il aussi une dimension existentielle dans la tromperie ?

Sans aucun doute, quelque chose de l'ordre de la toute-puissance se joue dans l'infidélité : avoir « tout, tout le temps », ne pas avoir à choisir, ne pas estimer utile de se priver des plaisirs et bienfaits de tout ce qui peut s'offrir – le foyer, la famille, ses joies et son équilibre d'un côté et, de l'autre, l'émancipation, le mystère, la fantaisie, un brin de folie. Une sexualité autorisée et une autre illégitime. Une sorte de plénitude qui fait être plusieurs personnages en même temps, « le bon père de famille » *et* « le salaud qui trompe sa femme », « la bonne mère » *et* « la libertine émancipée ».

Cette liberté s'accompagne cependant d'une culpabilité plus ou moins vive. Alors on cherche à la diminuer en négociant avec sa conscience, en se trouvant des excuses, quitte à en rajouter sur la souffrance éprouvée dans le couple, sans hésiter parfois à faire porter à l'autre la responsabilité de son infidélité. « S'il avait su me rendre heureuse, je ne serais jamais allée me réconforter dans les bras de l'autre. »

Quelquefois, les épouses acceptent le ménage à trois, parce qu'elles n'ont pas vraiment le choix ou qu'elles sont trop attachées à leur mari. Amour ? Dépendance financière ? Manière de garder une mainmise ? Ou réalité sociale qui pèse encore sur les femmes et les rend plus soumises que la plupart des hommes que j'ai reçus, et qui n'auraient pas supporter, comme Sophie, un ménage à trois : « Il reste à la maison la semaine et il va rejoindre sa “poule” le vendredi pour le week-end. Au début, c'était ça ou rien, il disparaissait complètement. Ça a été très difficile, je ne le supportais plus. Quand il était là j'étais dans une colère noire, et puis, petit à petit, je m'y suis faite. Je n'irais pas jusqu'à dire que cette situation a des avantages, mais tout de même, ce n'est pas mal de ne pas l'avoir toujours sur le dos. Je pourrais en profiter moi aussi pour avoir une aventure, un amant... Mais cela ne m'intéresse pas du tout. »

Décidément, l'infidélité est une réalité complexe et très ambiguë. Cette ambiguïté se manifeste particulièrement dans la question de l'aveu. Dire ou ne pas dire, grande interrogation qui hante l'adultère. Ce qui est souvent évoqué pour valider les mensonges, c'est la crainte de blesser l'autre, la volonté de l'épargner. « Je n'ai pas envie de lui faire du mal. » Peut-être ! Mais n'est-ce pas, avant tout, pour éviter d'avoir à affronter la souffrance de l'autre, son jugement, par peur d'être traité de « salaud », de « salope » ?

Trahir, mais surtout sans être désigné comme traître ! Être infidèle, mais sans être mis en face de sa propre responsabilité, sans mesurer qu'elle est engagée au-delà même de ses intentions. Tromper, mais en évitant d'être placé sur le banc des accusés. Ces esquives ne font qu'accroître la violence ressentie par la personne trompée ; elle se sent encore plus déniée, ce qui augmente considérablement son besoin de montrer du doigt l'« infâme », de le couvrir d'opprobre, de le salir à son tour.

D'un côté, la banalisation ; de l'autre, la dramatisation. Le « vaudeville » *versus* la tragédie. L'infidélité fracture de manière radicale le monde de chacun, en deux visions opposées sur tous les plans. Elle fissure l'unité, atomise la vie de chacun. C'est bien en cela qu'elle est considérée comme *LA* trahison par excellence, son archétype. Elle met en évidence l'essence même de ce processus. Comme un kaléidoscope, la trahison diffracte le réel et rend impossible tout consensus.

Les fractures de la trahison

Un acte, trois vécus, trois regards divergents, trois temporalités strictement opposées

L'infidélité implique trois personnages, une trahison amoureuse se décline en trois modalités. Avec le traître, nous sommes dans la trahison *agie*. Avec la personne trahie, nous sommes dans la trahison *subie*. La maîtresse, ou l'amant, c'est la personne *par qui, pour qui* la trahison advient, en partie, bien qu'elle ne sache pas toujours qu'il y a trahison : quelquefois, elle ignore que son amoureuse ou son amoureux est déjà en couple.

Chacun, à partir de la place qu'il occupe, vit et voit la trahison de manière spécifique et radicalement antagoniste, profondément inconciliable. Chacun se trouve face à des enjeux affectifs, identitaires, existentiels différents.

La personne qui part est dans le temps du renouveau, de l'espoir ; l'horizon s'ouvre pour elle après avoir, peut-être, souffert dans l'histoire qui s'achève. Elle a déjà largement commencé le deuil de son couple. Les projets la portent. Elle a brisé les anciennes loyautés, se met en mouvement vers d'autres. Elle est dans l'énergie du désir, du plaisir. Espoir.

La personne qui est quittée est figée dans la sidération, incapable encore de faire le deuil de tant de pertes. Son présent est ravagé, son passé est devenu opaque, son futur reste impensable, improbable. Le monde est un désert aride. Elle attend une reconnaissance de dette de la part de l'infidèle. Noir désespoir.

La personne qui est rejointe, amant ou maîtresse, vit dans le temps de l'incertitude, entre espoir et illusion, soumis aux limites de sa situation. Elle est affublée des noms les plus infamants par le partenaire officiel, surtout s'il s'agit d'une femme ; toutes les injures y passent. Pour ce tiers, tout n'est pas rose non plus. Peu d'études se préoccupent de ce personnage pourtant déterminant dans le trio. La maîtresse acquière une existence, « mérite » qu'on la considère, quand elle accède au statut de belle-mère, une fois que le couple qu'elle forme avec son amant est devenu officiel et que des beaux-enfants vivent au moins partiellement avec elle. Là non plus, elle n'est pas épargnée. Les mythes et contes se sont chargés depuis des siècles d'en brosser un portrait peu flatteur : les « marâtres » n'ont jamais le beau rôle. Tant qu'elle n'est que la maîtresse, elle reste dans l'ombre, incognito. Actrice de la trahison, elle est sommée de rester dans les coulisses. L'engagement définitif de la femme ou de l'homme marié tarde à venir, les projets restent en suspens : pas de vacances communes, pas de quotidien à partager, seules des petites échappées en cachette. La relation demeure incertaine, la confiance peu assurée, entachée par le doute. Il y a certes le bonheur de quelques instants féeriques, une forme de liberté appréciable, volée à la routine, pas de contraintes prosaïques qui gâchent tant la vie courante. Mais c'est au prix d'un inconfort patent, d'une insécurité qui entrave les projets à long terme, même les plus importants pour soi, et qui peut aussi fragiliser l'identité : « Qui suis-je pour lui qui continue à retrouver son foyer, sa famille tous les soirs ? » « Qu'est-ce que je représente pour elle ? » « Que dois-je accepter pour quelques instants de plaisir, de joie ? » « Dois-je aller jusqu'à renoncer à la possibilité d'avoir un enfant ? » L'estime de soi est également entamée : « Ne suis-je que la "chose" qui se plie à son bon vouloir ? Il fait passer ses enfants, sa famille, son travail avant moi, il me dit qu'il m'aime, mais je suis souvent la cinquième roue du carrosse. » Attente. Patience obligée.

Faire des scènes, imposer quoi que ce soit ne sert à rien, sinon à lasser, à gâcher cette relation censée apporter repos, réconfort et légèreté. Et en même temps, ronger son frein, se taire, ne rien demander, c'est entériner une situation qui fait souffrir. Perplexité.

Une terre de désaccords

Trois récits opposés, trois vérités, qui ne coïncident pas. La trahison ne peut être appréhendée, racontée, que d'une manière éclatée, morcelée. Pas de récit unique et acceptable par les trois personnes impliquées. Nul ne nomme ni ne désigne de la même manière une trahison. Chacun n'en attrape qu'un bout, n'en vit qu'un aspect, rendant quasiment impossible le dialogue. Les jeux de miroirs qui la traversent la rendent illisible et, en même temps, la constituent. Aucune unanimité à espérer. La discorde règne sur toute la ligne, elle divise, clive, porte le coup fatal à la séparation : désormais, les ex-partenaires ne peuvent plus raconter la même histoire, leur représentation de l'événement émane de deux planètes différentes, éloignées par des milliers d'années-lumière. L'ancien « nous » du couple vole en éclat. Chacun a son propre ressenti et ne peut ni entendre ni accepter celui de l'autre. Le fossé devient infranchissable, plus personne n'écoute ni ne partage quoi que ce soit. La trahison crée une scission irréductible entre les trois personnages impliqués, définitivement étrangers l'un à l'autre.

Pour la personne qu'il trompe, le traître est ni plus ni moins le salaud. Pour la personne qu'il rejoint, il est le salvateur accueilli à bras ouverts, de manière triomphale. À ses propres yeux, après les doutes et malgré la culpabilité, il a fini par être en accord avec lui-même.

Parce qu'elle fragmente la pensée, la trahison est une réalité que l'on ne peut pas élaborer ; c'est peut-être pour cela qu'elle demeure souvent impensée. Il faut pouvoir la considérer dans les disjointures mêmes qui la constituent, dans les fissures qu'elle crée. La trahison implique une chose et son contraire. Le secret est à la fois utile *et* dévastateur ; la liberté est nécessaire *et* destructrice ; les séparations sont quelquefois vitales *et* douloureuses. Elle met au jour l'ambiguïté essentielle de nos comportements, les paradoxes auxquels nos existences nous confrontent. Peut-on être libre sans entraver la liberté de l'autre ? Peut-on construire son bonheur sur le malheur de l'autre ? La trahison pose de manière crue, voire brutale, les questions éthiques de fond. Et c'est bien à cause de cela qu'il nous semble indispensable de mieux la comprendre.

Le processus de trahison nous amène au plus près des questions éthiques les plus fondamentales. Si « trahir pour ne pas se trahir » est indispensable, comment ne pas être un traître « salaud » ? Qu'est-ce qui différencie trahison et traîtrise ?

Cela nous amène à interroger le sens de nos actes. Sens en tant que signification – « Comment en sommes-nous arrivés-là ? » – mais aussi en tant que direction – « À partir de cet épisode, quelle direction donner à ma vie ? »

Quelle vie possible après une trahison ?

Rester digne, retrouver sa dignité : ce sera l'enjeu essentiel après la trahison. Il se décline en trois modalités.

Pour le traître, ce sera être responsable, assurer et assumer. Pour la personne trahie, c'est, à un moment donné, ne plus s'accabler, relever la tête, renouer avec la vie. Pour le troisième personnage, il s'agit de ne pas se tromper soi-même, de parvenir à décider ce qui est juste pour soi, tout en sachant que l'on peut décider de ne pas décider,

C'est ainsi que, quelle que soit son rôle dans le drame, on parviendra à ne pas se trahir soi-même.

Traître salaud ou responsable

Qu'est-ce qui va tracer la frontière, infiniment subtile, entre le traître « salaud », qui reste dans la traîtrise, et le traître « éthique », qui peut honorer le versant noble de la trahison, c'est-à-dire sa fonction libératrice ?

Le traître « salaud » ne prend en compte que ses intérêts, il ne se situe pas dans une perspective qui lui soit transcendante, il est son propre but, sa propre finalité. Les nouvelles alliances ne sont là que pour renforcer sa volonté de puissance, de domination. Il soumet les autres à son seul désir. Il détruit son couple sans se préoccuper de l'ex, en rompant toute fidélité possible, en rejetant toute loyauté. « Après moi le déluge, je ne veux me souvenir de rien. » La culpabilité est absente ou déniée.

Le traître « éthique », tout en admettant qu'il est vital pour lui de quitter son couple, mesure les conséquences de son acte, et les risques qu'il fait porter à son ex et à sa maîtresse. Il tente de prendre en compte la position et le vécu des deux autres protagonistes, et d'avoir une vision globale de cette réalité fragmentée qu'il a engendrée par son acte. Il admet que cela puisse être incompréhensible pour l'autre. Il essaye de voir le monde à partir du regard des autres, pas seulement à partir de son seul ego. Il pourra d'autant mieux opérer ce déplacement qu'il aura clarifié ses motivations profondes, qu'il se posera des questions : « Qu'est-ce que je recherche quand je vais dans les bras d'un autre ? Qu'est-ce qui m'amène à quitter mon ex ? » Évidemment avec le plus d'honnêteté possible, en ne considérant pas seulement les défaillances de l'autre ! Il ne s'agit pas de se mentir à soi-même. « Est-ce que je fuis quelque chose, quelque chose de moi-même, de mon histoire, de mon passé ? Au contraire, est-ce le seul moyen pour me réaliser, de ne pas me trahir ? » Plus il aura approfondi la question du comment il en est arrivé là, plus il pourra mettre en œuvre sa responsabilité, seul moyen pour quitter le territoire de la traîtrise.

Ainsi, pour celui qui a trahi, ne pas se trahir, c'est advenir à sa responsabilité, l'affronter pour rester digne.

Voici quelques clefs pour y parvenir.

Admettre la trahison

Admettre la trahison, c'est avoir le courage de se reconnaître comme celui qui est à l'origine de la souffrance de l'autre, de mesurer sa propre responsabilité dans le malheur de l'autre et dans le naufrage du couple. Tout n'est pas de la « faute » de l'autre.

Entendre la souffrance de l'autre

La reconnaître atténue la virulence de l'offense ; cela constitue un baume pour les plaies. Oser regarder en face la souffrance infligée, c'est un pas vers l'autre, un mouvement qui affirme la considération, la prise en compte de son désarroi, à l'inverse du déni. Entendre la colère qui se manifeste, ne pas se défiler. Écouter le ressentiment inévitable.

Ne pas se défendre de la mauvaise image renvoyée par l'ex

C'est admettre que l'autre a ses raisons de considérer celui qui a trahi comme un « salaud ». Il ne peut être, à ses yeux, que le « mauvais », l'« égoïste » qui a tout détruit. C'est une liberté qui lui appartient et dont on ne peut pas le priver. Supporter la colère légitime de l'autre, au lieu de s'en défendre, de se justifier, permet de l'atténuer.

Reconnaître, dans le sens de « gratitude »

Si le couple ne fait plus sens, s'il est devenu un lieu insupportable d'enfermement, il n'en demeure pas moins que ce que nous avons vécu avec ce partenaire fait partie de notre histoire, que cette rencontre, heureuse ou malheureuse, a participé à notre évolution d'une manière ou d'une autre. Reconnaître ce que l'autre nous a apporté, même si ce n'était pas ce que nous attendions, c'est ce que nous lui devons, *a minima.*

Respecter la dignité de l'autre

Tous ces actes contribuent à considérer l'autre comme un sujet, une personne dont nous respectons la dignité. En (ré)introduisant de l'altérité dans les trahisons inévitables, nous nous affirmons nous aussi comme sujet.

Faire la paix avec soi-même

Devenir un traître éthique, c'est se donner les moyens d'être un traître heureux, c'est-à-dire véritablement libre parce que responsable, conséquent avec les autres et cohérent avec soi-même. La vie peut se déployer de nouveau agréablement. La rupture peut ouvrir sur un futur plaisant et éviter des répétitions morbides.

Mieux vivre sa position de maîtresse

Prendre la mesure des limites de sa situation

Sans tomber dans les stéréotypes, il faut cependant reconnaître que la position de « maîtresse » est souvent plus difficile que celle de messieurs les amants, qui ont souvent moins de scrupules à avoir deux foyers. Le plus grand danger, ce sont, là aussi, les illusions. Il est important de se protéger d'une trop grande idéalisation de la situation, et de prendre la mesure des limites de l'engagement possible de l'amant. Bien sûr, on a envie de croire que, par amour, il peut renoncer à sa famille ! Mais le plus fougueux des amants est-il vraiment prêt à divorcer, à prendre le risque de quitter le confort de sa situation actuelle ? Il est important d'admettre que l'amour de son amant sera toujours « à temps partiel », pour s'interroger sur les limites de ce qui est supportable, acceptable. Jusqu'où peut-on renoncer au nom d'une liberté, elle aussi partielle ?

Ne pas passer à côté de ses priorités

À un moment donné, déterminer ses priorités, éclaircir ce qui est essentiel pour soi, définir les choix à faire devient urgent. Comment orienter sa vie pour qu'elle ne tourne pas seulement autour de la présence/absence de l'amoureux ? Quel équilibre trouver entre espoirs et déceptions inévitables ?

Savoir se protéger

Renoncer à un amour sans issue est parfois une manière de se protéger, et de se respecter. Par faiblesse quelquefois, par peur de la solitude, on risque de se mettre en danger, on finit par se perdre soi-même, dans une aventure par ailleurs agréable.

Repérer la perversion, ne pas se laisser manipuler par trop de mensonges, et de vaines promesses, c'est aussi une manière de prendre soin de soi et de ne pas se trahir.

Renaître, après avoir été trahi

Du mythe à la réalité

Être trahi, c'est un destin que les hommes et les femmes connaissent depuis la nuit des temps. Cette position mérite que l'on fasse le détour par un texte de portée universelle : cela nous permettra d'élargir la réflexion à toutes les formes de trahisons subies. Pour définir les étapes de cette renaissance possible, nous ne pouvons trouver meilleur guide que celui que nous allons suivre !

Rejoignons le plus grand trahi de tous les temps, Job, et, par là même, découvrons le plus grand traître de l'histoire, Dieu. Le texte qui lui est consacré dans l'Ancien Testament révèle, en effet, un traître inattendu, et a une dimension symbolique puissante et inspirante. Il ponctue les étapes susceptibles de nous aider à nous relever et à repartir, plus fort, dans la vie.

Le temps du pacte avec Satan. Danger

Lisons l'histoire de Job dans la Bible[1]. Sur terre, Job mène sa vie d'homme sage, comblé par Dieu, respecté par ses pairs.

Dans le ciel, l'agitation règne. Satan vient de rendre visite à Dieu qui l'interroge : « As-tu remarqué mon

1. Livre de Job, 1-42 (adaptation libre et personnelle des dialogues).

serviteur Job ? Il n'y a pas d'homme meilleur que lui sur Terre, intègre, droit, craignant Dieu et éloigné du mal. » Satan saute sur l'occasion pour insuffler le doute et provoquer Dieu, il lance les paris : « Est-ce donc gratuitement que Job craint Dieu ? »

Le sort de ce pauvre homme est immédiatement scellé. Dieu relève le défi et livre Job en pâture au Diable : « Tout ce qu'il a est entre tes mains, mais n'attente pas à sa personne. »

Dieu, pour prouver le Bien, accepte le Mal ! Étrange et surprenant !

Le temps du drame. Impuissance

Premier acte du drame. En un seul jour, Job perd ses dix enfants, son troupeau, ses esclaves, sa maison.

Terrassé, il entre en deuil sans se révolter, fataliste. Résignation insupportable. « L'Éternel a donné, l'Éternel a repris, nu je suis sorti du ventre de ma mère, nu j'y retournerai. »

Dieu se rengorge auprès de Satan : « Tu vois, je te l'avais dit, c'est un véritable juste. » Satan, à qui il ne faut pas la raconter, demeure incrédule et continue son travail de sape : « Peau pour peau, dit-il à Dieu, si tu touches à sa personne, tu verras s'il continue à te respecter. »

Deuxième acte. Dieu se laisse prendre à cette escalade symétrique. Il persiste et signe : « Le voici dans ta main dit-il à Satan, mais préserve sa vie. »

Job se retrouve immédiatement couvert d'ulcères, blessé dans son corps et dans son âme. Il ne peut trouver le repos, ni physique ni moral. Il entre alors dans un silence profond qu'il ne rompra pas durant plusieurs jours, malgré la visite de ses amis qui prennent le deuil avec lui.

Le temps de la souffrance. Silence

Silence, on souffre. Personne n'ose rompre le silence. C'est peut-être à ce seul moment que ses amis ont eu la réaction la plus juste avec Job. Car ne pas blesser un homme ou une femme qui souffre, c'est dans un premier temps respecter son besoin de se taire, son impossibilité de parler, pour laisser à la douleur l'opportunité de se lover là, de se déployer à l'ombre des mots, à l'abri du langage, lui permettre de prendre corps avant qu'elle puisse être dite et dépassée, dissoute. C'est supporter de ne pouvoir offrir qu'une présence muette et discrète. Accepter cette forme d'humilité et d'impuissance permet à l'ami blessé de laisser se transformer en lui les brûlures de ses blessures.

Le temps du désespoir. Envie de mourir

Au bout de sept jours et de sept nuits, Job déchire le silence et parle longuement.

Tout d'abord, il se parle à lui-même. Sa parole est alors un très long monologue poignant et émouvant, à la fois réflexion philosophique et véritable poème symphonique du désespoir, bruissement et frémissement de l'indicible détresse de l'homme trahi. « Maudits soient la vie et le jour où je suis né. Vivre comme cela, à quoi bon, je n'aspire qu'à mourir. » Il fait l'apologie de la mort en dénonçant l'absurdité de la vie et il voudrait effacer toute trace de lui. Il voudrait ne jamais avoir existé. Il aspire au néant.

Il faut le reconnaître, Dieu n'a pas lésiné. Il fut parfait dans le rôle de traître. Sa trahison fut terriblement dévastatrice. Trahir l'autre, c'est lui voler le rêve de l'espérance, détruire son désir de vivre, de devenir.

Le temps de la supplique. Absence

Puis, du fond de sa désespérance, Job alors commence à exprimer une demande, véritable supplique, ombre tragique d'un désir, prémisse timide d'une colère libératrice. Il s'adresse à Dieu et l'implore : « Oublie-moi. Tu m'as enfermé de tous les côtés, ton œil est sur moi et je n'existe plus. » Cesse donc de me faire souffrir. « Toi qui es si grand, si puissant, comment peux-tu t'acharner sur mon insignifiance ? » Oublie-moi, s'il te plaît, détourne ton regard de moi.

Cerné de toutes parts, Job demande de la distance. Il n'y a pas de pire amour que celui qui ne laisse pas de place à l'autre, qui l'absorbe, qui l'étouffe. Trahir, serait-ce occuper tout l'espace, envahir l'espace vital de l'autre ?

Le temps de l'abandon total. Solitude

Ses amis se mettent alors à lui parler, mais c'est un dialogue de sourds. En bons copains, pourrait-on dire, ils introduisent la notion de faute : « Si Dieu t'a puni, cherche bien, c'est sans doute parce que tu n'as pas fait le bien autant que tu le croyais. » Toutes les leçons y passent.

Tour à tour, les amis essaient de convaincre Job qu'il n'a pas le droit d'interpeller Dieu ainsi, de se révolter contre sa volonté, de douter de sa sagesse. Job a beau dire et répéter qu'il vient d'expérimenter, à ses dépens, l'arbitraire de Dieu, son injustice, ses amis le somment de se taire.

Au nom de leur dogme, ils ne peuvent reconnaître la réalité de la souffrance de Job. Il a beau hurler sa douleur, ses amis ne l'entendent pas. À ce que Job éprouve dans sa chair, ses amis répondent « morale », ce qui revient à le dénier. Eux savent, lui se trompe. Et au nom de ce supposé savoir, ils le condamnent, ne se privent pas non plus de démolir son passé : « Tu t'es toujours trompé, tu t'es leurré, tu as mal agi tellement souvent. » Job se sent doublement trahi. Il expérimente qu'une trahison ne vient jamais seule.

Le temps de l'affirmation de soi.
Le cri de l'innocence

Plus ses amis s'enferment dans leurs certitudes, plus Job s'entête, persiste, aussi meurtri et faible soit-il. « Jusqu'à ce que j'expire, je défendrai mon innocence. » « Dieu est injuste, je n'ai pas fauté, ou alors qu'il me dise où, quand, comment, et alors je me repentirai. »

À ce moment, Job dit stop, cela suffit ! « Je suis innocent ! Fini de douter de moi ! »

Le temps du questionnement. Révolte

Dès lors, les choses vont bouger. Après avoir fait l'expérience du doute absolu, au point de ne plus savoir qui il est, qui il a été, Job bute sur quelque chose qui résiste au plus profond de lui, quelque chose d'irréductible en lui : sa capacité de questionner. « Pourquoi ? Pourquoi ? » demande-t-il à Dieu.

Alors qu'il a tout perdu, il n'a pas perdu sa liberté de chercher du sens, d'interroger. À partir de ce moment, il commence à se redresser, à retrouver sa dignité.

Et là, tout change. La question est jaillissement de la vie, esquisse d'un mouvement, tension vers. Elle est rupture de l'indifférence. Il y a là comme les prémisses d'un *cogito*, à une différence près : pour Descartes, le fondement de la subjectivité, c'est la pensée : « Je pense donc je suis » ; dans le cas de Job, c'est le « J'interroge donc je suis. »

Et là, coup de théâtre ! Dieu répond, ce qui est extrêmement rare dans l'Ancien Testament.

Le temps de la rencontre. Dialogue. Reconnaissance

De quoi est faite la réponse de Dieu ? Dans une certaine mesure, d'une non-réponse. Dieu réplique à Job quelque chose comme : « Tu me demandes pourquoi j'ai fait cela, mais moi qui suis le Créateur de toutes choses, je ne peux pas expliquer mon geste. Et je ne vais pas perdre mon temps à chercher une justification, passons à autre chose. » Dieu a libéré Job de sa quête de compréhension. C'est sur un autre registre qu'il se manifeste. Dieu, littéralement, se présente à Job, il évoque ses attributs, ses actions. À ce moment du récit, nous sommes devant deux personnages qui se découvrent et se reconnaissent mutuellement. Sur un ton nouveau, tous deux dialoguent tranquillement de choses et d'autres, comme de vieux amis.

Le temps de la renaissance. Présence au présent

En quoi cette rencontre est-elle magique et permet-elle à Job de renaître ? Dieu ne fait pas ce que l'on aurait pu attendre de lui. Il se fâche contre les amis moralisateurs alors qu'il va de nouveau combler Job de ses bienfaits. « Il vivra très vieux et très heureux. » Il aura de nouveau des enfants, la richesse.

Dieu et Job ont retrouvé leur place, chacun la sienne. Cette présence de soi à soi est ouverture à l'autre et disponibilité au monde, à la vie. L'histoire de Job nous montre que la meilleure façon de se protéger ou de sortir de la trahison, c'est d'oser être fidèle à soi-même. Ce qu'il a de mieux à opposer au destin, ce sont ses peurs et ses questions, sa force et sa vulnérabilité. Si une vie est possible après une trahison, quelle qu'elle soit, c'est sans doute quand on parvient à se situer là où l'on est, dans le foisonnement de l'instant. Être là où l'on est, coller pleinement à ce que l'on est : et le présent ouvre sur des milliers de possibles. Entrer dans la puissance créatrice de l'instant, dans sa fluidité, finalement, c'est embrasser le foisonnement de la vie.

Quand on a été trahi, s'ouvrir de nouveau à la vie

Revenons à nos chers contemporains : comment ce beau texte peut-il nous inspirer ?

Accepter sa colère, son désir de vengeance...

« Elle va me le payer ! » « Il faut à son tour qu'il en bave. Lui que tout le monde prenait pour un gentil, je vais me faire le plaisir de montrer à sa famille, à ses amis, à ses collègues à quel point c'est un salaud, à quel point il trompe tout le monde avec ses airs, je ne vais pas lui faire de cadeaux. » « Elle a trop fait souffrir les enfants, moi je suis au trente-sixième dessous, elle n'en sortira pas indemne, je ne souhaite qu'une chose, c'est qu'elle se casse la figure dans sa nouvelle histoire, qu'elle comprenne ce que c'est que d'être largué. » « Il m'a brisée, je vais le saigner à blanc. » Combien de fois ai-je entendu ce genre de déclaration !

La colère, la haine, le désir de vengeance sont inévitables, et tellement salutaires ! Ce sont des réactions quasiment de survie psychique. On vient de subir un drame, donc réagir par la haine, c'est au moins réagir, c'est reprendre une position active. Cela remobilise une certaine énergie. Quelquefois, en vouloir à l'autre maintient debout. Et puis, le diaboliser, le disqualifier au maximum, voire le salir, c'est aussi une manière de se défaire de lui, de se déprendre de l'amour d'hier, d'entamer le deuil.

...pour finir par en sortir

Mais ces affects négatifs ne sont pas pour autant faciles à vivre. Jacques ose dire tout haut ce que de nombreuses personnes dans son cas pensent : « Je m'en veux, je ne suis pas fier de moi, je n'ose même pas l'avouer, mais parfois j'aimerais leur taper dessus, à mon ex et à son mec. Moi qui ne suis pas agressif ni violent pour deux sous, me voilà parfois envahi par des idées terribles, je me fais peur. Bien sûr, je ne lui ferais même pas une égratignure, je reste même très correct quand on se parle. Mais, n'empêche ! J'aimerais qu'elle ait mal comme moi j'ai mal. Alors que je l'ai adorée, maintenant je souhaite qu'elle souffre comme moi je souffre. »

Les blessures font surgir les plus mauvais côtés de soi. La rupture blesse un narcissisme déjà fragile. Si, dans un premier mouvement, l'esprit de vengeance souffle et s'impose, au bout d'un certain temps il est essentiel d'en sortir, en tentant d'abandonner définitivement une position symétrique. Si l'on cherche à faire souffrir l'autre à la hauteur de ce qu'il nous a fait souffrir, qu'on entend lui faire payer l'état dans lequel il nous a mis, la guerre s'annonce longue, stérile et sanglante. Cette égalité en creux, en négatif, n'a aucune chance d'aboutir. Car elle ne résout ni ne règle rien. Elle finirait par se retourner contre nous-même.

Ne pas se tromper de combat : les questions financières

Dans ces règlements de comptes où les passions prennent le pas sur la raison, les finances vont tenir lieu de champ de bataille. Tout se passe comme si quelque chose du désir désormais perdu se jouait sur le plan de l'argent. Le besoin de se venger mobilise une énergie libidinale importante. Dans la relation de couple, où la place du corps est centrale, réclamer à l'autre de l'argent, c'est le toucher dans sa chair. Il faut que, d'une autre manière, il puisse combler ce vide insoutenable. On ne sait pas toujours s'il s'agit de posséder l'objet ou, avant tout, d'en priver l'autre. L'argent représente alors une arme redoutable à dresser contre celui ou celle qui est devenu l'ennemi. Cette guerre économique cristallise souvent toute l'agressivité rentrée. Elle apparaît comme un moyen pour se faire rembourser l'ardoise que l'on estime due, ou pour mettre des bâtons dans les roues de la nouvelle vie de l'ex.

Il est donc tout à fait légitime d'obtenir une compensation qui peut aussi déculpabiliser celui ou celle qui est parti, et lui permettre de « s'en tirer à bon compte ». Toute la question est d'évaluer le désastre subi.

Une chose est claire : l'argent ne pourra en aucun cas compenser les pertes, les manques liés à la rupture. Ce qui est perdu est à jamais perdu. Rien ne peut acquitter la dette morale. L'argent ne peut pas réparer, compenser, quelque chose de l'ordre de l'affectif, des blessures narcissiques, des pertes existentielles. Il ne peut remplir la solitude. Comment évaluer le prix de la souffrance, d'une vie gâchée, d'une famille éclatée ? Les calculs sont impossibles. Les indemnités compensatoires, aussi importantes soient-elles, ne pourront combler les manques et les pertes. On aura beau faire, on ne sera jamais tout à fait quitte. On se sépare sur des dettes insolvables. Alors, faut-il s'enferrer dans les contentieux interminables, qui risquent d'instrumentaliser les enfants lorsqu'il y en a ? Jusqu'où avons-nous intérêt à nous battre ? À partir de quand lâcher prise ?

À un moment donné, il est important d'accepter d'avoir subi une injustice, d'accepter qu'elle demeure impunie. C'est à ce prix que l'on se libère du passé, sans rester figé à l'endroit de la blessure. Cela ne veut pas dire qu'il faut renoncer à se battre, mais il s'agit d'accepter l'idée que ce ne sont pas quelques milliers d'euros de plus ou de moins qui combleront ces pertes, même s'ils sont les bienvenus. Vient un temps où il faut faire ce calcul : ai-je plus à gagner en continuant à empoisonner la vie de mon ex, à poursuivre la vengeance, ou plus à perdre dans ce combat ? Quel sens cela a-t-il pour moi ? Poursuivre la guerre, n'est-ce pas quelquefois, inconsciemment, une manière de ne pas se séparer, de maintenir un lien, même sur un plan négatif ? Ce peut être une façon de ne pas lâcher l'autre, de faire en sorte qu'une relation, même douloureuse, perdure encore. Les combats contre l'autre occupent le vide laissé par son absence. Souvent, les enfants, la maison, les comptes bancaires sont les seules choses que l'on continue à partager après une séparation. Ne pas parvenir à s'entendre sur ces points, c'est peut-être aussi une manière de ne pas se séparer définitivement.

Accepter les pertes

Inévitablement, il faudra bien finir par accepter les pertes. Oui, telle femme aura perdu tant d'années de sa vie auprès de son goujat de mari. Oui, tel homme aura perdu son rêve, tel autre sa maison. Oui, c'est injuste. Non, on ne méritait pas cela. Mais à part se le dire et se le redire, on ne peut rien faire d'autre. L'histoire est écrite, elle sera moins encombrante si nous rendons le passé au passé. Les pertes sont inévitables, injustifiables, non remboursables. Comment évaluer l'amour que l'on a donné, le respect que l'on n'a pas reçu, les frustrations quotidiennes, les humiliations répétées, les silences imposés ? Les accepter comme tels ouvre sur le futur et nous permet de ranger le passé. Accepter que la séparation a bel et bien eu lieu, même si c'est extrêmement regrettable pour de nombreuses raisons, va permettre de passer à autre chose.

Rechercher un sens à donner à sa vie

Pour ne pas se laisser entraîner dans des impasses plus douloureuses que libératrices, il est important de définir ce qui compte vraiment pour soi. Faire un point, un bilan sur les priorités que l'on a envie de mettre en œuvre désormais dans sa nouvelle vie, pour reprendre la main sur le cours de son histoire.

Renoncer au besoin de comprendre

On voudrait comprendre, et se comprendre dans cette épreuve, mais tout est si complexe. La trahison nous amène aux confins du concevable, de l'intelligible, c'est pour cela qu'elle est si difficile à vivre. À un moment donné, il faut sortir de la volonté d'analyser, sortir aussi de la condamnation morale en recherchant le responsable. Admettre l'énigme de la vie, accepter l'arbitraire de nos comportements, voire leur absurdité, permet d'ouvrir de nouveaux chapitres de notre existence.

4

L'amitié dans la tempête. L'effet papillon des trahisons

« Le battement d'ailes d'un papillon au Brésil peut-il provoquer une tornade au Texas ? » Cette question d'Edward Lorenz est à l'origine de la théorie de l'effet papillon. Par-là, ce scientifique américain voulait démontrer qu'une action, même bénigne, peut avoir des conséquences lourdes bien au-delà du champ dans lequel elle s'est tenue. Le philosophe Blaise Pascal avait peut-être déjà envisagé l'interdépendance des événements, propriété spécifique des systèmes, quand il s'est demandé comment aurait été la face du monde si le nez de Cléopâtre avait été différent !

Une trahison ne vient jamais seule

Nous en faisons fréquemment l'expérience : une trahison survient rarement seule ! Dans son sillage, elle entraîne un enchaînement de conséquences désastreuses, révélant ainsi l'emboîtement des relations, leur essence inévitablement systémique. Que l'on soit le traître ou le trahi, tout le champ relationnel, ou presque, est ébranlé. Un divorce, un licenciement, un héritage conflictuel, une rupture amicale, un accident de la vie – qui peut être considéré comme une trahison de l'existence –, tous ces drames peuvent faire voler en éclats des liens que l'on croyait solides. Ce qu'il se passe dans un domaine aura des conséquences imprévues dans d'autres contextes, malgré l'absence de liens apparents. Nous mesurons après-coup qu'un acte, un événement ne concernent pas seulement les protagonistes impliqués directement. Bien des dommages collatéraux sont à déplorer, d'autant plus ravageurs que l'on ne s'y attend pas, et ils redoublent l'effet douloureux des traîtrises. Ils créent un désordre radical là où tout semblait ordonné, solidement établi. Les clans se forment, le réel se clive. Mesurer cette dimension pourra nous aider à mieux réagir et à rebondir après les catastrophes en série.

De nombreux patients ont évoqué ces trahisons successives, toujours avec douleur.

Évelyne, 51 ans : « Depuis mon divorce, c'est incroyable, mes amis me tournent le dos, ma mère soutient mon ex et me culpabilise, mes frères aussi m'accablent, ils me disent qu'avec mon caractère de cochon, cela ne les étonne pas… C'est pourtant mon mari qui est parti et qui m'a plaquée ! Je ne trouve personne pour me soutenir, aucune main bienveillante ne se tend vers moi. Je n'ai jamais été aussi seule, je n'ai jamais eu autant d'ennemis ! Je suis totalement effondrée, j'ai perdu le goût de tout. Même au travail, j'ai du mal ; pourtant, c'est là où j'avais l'impression d'être le plus à ma place. Le sol se dérobe sous mes pieds, comme si je n'avais plus de consistance, je me liquéfie… »

Patrick, 48 ans : « Depuis mon licenciement, tout s'est effondré. J'ai perdu l'estime de ma femme, je sens dans le regard de mes enfants qu'ils me jugent mal, je n'arrive pas à avoir de l'autorité sur eux, mes parents sont tellement angoissés pour moi que j'en suis arrivé à leur mentir sur mes démarches. Et comme si le malheur était contagieux, la plupart de nos amis nous laissent tomber. Ils ont peur qu'on les jalouse, qu'on les sollicite pour de l'aide. À part un vieux pote du lycée, c'est le désert. Lui au moins, il appelle régulièrement pour prendre de mes nouvelles, ça me fait un bien fou ! Le problème, c'est que je ne cesse de ruminer. Quand je pense à toutes les heures supplémentaires que j'ai faites… pour rien. Le patron nous disait qu'on pouvait sauver la boîte, qu'il y avait des commandes en cours, jusqu'au jour où il n'a pas pu payer les salaires et a déclaré faillite… Ça a été une véritable trahison. Il nous a fait croire à une relance possible, alors qu'il cherchait surtout diminuer ses dettes, il s'est bien fichu de nous ! Mon monde s'écroule, je suis au bord d'un gouffre, je ne crois plus en rien ni en personne, et encore moins en moi. »

Marie, 62 ans : « La mort de nos parents a fait exploser la famille en mille morceaux. Avec la question de l'héritage, on est à couteaux tirés avec mes frères et mes sœurs. Je n'aurais jamais imaginé cela. J'ai le douloureux sentiment que l'on trahit terriblement les valeurs auxquelles nos parents étaient attachés. On est au bord de la rupture, et maintenant ce sont la haine et le désir de vengeance qui prennent le dessus, alors que, jusque-là, j'avais l'impression que nous étions plutôt soudés et que nous avions du plaisir à nous retrouver. C'est terriblement douloureux de constater que nos liens étaient faux. Du coup, je me méfie de tout le monde, je suis agressive avec mon mari, je ne supporte pas la contrariété, j'envoie promener mes enfants, qui ne comprennent pas pourquoi ça me bouleverse autant. Ne parlons plus de mes prétendus amis, qui ne font rien à part me donner des conseils idiots et me culpabiliser en me disant que je m'y prends mal, que je n'aurais qu'à faire comme-ci ou comme ça, qu'eux à ma place feraient autrement... Je ne les appelle plus et je ne réponds même plus à leurs messages. »

Cette succession de drames est comme un raz-de-marée qui saccage l'existence. Tout semble échapper, donnant l'impression que l'on n'a de prise sur rien, que le destin s'acharne contre nous. On se sent submergé par un sentiment d'absurdité, de perte de sens. En plus de la douleur des pertes affectives et identitaires, quelque chose de l'ordre des angoisses existentielles est touché. Nos forces de rebond s'étiolent et l'on finit par baisser les bras, s'enfermant dans une lassitude et dans un « À quoi bon ! ». Le goût de la vie s'effrite, la morosité nous absorbe, comme si nous devenions les jouets de forces obscures et malsaines.

Des lieux, des liens censés nous réconforter, nous épanouir, nous soutenir, comme l'amitié, la fratrie, le travail, se révèlent eux aussi sources de trahisons. Cet effet papillon met en évidence l'instabilité, l'impermanence de nos relations. Dans des moments comme ceux-là, il est vital de conserver sa propre assise, de trouver les moyens de se redresser, de se remettre en mouvement envers et contre tout, et quelquefois envers et contre tous et toutes. Comment rester soi quand on se sent attaqué, malmené ? Quelle liberté peut-on retrouver face à ce qui se présente comme du déterminisme ? L'amitié est-elle une valeur refuge ?

Chagrins d'amitié

Depuis la plus tendre enfance, nous sommes enclins à rechercher l'ami, celui ou celle qui saura partager nos jeux, nos confidences, le dépositaire de notre confiance. Complices, nous nous comprendrons en un clin d'œil, nous partagerons secrets, peines, joies, aventures. Notre *alter ego* nous connaîtra mieux que quiconque.

Nul besoin d'expliquer à un enfant que l'amitié est un bien précieux, nécessaire, cela s'impose de manière naturelle. Très tôt, ne pas avoir d'amis est terriblement frustrant, angoissant. Le manque est si cruel – et même considéré comme un handicap – que certains parents conduisent leur enfant en thérapie quand il n'arrive pas à se faire des amis. Devant cette difficulté, l'enfant s'invente parfois des amis imaginaires pour pallier sa solitude.

L'amitié permet de développer la socialisation d'un enfant, mais elle participe aussi activement à la structuration de son identité. Dans la cour de récréation, dans ses activités extrascolaires, un enfant apprend à s'affirmer, trouver sa place, faire l'expérience de la complicité. Il développe son sens de la solidarité, découvre comment être accepté, respecté par les autres, il fait quelquefois à ses dépens l'expérience des amitiés plus ou moins constantes, sincères, douloureuses, dangereuses. La manière dont il va vivre ses relations amicales contribuera à construire son image de lui-même, sa confiance en lui, en autrui, en la vie. À travers ses amis, il se forgera une représentation du monde, il construira une image de lui particulière – leader, suiveur, marginal, etc. Il découvrira ce qui le rend semblable aux autres et différent d'eux, il apprendra avec plus ou moins de facilité à accepter ses différences, à les accentuer ou à les taire pour mieux s'intégrer. En se frottant aux autres, il développera des comportements de pouvoir, d'influence, d'opposition, de soumission. L'amitié est un excellent apprentissage de la vie. Ce qui s'éprouve quelquefois avec violence, douleur ou difficulté dans la cour de récréation participe à forger la personnalité d'un petit garçon, d'une petite fille. Un enfant ne se construit pas seulement dans sa famille. Aussi importante soit-elle, elle n'est pas le lieu exclusif de sa construction, elle en ébauche des traits qui se développeront, s'estomperont au fur et à mesure des autres rencontres. Heureusement, et contrairement à ce que l'on a voulu nous faire croire, tout ne se joue pas avant 6 ans.

À l'adolescence, on connaît l'importance des groupes de pairs. Les copains/copines, les réseaux sociaux, les « potes », deviennent l'épicentre de l'existence. Grâce à eux, les adolescents accèdent à plus d'autonomie, se libèrent de certaines loyautés familiales, coupent le cordon avec les parents. Les copains, le groupe de pairs, sont essentiels pour se détacher du couple parental. Il y a le meilleur ami ou la meilleure amie, avec qui l'on partage tout, relation souvent exclusive jalousement protégée, et il y a le ou les groupes auxquels on appartient. Les expériences sont différentes et complémentaires : avec l'ami, on partage ses émotions, ses doutes, ses peines, on ose montrer et exposer ses fragilités, c'est le confident par excellence. Le groupe, quant à lui, donne un sentiment de puissance et de sécurité qui vient compenser la fragilité ressentie alors par le jeune. Il y trouve une forme de reconnaissance par la fusion. Les bandes se forment souvent autour de critères ethniques, sociaux, religieux, de sexe, de lieu d'habitation identiques. Elles permettent au « je » de se fondre dans le « nous ». L'identité du groupe permet de faire, au moins temporairement, l'économie d'une quête identitaire personnelle bien exigeante, très déstabilisante à cette période de l'existence. Cela représente une pause, un lieu de repos, au risque de devenir un refuge. À l'intérieur du groupe, les différences sont laminées, si ce n'est interdites. Le groupe offre un cocon identitaire. Il apporte des assurances que le jeune pense ne pas pouvoir trouver ailleurs. L'appartenance à un groupe rassure mais, en contrepartie, il faut en suivre scrupuleusement les règles, les codes, même s'ils s'opposent à ceux de l'extérieur. La loi interne du groupe ne peut être discutée, sauf à courir le risque d'être exclu. La contrainte exercée peut aller jusqu'à une forme de violence, de harcèlement. Il est si douloureux d'être marginalisé que le danger d'une soumission tacite est grand. Le groupe peut piéger un individu fragile, et l'amener à une crispation sur les origines. Dans ce cas, le processus identitaire risque de s'alimenter du rejet de l'autre. Ego ne peut être bon que si l'autre est mauvais ; il a besoin d'un bouc émissaire pour externaliser les conflits qui existent en lui.

Quand nous sommes adulte, l'amitié participe à l'équilibre de l'existence. Les moments passés entre amis sont de véritables bouffées d'air dans une vie bien remplie – devenue plus contraignante et plus prenante – entre famille, couple, travail. Les déjeuners et les dîners entre amis sont des parenthèses qui font tellement de bien : ce sont autant d'occasions de retrouver un peu de légèreté et d'insouciance volées aux différentes obligations quotidiennes. On s'amuse, on refait le monde, on rit, on pleure ensemble, cela réconforte. On partage nos expériences, ce qui permet de relativiser nos difficultés, puisque les autres ont souvent les mêmes que nous. Les conseils, bons ou moins bons, nous ouvrent des pistes nouvelles quelquefois intéressantes à suivre. Cela suffit à redonner du baume au cœur pour rebondir avec plus d'enthousiasme dans le quotidien. L'amitié, c'est le sel de l'existence. Elle renforce notre ancrage et notre présence au monde, car elle est ouverture.

« Il ne vaut pas la peine de vivre si l'on n'a pas un bon ami », affirmait Démocrite. Depuis la Grèce antique, l'amitié est considérée comme un bien indispensable à la vie, une vertu morale presque sacrée. « L'amitié est un nom sacré, c'est une chose sainte[1] » Car l'amitié est censée mobiliser le meilleur de nous-même et le donner en partage.

Toutefois, les philosophes sont à peu près unanimes pour évoquer les risques de l'amitié, sa fragilité, et invitent à bien distinguer la « véritable amitié » de la « fausse amitié », l'une étant fondée sur la sincérité, et l'autre sur l'intérêt. À l'ère des réseaux sociaux, la vigilance reste de mise, surtout pour les adolescents, qui doivent apprendre à se méfier de certaines personnes malintentionnées se faisant passer pour des « amis » virtuels.

La littérature et les arts ne manquent pas d'illustrer cet idéal risqué, en présentant des amitiés si fabuleuses qu'elles en deviennent mythiques. Citons *Les Trois Mousquetaires*, d'Alexandre Dumas, et leur fameuse devise « Tous pour un et un pour tous » ; *Le Grand Meaulnes* d'Alain Fournier ; *L'Ami retrouvé* de Fred

1. Étienne de La Boétie, *Discours de la servitude volontaire*, 1576.

Uhlman ; ou l'amitié sulfureuse, dangereuse, décrite par Oscar Wilde dans *Le Portrait de Dorian Gray*. Mais il y en a tant d'autres.

Les amitiés entre auteurs, artistes, people, avec leurs constantes péripéties, leurs fâcheries, leurs rebondissements en cascade, fascinent toujours le public. Elles sont toutes singulières : il y a autant de formes d'amitié qu'il y a d'amis, et si nous avons la chance d'avoir plusieurs « bons » ou « meilleurs » amis, les liens se tisseront différemment avec chacun d'eux. Par exemple, René Char et Albert Camus, très proches intellectuellement, se sont toujours vouvoyés, comme pour préserver une distance respectueuse. Est-ce ce qui manqua à l'amitié entre Albert Camus et Jean-Paul Sartre ? Après dix ans de liens amicaux, tout éclate sur fond de désaccords politiques. Quand Jean-Paul Sartre met fin à cette relation, il ne mâche pas ses mots : « Un mélange de suffisance sombre et de vulnérabilité a toujours découragé de vous dire des vérités entières. Le résultat, c'est que vous êtes devenu la proie d'une morne démesure qui masque vos difficultés intérieures et que vous nommez, je crois, mesure méditerranéenne. Une dictature violente et cérémonieuse s'est installée en vous[1]. »

La déception n'épargne donc pas les plus grands. Et quand ils se sentent trahis, les « philosophes », censés savoir prendre la vie avec sagesse, perdent leur sang-froid au même titre que le commun des mortels et se laissent emporter par la violence de leurs ressentiments. Nietzsche admirait Wagner, son aîné, et avait cru en son amitié. Le musicien ne lui avait-il pas

1. Jean-Paul Sartre, « Réponse à Albert Camus », *Les Temps modernes*, Gallimard, août 1952.

déclaré : « Après ma femme, vous venez en première ligne » ? Mais Nietzsche s'aperçut assez rapidement que Wagner, en réalité, ne cherchait que son adulation, sa reconnaissance, alors même qu'il n'en témoignait aucune en retour. Il manifestait même du dédain : à ses yeux en effet, la théorie à laquelle le philosophe se consacrait était loin de valoir la création que lui-même était capable de réaliser en tant que compositeur. Funeste rivalité ! En outre, choqué par l'antisémitisme du musicien, Nietzsche se vengea dans un pamphlet acerbe, fruit amer d'une déception douloureuse[1]. La violence des mots traduit la profondeur de la blessure.

Les brûlures de l'amitié ne constituent pas nécessairement une raison d'y renoncer. « Je continue, malgré les échecs et les trahisons, à considérer l'amitié comme le sentiment le plus important… C'est le seul sentiment qui procure une paix dans la rencontre. L'amitié vraie est le repos de l'âme[2]. »

Aujourd'hui, même à l'heure des réseaux sociaux qui se targuent d'entretenir des cercles d'amis, l'amitié est toujours autant recherchée et nécessaire. On constate peu d'évolution dans la manière d'appréhender et de représenter cette relation spécifique. Il y a comme une constante qui montre à quel point elle constitue un besoin fondamental, universel, de l'être humain. Se trahit-on davantage aujourd'hui qu'hier ? Je ne pense pas. On en souffre tout autant.

L'évolution que j'ai observée concerne la différence entre le lien d'amitié au féminin et au masculin. Long-

1. Friedrich Nietzsche, *Le Cas Wagner*, 1888.

2. Tahar Ben Jelloun, *Éloge de l'amitié, ombre de la trahison*, Paris, Points, 2018.

temps, ils se distinguaient parce qu'ils épousaient les stéréotypes genrés qui s'imposaient. Depuis que ceux-ci s'assouplissent quelque peu, on voit davantage d'hommes oser parler entre eux de leurs émotions, de leurs sentiments, et les femmes se retrouver pour partager une activité, faire du footing, aller dîner entre filles, voire passer un week-end ensemble, prendre un verre au bistrot – activités plutôt considérées comme relevant des amitiés « masculines », selon les stéréotypes.

L'amitié n'en demeure pas moins rare, fragile, ce qui lui confère une dimension d'idéal absolu, au regard de laquelle tout manquement peut être vécu comme une trahison insupportable. L'Amitié avec un grand A est peut-être inaccessible, mais les diverses formes d'amitiés mêmes approximatives, demeurent essentielles. Qu'est-ce qui rend l'amitié aussi nécessaire ?

« Parce que c'était lui, parce que c'était moi »

« Si l'on me presse de dire pourquoi je l'aimais, je sens que cela ne se peut exprimer qu'en répondant "parce que c'était lui, parce que c'était moi"[1] ». Après avoir évoqué La Boétie, nous ne pouvions pas ne pas citer Montaigne. L'amitié des deux hommes est célèbre entre toutes, sans doute parce que Montaigne met en évidence l'essence même d'une telle relation. Il en a eu une assez courte expérience, puisqu'il a rencontré La Boétie seulement quatre ans avant la mort de ce dernier. Mais elle fut d'une intensité réellement éblouissante. On peut considérer qu'il a écrit les *Essais* dans

1. Michel de Montaigne, *Essais*, I, 28, *De l'amitié*.

l'après-coup de la perte, comme un monument à la gloire du lien sacré qui l'a uni à La Boétie.

« Et, à notre première rencontre, qui fut par hasard en une grande fête [...], nous nous trouvâmes si pris, *si connus, si obligés entre nous,* que rien dès lors ne nous fut si proche que l'un et l'autre. » C'est un élan spontané qui fonde l'amitié. Dans ce mouvement irrépressible et simultané de l'un vers l'autre, tant de choses profondes se mettent en place et structurent d'emblée le lien. Bien sûr, cette immédiateté dans la rencontre qui s'impose comme une évidence ne demande qu'à être confirmée par la suite des événements. Mais, à l'origine de l'amitié, il y a une reconnaissance réciproque instantanée. On ne se connaît pas, et pourtant on se reconnaît. Souvent, ne dit-on pas que l'on attendait depuis longtemps cet ami tout en ignorant jusqu'à son existence avant qu'il ne surgisse comme un cadeau de la vie ? Cette reconnaissance immédiate est à l'opposé des méprises inévitables qui président à la rencontre amoureuse. Ici, en un clin d'œil, dans la rencontre de deux visages qui se découvrent, on se sent reconnu *vraiment* pour ce que l'on est. Ce à quoi l'on aspire dans l'amour, et qui a bien du mal à advenir, est là *d'emblée* dans cette forme de reconnaissance. Dans bien des rencontres ordinaires, on ne voit chez les autres que ce qui nous sépare. Ici, dans la rencontre amicale, on pressent, dans une fulgurance créatrice, tout ce qui nous rassemble, et nul besoin de l'expliciter. Le lien se tisse au-delà des mots, dans un silence joyeux et sécurisant. Cette rencontre constitue un véritable événement, on a le sentiment que quelque chose d'important dans notre vie se passe et se réalise. Dans son regard, l'ami m'ouvre à une rencontre inédite avec moi-même, et cela se joue en simultanée pour les deux amis. Mutuellement, on sait, on sent que l'autre nous accueille, nous accepte pour ce que l'on est. Dans ce regard, nous ne sommes ni dans le jugement, ni dans l'évaluation, ni dans des attentes démesurées. Nous sommes là, dans un face-à-face qui nous permet l'expérience inouïe d'une rencontre dans laquelle on n'a rien à prouver, ni à chercher, ni à vouloir. Le risque de possession, d'emprise, de pouvoir de l'un sur l'autre, semblerait donc exclu en théorie de cette relation. On se contente d'*être*, tout en accueillant l'autre de la même manière. « Parce que *c'était* lui, parce que *c'était* moi. » Deux subjectivités qui se reconnaissent comme telles, comme deux visages qui se découvrent. Regarder un visage, ce n'est pas rien. Un visage se situe à la frontière du dedans et du dehors du sujet, il est seuil et lieu d'accueil, lieu de rencontre et miroir de l'intime. Le visage, c'est l'identité même de l'être. Un visage nous parle, même quand il se tait, et sans doute mieux que les mots. Le visage de l'autre exprime sa profondeur et sa détresse, sa solitude et son espérance, sa colère et sa tendresse, sa vulnérabilité et ses ressources. Regarder le visage de l'autre, c'est ressentir une présence qui s'impose dans son extériorité, dans une sorte de souveraineté, qui constitue une résistance à mon pouvoir. « Le meurtre est possible, quand on n'a pas regardé autrui en face[1] », nous dit Emmanuel Levinas. Dans ce prélude à l'amitié, cette altérité de l'autre s'impose à moi et, en même temps, affirme ma singularité la plus irréductible. Le « je » et le « tu » se respectent d'autant plus qu'ils ne cherchent pas à se vivre dans le « nous » d'un couple, susceptible de nous absorber en tant qu'individualité.

1. Emmanuel Levinas, *Difficile liberté*, Paris, Albin Michel, 2006.

La sexualité étant exclue, on ne risque pas de se fondre dans l'extase de l'orgasme. L'estime mutuelle, ciment indispensable, ne cherche pas à instrumentaliser la valeur de l'autre comme faire-valoir de son propre ego. La proximité, les partages ne représentent pas de risque de confusion. L'autre est respecté non seulement comme autre, mais *parce que* autre. « Se prêter à autrui et ne se donner qu'à soi », dira Montaigne plus loin. L'ami, c'est celui avec lequel je ne vais pas me trahir sous prétexte de plaire, de séduire, d'être aimé, avec lequel je n'ai même plus besoin de me poser la question « Que dois-je trahir pour ne pas me trahir ? ». Il me saisit au plus près de moi-même, nul besoin de tricher avec quiconque. Dans cette transparence, dans cette authenticité réciproque, il me donne le courage d'être moi, il m'y autorise instantanément. L'ami véritable procure le bonheur inestimable d'être en amitié avec soi-même, de devenir son propre ami.

Cette forme de reconnaissance mutuelle, ce n'est pas rien ! Nous ne mesurons pas toujours ce qu'elle représente. En effet, ce mot « reconnaissance » est galvaudé, il a perdu un peu de son épaisseur à force d'être utilisé à tort et à travers. La reconnaissance ne s'institue pas d'un coup de baguette magique, mais elle répond à un véritable processus. Elle exige un « parcours de la reconnaissance[1] », pour reprendre les mots de Paul Ricœur, qui nous en livre une analyse pertinente dont je m'inspire un peu librement.

Dans un premier temps, on a besoin d'« être reconnu ». On est alors dans une certaine position

1. Paul Ricoeur, *Parcours de la reconnaissance*, Paris, Stock. 2004.

passive, dépendante. C'est ce que l'on peut considérer comme le niveau 1 de la reconnaissance. J'ai besoin que l'autre atteste qui je suis. Je vais me découvrir dans le regard que l'autre me porte, dans la mesure où, en grande partie, je me construis dans la rencontre avec l'autre. Nous pourrions considérer que c'est ce niveau qui est en jeu dans les relations intergénérationnelles.

Vient ensuite le niveau 2 : « reconnaître l'autre », ce qui se réalise dans un mouvement actif vers lui. Je dis à l'autre comment je le vois. Dans cet échange, autrui peut découvrir de lui un visage différent de celui qu'il connaissait. Je l'amène à se connaître sous un angle nouveau, je le révèle en partie à lui-même. N'est-ce pas ce à quoi nous aspirons dans un couple ?

Le niveau 3, c'est celui de la reconnaissance réciproque : « se reconnaître mutuellement », « l'un/l'autre », « l'un par/pour l'autre ». Cette réciprocité constitue une expérience particulière, qui pourrait caractériser l'amitié mais qui ne s'y réduit pas. Ce qui se tisse ici se situe au-delà de la seule question identitaire, mais nous fait toucher quelque chose de l'ordre de l'existentiel. Quand on reconnaît autrui comme existant, vivant, on se sent soi-même exister, vivre. Il se joue comme une autorisation que chacun se donne à jouir de la vie. Nous avons tous peur de mourir, mais bien souvent nous avons tout autant peur de vivre, de vivre pleinement, nous ne nous donnons pas toujours l'autorisation de vivre à la hauteur de ce que nous pourrions faire. L'ami, c'est celui qui m'autorise à ne pas trahir non seulement ce que je suis, mais aussi ce que j'ai besoin de réaliser, de vivre. Il nous donne ce que l'on attendait des parents, ce que l'on attend de l'amoureux et qui ne vient pas toujours à la hauteur de nos besoins et de notre espérance.

Tous ces niveaux sont liés au « se reconnaître soi-même », que l'on pourrait considérer comme le niveau 4. Se reconnaître soi-même, c'est avant tout se reconnaître comme auteur de ses paroles et comme acteur de ses actes, c'est parvenir à être comptable de ses actes. C'est en mesurant ma responsabilité que mon identité se structure autour d'une conscience éthique toujours en éveil. Ce niveau est indispensable « à travailler », car il permet d'être moins dépendant de la reconnaissance des autres. Se reconnaître soi-même, c'est aussi parvenir à percevoir notre permanence, à unifier les différents épisodes de notre existence, à donner du corps à notre histoire. C'est mesurer combien notre soi s'est nourri de tout ce qu'il a traversé, éprouvé, s'est transformé tout au long des chemins parcourus. Cette conscience d'une persistance de notre être est rassurante, elle structure notre rapport à la vie, le renforce et crée un ancrage existentiel sécurisant. Les amis y participent activement. Ils ont souvent assisté aux événements importants qui ont ponctué notre parcours – présents à notre mariage, au baptême des enfants, à l'enterrement des parents, etc. –, ils en témoignent, ils font partie de notre histoire. Par leur présence, ils nous restituent ces événements, nous les rappellent implicitement, ce qui permet d'unifier des épisodes discontinus de notre existence. Ils font le lien entre notre passé et notre présent, et nous offrent une certaine expérience de permanence. Les amoureux peuvent partir, les frères et sœurs s'éloigner, les parents disparaître, certains amis sont toujours là. Ils sont les dépositaires de notre mémoire et garants de nos souvenirs. La puissance de l'amitié tient au fait qu'elle est une véritable pulsion de vie, au-delà de sa dimension affective, identitaire. Elle nous enracine dans notre vie.

C'est sans doute en ce sens qu'elle constitue un rempart contre la solitude. Il ne s'agit pas seulement de faire une balade ensemble, de partager de bons moments. Il est aussi question de la solitude profonde, existentielle, que l'on éprouve devant le vertige de la vie, et le gouffre de la mort, de la maladie. Cette solitude qui nous renvoie à notre corps, à travers lequel le temps passe, que les saisons marquent.

Le « se reconnaître soi » se nourrit de l'amitié, qui participe activement au « travail » d'unification de soi et de pacification avec soi-même. Extérieurs aux enjeux familiaux, conjugaux, fraternels, professionnels, les amis nous ramènent à ce que l'on est quand nous ne sommes pas pris dans ces tensions. Avec eux, on a le sentiment que l'on est plus « vrai », plus « authentique » que dans d'autres circonstances ou qu'avec d'autres personnes. Ils nous reconnectent à la personne que l'on aime en nous, à l'image de soi qui nous fait du bien, nous rassure. Cette relation nous libère d'avoir à tenir des rôles ou des postures que l'on est souvent obligés de prendre ailleurs.

Mais dans ce parcours de la reconnaissance, le meilleur est pour la fin si j'ose dire ! En effet, chose extraordinaire, plus on se sent reconnu, plus on est reconnaissant, dans le sens d'« être capable de ressentir de la gratitude ». Reconnaître ce que l'on doit aux autres nous inscrit dans une historicité, dans des filiations de tous ordres, symboliques, intellectuelles, spirituelles, culturelles, etc., et multiplie ainsi les interfaces possibles avec les autres. Être dans la gratitude malgré tous les manques possibles, c'est sourire à la vie, et cela se partage entre amis.

L'amitié rassure et apaise, car le véritable ami me relie à la part la plus profonde en moi. L'amitié touche l'humanité en nous, ce qui nous rend humain. Peut-être éveille-t-elle aussi quelque chose d'universel en chacun de nous, comme un besoin d'entente cordiale avec le monde, une aspiration tenace à la paix. Elle nourrit et se nourrit du désir d'habiter une terre commune le plus pacifiquement possible. Tant que l'amitié est préservée ! Car, au regard de toute cette profondeur à laquelle elle invite et participe, on comprend combien les déceptions sont douloureuses.

Petites et grandes trahisons entre amis

Précieuse est l'amitié, certes, mais les « vrais amis » se comptent à peine sur les doigts d'une main. Ils se distinguent des « copains », au demeurant très importants aussi, mais avec lesquels les liens sont plus superficiels, plus ponctuels. Nous n'en attendons pas tout à fait les mêmes choses, et les déceptions sont moins douloureuses et moins brutales, on s'en remet plus facilement.

Au regard de son idéal, l'amitié est non seulement rare, mais elle est également fragile et exigeante. Elle demande à être « entretenue », soignée ; elle ne peut supporter la médiocrité, la mesquinerie, l'hypocrisie, etc. Tout ce qui constitue une atteinte à l'estime réciproque fragilise ce lien. Souvent mouvementée, tumultueuse, car l'ombre de la trahison est toujours en suspens, menaçante. Inévitablement surgiront, à un moment ou à un autre, des malentendus, des quiproquos, des déceptions, qui risquent de tout gâcher et de tout détruire. Dès le bac à sable ou la crèche, les enfants découvrent les chagrins d'amitié, ils pleurent à chaudes larmes quand leur ami préféré refuse de jouer avec eux ou, pire, quand il joue avec celui ou celle qu'ils détestent. Être déçu, abandonné, laissé pour compte par celui ou celle que l'on considère comme « le meilleur ami », engendre une souffrance terrible, et cela à tout âge. Au cours des consultations, les adultes que je rencontre évoquent longuement les blessures causées par les chagrins d'amitié, qui laissent des traces profondes et bien plus durables qu'on ne l'imagine souvent.

Les trahisons entre amis revêtent des formes et des intensités variables, on les vivra différemment selon qu'il s'agit d'amis d'enfance ou plus récents. Mais il n'est pas certain que l'on soit plus tolérant envers ceux que l'on connaît depuis longtemps. Les trahisons peuvent aller des petites fâcheries temporaires et sans incidence réelle sur la qualité du lien jusqu'aux traîtrises impardonnables, en passant par des déceptions qui se mettent en place au fil des années. La durée est ce qui constitue la richesse de cette belle relation, mais c'est aussi son talon d'Achille. La manière dont chacun évolue socialement, financièrement, professionnellement, les milieux fréquentés, les idées politiques, l'éloignement géographique, etc., risquent de la fragiliser. Certaines amitiés resteront intactes malgré ces entraves potentielles et peuvent traverser les années, comme l'évoque Murielle : « Depuis qu'elle a quitté la France, on a moins d'occasions de se voir, c'est même assez rare, mais quand on se retrouve, c'est comme si on s'était vues la veille. » Même si l'on ne partage pas tout avec un ami, des liens solides peuvent exister.

Tout dépendra surtout de la manière dont on a su entretenir l'amitié et de la place qu'on lui accorde dans notre vie. Elle n'a pas la même importance si l'on est en couple ou célibataire, si l'on a de nombreux frères et sœurs avec lesquels on s'entend bien, si l'on a une grande famille, avec des cousins et cousines aussi proches que des amis, si l'on est très investi dans son travail, etc. Selon sa situation, on n'est pas disponible de la même manière pour nos amis. Si l'on court toujours après le temps, les liens, même de qualité risquent d'en pâtir. La relation aux amis met à l'épreuve notre patience, notre souplesse et notre tolérance. C'est aussi un excellent terrain pour les développer quand on en manque !

Au regard de ce que l'amitié représente pour nous, on pourra soit pardonner – tout au moins « faire avec » les défauts de l'ami, le prendre « comme il est » –, soit espacer les rencontres, soit rompre de manière définitive quand cela s'impose comme la seule issue possible. Ces décisions ne sont jamais faciles, les remaniements d'un lien sont toujours douloureux. Une des questions à laquelle il est le plus difficile d'apporter une réponse tourne autour du « dire, ne pas dire ». Car il n'est pas certain qu'à un ami, même très proche, on puisse – on doive – tout dire ! Si la franchise est nécessaire, jusqu'où peut-elle aller ? Jusqu'où est-elle utile, acceptable pour l'autre ? Ici, l'amitié nous renvoie à des dilemmes importants, elle nous met face à la différence qui existe entre la morale et l'éthique. Au regard des principes moraux, en théorie on *doit* dire la vérité. Au regard du questionnement éthique, nous avons à nous demander ce qui va vraiment améliorer les choses, à qui profite ce que l'on voudrait dire. Est-ce pour se soulager soi ? Pour permettre à la relation de dépasser une difficulté ? Est-ce que cela peut blesser l'autre ? Est-ce que cela risque de tout bloquer ? Faut-il mettre sur le tapis l'objet de la déception, expliquer pourquoi on est en froid, pourquoi on ne se voit plus ? On se met à ruminer, on tourne dans notre tête mille et une manières d'aborder les choses, sans jamais parvenir à trouver la bonne, ni le bon moment. On a peur d'être maladroit, de ne pas être compris, d'être soi-même pris pour le traître. Toutes ces questions, bien qu'elles soient inconfortables, sont nécessaires. Sous prétexte que l'on est amis, on ne peut pas tout « déverser » sur l'autre. Il est indispensable de mesurer la brutalité que cela peut représenter pour lui. Il y a la violence du « trop dire », du « mal dire », mais aussi celle, terrible, du mutisme, de la non-réponse. Pour les personnes que je rencontre, c'est sans doute la pire des blessures : on se sent laissé pour compte, comme effacé, gommé, annihilé.

« Elle ne répond plus à mes messages, je lui ai écrit, mais elle ne daigne pas me faire signe. Je ne comprends pas pourquoi elle est dans ce mutisme. Elle a besoin de se replier sur elle ? Elle a des tonnes de reproches à me faire ? C'est insupportable pour moi, c'est comme un abandon, un vide qui m'absorbe et que je ne pourrai pas remplir. » Pascale en est perturbée.

« Du jour au lendemain, il s'est mis aux abonnés absents. Nous nous sommes croisés un jour chez un ami commun, il ne m'a pas adressé la parole, il m'a fui. Mais qu'est-ce que je lui ai fait ? Je ne demande qu'à avoir une explication. » Charles ne cesse de ruminer cette question.

Entre contrariétés et ruptures

Un petit tour d'horizon des contrariétés les plus fréquemment évoquées par mes patients nous permettra d'y voir plus clair et de mieux percevoir quand il faut avoir la force de se taire ou le courage de parler.

Les différences sociales, le rapport de chacun à l'argent représentent un risque majeur de malentendus et de quiproquos.

Pierre, 38 ans : « Ils croient que je frime quand je les invite chez moi, mais je fais cela parce que j'ai du plaisir à partager avec eux ma réussite. »

Que dire de la jalousie ? Faut-il en rire ? Passer outre ? Le plus terrible, c'est qu'elle nous oblige à ne plus être aussi spontané qu'on le souhaiterait.

Paule, 58 ans : « Je ne peux plus supporter son côté envieux. À chaque fois que je dis que j'ai acheté ceci ou cela, il veut acheter la même chose, ou en mieux, comme pour me dire : "Tu vois, je suis aussi bien que toi, voire mieux." Cette rivalité, qui n'a pas lieu d'être, parce que je me fiche de ce qu'il a ou pas, cela devient insupportable ! On a passé l'âge. »

Brigitte, 61 ans : « Quand elle me dit " Je suis heureuse pour toi", c'est tellement faux que j'en suis malade pendant plusieurs jours, cela vous ronge le sang. Je ne partage plus grand-chose avec elle maintenant. Quand je suis contente, que j'ai réussi quelque chose, je me tais. »

Thibaut, 28 ans : « La dernière fois qu'on est allés chez les E., j'ai dit à ma femme de ne pas mettre le bijou que je venais de lui offrir, pour ne pas attiser leur jalousie. »

Quant à la médisance, c'est un poison qui attaque tellement la confiance ! « Il dit du mal de tout le monde. Je suis sûr que, dès que j'ai le dos tourné, il ne se gêne pas pour me descendre auprès des autres ! Du coup, quand on se voit, on parle de bagatelles, il devient un copain, ce n'est plus un ami, c'est certain. », se plaint Philippe. Mais reconnaissons aussi que, souvent, nous ne nous privons pas nous non plus de médire. Alors, comment s'en plaindre ?

Toutes ces déceptions transforment inéluctablement la relation. On peut avoir cependant du plaisir à se voir par-ci, par-là, inutile de s'en priver. Apprécier les aspects positifs de ces « encore un peu amis », cela nous fait grandir et augmente nos capacités de tolérance. Dans les cas cités, il n'est pas certain qu'évoquer de front les défauts qui agacent améliore la relation : cela risque plutôt de vexer les amis, de les blesser, de casser définitivement ce qui reste du lien et de tout verrouiller. L'humour, en revanche, a des chances de détendre l'atmosphère, de faire passer en douceur quelques messages sans s'apesantir. Il permet une forme de politesse respectueuse qui préserve le lien s'il fait encore sens. Protéger l'amitié nous apprend à user de délicatesse.

D'autres situations appellent un dialogue, encore faut-il savoir comment s'y prendre. Les femmes et les hommes que je reçois se demandent quelle est la manière la plus adéquate de réagir. Jean-Claude dit les choses carrément : « Clément, je l'ai connu à la crèche. Nous nous prenons souvent le bec sur de nombreux points. On n'est pas d'accord, on peut s'engueuler très fort, mais on finit toujours par comprendre ce que l'autre veut dire. Et même, il n'y a qu'avec lui que je suis capable de reconnaître que j'ai tort, c'est vous dire la confiance ! Nous ne nous sommes jamais vraiment fâchés, même depuis qu'il s'est marié. Parfois, c'est fatigant, j'appréhende d'aller le voir, il me prend trop la tête, mais en même temps, au final, ça me booste. Au moins, on se gêne pas pour se dire ouvertement les choses. » Quand les petites disputes et oppositions sont explicites et qu'elles permettent à chacun d'avancer, quelle aubaine ! Elles ne font que renforcer le lien.

« Alain a toujours eu un mauvais caractère, cela ne me gênait pas quand on faisait les quatre cents coups ensemble. Maintenant, je ne supporte plus sa mauvaise humeur, j'ai besoin de plus de calme quand je sors avec les amis. Et sa nouvelle copine n'est pas plus drôle que lui, je n'ai plus le même plaisir qu'avant quand on se retrouve. C'est délicat d'en parler, mais en même temps, je ne peux pas jouer l'hypocrite. » Bernard a tendance à tourner autour du pot avant d'oser dire quelque chose. Usure et fatigue peuvent s'installer, d'autant que l'on ne partage plus les mêmes centres d'intérêt. Mais en existe-t-il d'autres, des nouveaux plus adaptés à la situation de chacun ? Seule une discussion ouverte peut permettre de les découvrir, et de faire des propositions dans ce sens. C'est une façon de refonder l'amitié sur de nouvelles bases.

« J'ai fini par espacer nos rencontres, elle ne m'appelait que lorsqu'elle avait besoin de quelque chose. J'ai pris conscience que je répondais toujours à ses demandes, prête à me plier en quatre pour elle, mais qu'il n'y avait pas de retour ; quand ça va toujours dans le même sens, ce n'est plus possible. C'est dommage, je l'aimais bien » Evelyne est pleine de regrets, elle aurait préféré rester « bonne amie ». Quoi de plus dérangeant que la non-réciprocité, que l'on peut considérer à tort ou à raison comme de l'égoïsme et qui va tellement à l'encontre de ce qui fonde l'amitié ? Cela vaut la peine de tenter de faire comprendre que l'on aimerait un peu plus d'équilibre dans le donner et recevoir. Mais est-ce que cela sera entendu ? Suffira-t-il de le dire pour que les choses changent ? Au moins, la demande aura le mérite d'être claire et l'on aura le sentiment d'être en accord avec soi-même, à défaut de l'être avec l'autre.

« Je ne supporte plus Thierry. Il sait tout sur tout. Quand je suis avec lui, il n'y en a que pour lui, il ne laisse à personne la possibilité d'en placer une, il faudrait écouter ses malheurs sans cesse. Mais lui, quelle empathie il est capable d'avoir ? Quand j'ai été opéré, il ne m'a même pas fait signe, il aurait presque fallu que je le plaigne parce que, à ce moment-là, il était débordé et que ça allait très mal avec sa chérie. Il est très fort pour inverser les choses. Je ne me vois pas en parler avec lui, ce serait peine perdue. » Michel est résigné. Devant l'indifférence d'un ami ou ce que l'on considère comme tel, on a le sentiment de ne plus être intéressant à ses yeux, et cela génère ou réactive tant de doutes sur soi-même. Voir un ami s'éloigner alors qu'il est encore cher à nos yeux, constater qu'il n'accorde pas à notre relation la même importance que nous, cela nous rend profondément triste, le chagrin nous absorbe. Quand, en plus, il retourne la situation et nous culpabilise parce que l'on continue à attendre un soutien de sa part, on se sent maltraité.

Mais peut-on empêcher l'autre de s'éloigner ? On aimerait au moins comprendre ce que signifie vraiment cet éloignement, savoir s'il n'est que temporaire. Serait-il lié davantage aux événements de la vie de l'ami qu'à notre amitié proprement dite ? On peut tendre une perche pour éviter de rester dans un flou douloureux. Si l'ami est réellement en difficulté, pourrait-on l'aider ? Ne passons-nous pas à côté de quelque chose de grave qui le concerne ? A-t-on fait, malgré soi, quelque chose qui lui a déplu ? Ce n'est que dans le dialogue et dans une discussion ouverte que l'on pourra valider l'une ou l'autre de nos hypothèses. De toutes les manières, rien n'est pire que les non-dits dans cette situation, il vaut mieux savoir à quoi s'en tenir.

Et si, tout simplement, ce retrait temporaire faisait partie du mode de fonctionnement de l'autre ? « Quand je ne vais pas bien, je me replie sur moi, j'ai trop de pudeur, ou de honte à me montrer si fragile, j'estime que je n'ai pas à faire porter ça à mes amies, d'autant que je sais que je remonte vite la pente. Alors je préfère les voir quand je suis en pleine forme et profiter avec elles de super bons moments. Elles le savent et elles le respectent, elles sont un peu comme moi ! On se comprend, on est sur la même longueur d'onde », explique Anne-Sophie.

« Quand Myriam et Paul viennent dîner à la maison, ils nous dépriment. Sous prétexte qu'on se connaît depuis longtemps, ils n'hésitent pas une seconde à nous balancer, il n'y a pas d'autres mots, des prétendues vérités qui sont autant de reproches : on ne fait pas bien ceci, on ne comprend rien à rien. En plus, ils nous cassent le moral, ils se méfient de tout, voient des complots partout, ne cessent de critiquer la terre entière. Rien ni personne ne trouve grâce à leurs yeux. Je crois que je ne les inviterai plus. » Dominique est quasiment prête à rompre les liens. Faut-il se forcer à continuer à voir des amis coûte que coûte ? Au nom de quoi ? De l'habitude ? Une forme de reconnaissance de ce qu'ont représenté ces amis à un moment de notre vie ? De quoi est faite notre amitié ? C'est là une question vraiment importante pour préserver l'authenticité du lien, même s'il se distend un peu. L'amitié nous apprend peut-être à relativiser, à être moins dans l'absolu de l'idéal. On peut se raisonner, se dire que, de toutes les manières, les amis qui trouvent tout formidable, on ne sait jamais vraiment ce qu'ils pensent. Ils sont si « lisses » que l'on peut finir par douter de leur sincérité. Ici, c'est avec soi-même qu'il faut débattre pour ne pas rester sur des faux-semblants désagréables pour tout le monde. Essayer d'être au clair et de savoir pourquoi on continue à voir tels ou tels amis.

Ces questions ouvrent aussi sur une discussion au niveau du couple.

Jeanne, 57 ans : « Je n'aime pas trop B., mais comme c'est le meilleur ami de mon mari, on le reçoit de temps en temps à la maison, ou ils s'arrangent quelquefois pour déjeuner ensemble à l'extérieur. On a trouvé un compromis. Moi aussi, j'ai des amies que je vois surtout en dehors de la maison, cela fait du bien à tout le monde. »

D'autres situations appellent, en revanche, une explication claire.

Murielle, 39 ans : « C'est fini, nous ne partirons plus en vacances avec les Dupont, leur rapport à l'argent, leur radinerie, frise la maladie. Nous avons fait les courses pratiquement tous les jours sans jamais qu'ils évoquent la question d'argent. Nous aurions dû mettre les pieds dans le plat, mais on n'a pas osé, on avait peur de les blesser. Un jour, en promenade, je n'en reviens toujours pas, ils se sont éloignés, se sont acheté une glace et l'ont mangée devant nous sans nous en proposer ! Les bras m'en sont tombés. Julien m'a conseillé de ne pas en parler, mais je l'ai encore sur le cœur. Il faut que je crève l'abcès. »

Patrick, 36 ans : « J'ai prêté une belle somme d'argent à Christelle, je l'ai fait bien volontiers parce qu'elle était dans une phase difficile. Cela fait six mois qu'elle devait me rembourser, mais je n'ai rien vu venir... Elle ne m'en parle plus, et moi, je suis comme un idiot, je n'ose pas aborder le sujet, j'ai peur de la mettre en difficulté, alors qu'aujourd'hui c'est moi qui ai besoin de cet argent. À force d'attendre, j'ai peur que ça sorte un jour avec violence. »

S'il peut être indélicat de renvoyer nos amis à leurs défauts, ce n'est pas la même chose lorsqu'il s'agit d'un comportement inadéquat de leur part, qui, en plus, nous met en difficulté. Il s'agit là d'un véritable manquement au respect que l'on se doit quand on se dit amis. En parler ouvertement permet d'éviter des quiproquos qui mettent chacun dans des mauvaises positions. On ne peut pas changer nos amis, mais on peut leur demander de changer leur manière de se comporter. Les « vrais » amis sauront réagir et ne pas nous décevoir une seconde fois.

Face à certaines traîtrises, la rupture s'impose parfois.

Julien, 23 ans : « Celui que je considérais comme un frère vient de sortir avec ma fiancée, j'ai perdu en même temps les deux personnes que j'aimais le plus au monde. »

Christiane, 27 ans : « Quand je me suis aperçue qu'elle avait trahi mon secret en le révélant à tout le monde, je n'ai plus répondu à ses appels. »

Quand le mal irrémédiable est fait, parler permet de dire sa colère et de l'évacuer, mais l'amitié ne pourra pas renaître de ses cendres, car la ligne rouge de la confiance a été franchie. Une souffrance tenace étreint l'ami trahi ; son intensité égale presque celle éprouvée suite à l'infidélité de l'amoureux. On perd un peu de soi quand on perd un ami.

Une trahison amicale sonne comme une véritable remise en cause. À douter de ses amis, on finit par douter de soi. Souvent les difficultés de notre enfance resurgissent, entraînant des doutes douloureux, comme pour François, 43 ans : « Je n'ai jamais su me faire des amis ; déjà à l'école, je restais seul pendant la récréation. Il a suffi que deux ou trois voyous m'interdisent de jouer au foot avec eux sous prétexte que je n'étais pas assez fort pour que je m'écrase et que je m'isole. J'ai fini par me convaincre que je suis mieux tout seul et que je suis un handicapé social. »

C'est le moment de se demander : « Quel ami suis-je ? » Quels défauts peuvent être insupportables pour les autres ? Quels comportements peuvent-ils être blessants ? Suis-je aussi bon camarade que je me l'imagine ? Peut-être que j'en demande trop, ou pas assez. Donner l'impression que l'on peut se passer des autres n'est jamais bien perçu et risque de fragiliser le lien. S'interroger permet de se décentrer de soi et de découvrir comment les autres nous voient, comment ils nous ressentent. C'est une façon de partager quelque chose, nos regards sur les autres et sur soi-même. On sort du ressentiment causé par les déceptions et les trahisons quand on parvient à évoluer. On ne peut pas changer les autres, mais on peut changer notre regard sur eux.

Mais, comme Job, qui finit par ne plus écouter ses amis et les remet à leur place quand ils le culpabilisent, il faut oser se redresser. S'autoriser à quitter le terrain de l'amitié déçue pour ne pas s'y perdre et se morfondre. Ne pas se trahir, rester soi quand on a été trahi, c'est avant tout préserver l'amitié envers soi-même. Quelle que soit l'évolution d'une relation amicale, il importe de veiller à ce que nous restions au moins ami avec nous-même, c'est-à-dire à garder l'estime de soi que nos rencontres nous ont permis de consolider à un moment donné.

5

La fratrie à l'épreuve du temps et de la mort des parents

On peut aimer une amie comme une sœur, mais on peut aussi se détester comme des frères ennemis. La fratrie, voilà encore une relation dans laquelle on aimerait ne jamais connaître de traîtrises. Et pourtant, le lien fraternel, comme tous les autres, n'est pas épargné. Nous pourrions même considérer que tout commence par un *sentiment* de trahison, qui, s'il se calme pendant de nombreuses années, risque cependant de resurgir violemment au moment des héritages et de s'actualiser alors, c'est-à-dire de se transformer en des actes tangibles de félonie et de reniement. Les études de notaire résonnent bien souvent de conflits ravageurs entre frères et sœurs lors des guerres de succession, suprêmes moments où explosent au grand jour des règlements de comptes qui, en réalité, n'ont pas cessé depuis l'enfance.

Un sentiment de trahison qui court et qui couve

Si nous pouvons être fiers de notre devise, toute française, inscrite sur les frontons de nos mairies et de nos écoles : « Liberté, égalité, fraternité », qu'il est difficile et semé d'embûches, dans la vraie vie, le chemin qui mène à la fraternité ! Le lien fraternel, qui relie les membres d'une même fratrie, n'est pas toujours le meilleur moyen pour vivre la complicité et la solidarité portées par ce bel idéal. En effet, il ne suffit pas de naître frère et sœur pour s'entendre et s'aimer, loin de là. D'ailleurs, est-ce obligatoire d'aimer son frère ou sa sœur ? La question reste ouverte. On peut avoir la chance de vivre la fraternité dans certaines sphères, amicales justement, ou associatives, sportives, mais il ne suffit pas de naître sous un même toit pour y parvenir. Une des caractéristiques du lien fraternel, c'est sa longévité. Peut-on en faire un atout plutôt qu'un handicap ?

Le témoignage de Chloé montre à quel point il ne cesse de se transformer : « Ma sœur et moi, quand nous étions enfants, nous étions très proches. J'étais l'aînée, je l'ai beaucoup protégée. Ensuite, je suis partie en pension, elle m'en a un peu voulu de la laisser en face à face avec les parents, elle a ressenti mon départ comme un abandon. Pendant l'adolescence, on a été plutôt séparées et on s'est perdues de vue. Cependant, quand on a fait nos études, nous étions colocataires, et on a créé de nouveau des liens très forts. Nous étions toutes les deux à Paris, et nous avons tout partagé, nos loisirs, les sorties. Elle connaissait tous mes amis, et moi les siens ; on formait une bande formidable. On était plus amies que sœurs. Quand je me suis mariée, c'était encore très chouette, le courant passait bien avec mon mari, elle venait souvent à la maison. Mais elle a commencé à s'éloigner de moi quand elle s'est mise en ménage avec Jean-Pierre, qui ne supportait pas sa famille à lui et l'a éloignée de sa famille à elle. »

Le lien fraternel, c'est le lien humain censé durer le plus longtemps, de notre naissance à notre mort ; sauf perte prématurée d'un des membres de la fratrie, il nous accompagne tout au long de notre vie. De ce fait, il est soumis à de nombreux aléas qui le transforment dans un sens comme dans un autre. On peut avoir été jaloux, enfants, et bien s'entendre quand l'âge avance, ou l'inverse. La remarquable plasticité de cette relation lui permet d'évoluer sans cesse. Comment l'amener au plus proche d'une fraternité en acte ?

Comme dans le couple, ici aussi tout commence plutôt mal !

Cette relation est placée d'emblée sous le signe des comptes – et des mécontentements ! Et les moments de complicité n'empêcheront pas les enfants de comparer ce que chacun a, d'évaluer, de jauger qui est le plus fort, le plus beau, de mesurer qui est le plus malin. Pendant l'enfance, les comptes ne sont pas forcément sanglants ni dramatiques, mais ils se situent spontanément dans le registre du donnant-donnant (« Je veux comme lui ») et du « œil pour œil, dent pour dent » (« Il m'a frappé, je lui ai fait pareil »). Pour les enfants, les règlements de comptes apparaissent comme le moyen le plus immédiat de « se faire justice », en lieu et place de toute équité. Par peur d'avoir moins que l'autre, on cherche à avoir plus.

Même quand les relations semblent apaisées, ces comptes restent gravés dans la mémoire des frères et des sœurs devenus adultes. Ils sont tenus bien au chaud dans une « calculette inconsciente », véritable Cocotte-Minute qui mijote pendant des années les ressentiments et les amertumes accumulés. Tout peut exploser à différents moments, notamment quand les parents commencent à vieillir et à devenir dépendants, et plus encore au moment de leur disparition. Car, autre caractéristique du lien fraternel, les souffrances qui y sont attachées perdurent presque à l'identique pendant très longtemps.

En réalité, les comptes sont intrinsèquement liés à la création de la fratrie, parce que celle-ci se constitue à partir d'un vécu de pertes ou de manques. Imagine-t-on ce que vit un aîné à l'arrivée du second enfant ? Il était au centre, le point de convergence des regards des parents et des grands-parents. Il était l'objet d'un amour inconditionnel, de toutes les attentions exclusives. Avec l'arrivée du cadet, les regards se détournent. Les soins se répartissent désormais de manière inégale, puisqu'un bébé a la fâcheuse habitude de manger toutes les trois heures, et que l'aîné doit se comporter comme un grand. Quand on connaît l'importance du regard parental dans la construction d'un enfant, on mesure à quel point l'aîné perd, à ce moment-là, un étayage important.

L'arrivée du petit frère ou de la petite sœur entraîne un profond sentiment de perte, perte affective, mais pas seulement. Elle constitue inévitablement une menace existentielle très forte : « Vais-je continuer à exister pour mes parents, vais-je continuer à être important pour eux ? » Cela éveille une angoisse existentielle, la peur de compter pour zéro, d'autant plus quand la naissance du cadet vient avant que l'aîné ait pu intégrer suffisamment d'assurance.

L'aîné éprouve une véritable perte narcissique. « Ce bébé, on ne pourrait pas le renvoyer d'où il vient, le ramener à la clinique ? Oui, je suis jaloux, et je ne l'aime pas. C'était tellement bien quand il n'était pas là ! Moi si gentil auparavant, je deviens méchant, hargneux, violent… Je me fais peur à moi-même. » Voici quelques éléments de la tempête qui agite l'aîné, sans qu'il puisse, bien sûr, la décrire de cette manière ni y mettre les mots justes ; il ressent seulement comme un brouhaha intérieur qu'il n'arrive pas à identifier mais qui le perturbe. Alors, pour se rassurer et se consoler, sa première réaction sera de garder ses prérogatives sur ses jouets, sur sa chambre. En ne cédant rien, en ne prêtant pas, il défend son territoire, seul point d'ancrage qui lui paraît stable dans cet ouragan. Mais cette position défensive n'est ni très confortable ni très constructive.

Quelle épreuve de trahison ! Comment supporter que les chers parents et grands-parents soient remplis de joie devant cette petite chose qu'ils portent avec soin dans leurs bras, qui pleure sans arrêt, ne fait que manger ou dormir, qui n'est même pas capable de jouer, de parler ? Les adultes sont-ils tous des traîtres ? « Ils ont beau dire et répéter qu'ils m'aimeront toujours, sont-ils dignes de confiance ? » Bien sûr, la constitution d'une famille avec la naissance de plusieurs enfants n'est en rien un acte de trahison. Mais on voit bien ici la puissance du vécu, du ressenti. L'enfant *se sent* trahi, parce que laissé pour compte, quelque peu abandonné, et ce *sentiment* de trahison a des effets durables, potentiellement ravageurs, aussi bien pour son évolution que pour la qualité du lien fraternel. S'il n'arrive pas à se sentir rassuré, petit à petit il finira par se convaincre qu'il *y a bel et bien trahison*, que ses parents l'ont négligé, ont préféré l'autre, ne l'ont pas aimé, qu'ils ne le comprennent pas. Inévitablement, l'enfant ressent l'écart qui l'éloigne et le différencie de son père et de sa mère, pour qui la naissance du cadet est un heureux événement alors que, pour lui, cela s'annonce comme une catastrophe. Le sentiment de trahison se nourrit de cette différence de vécus, de ce hiatus entre deux expériences opposées. On retrouve la dichotomie de vécus par rapport à un même acte qui constitue, comme nous l'avons vu précédemment, l'un des éléments inhérents au processus de trahison. Cette tempête intérieure qui déstabilise l'aîné peut se manifester de manière plus ou moins bruyante, violente. Le problème, c'est l'engrenage dans lequel l'enfant risque de se placer. Un processus psychique peut se mettre en place, qui se retourne contre l'enfant et l'amène à se trahir lui-même. Certains peuvent se rendre insupportables, ce qui est une manière – au moins pour eux – de retrouver une place, d'exister aux yeux des parents. Mieux vaut mal que pas du tout. S'ils sont à la crèche, ils peuvent se venger de ce mauvais tour que les parents leur ont joué en agressant ou en mordant les autres enfants. D'autres se sentent tellement coupables de leurs mauvais sentiments, de ne pas aimer leur frère ou leur sœur, de lui vouloir du mal, qu'ils peuvent chercher à se faire punir parce que, inconsciemment, ils estiment le mériter. Certains échecs scolaires sont des conséquences de ce malaise douloureux : un manque de concentration tenace entrave leurs apprentissages. Et pour cause ! Une partie de l'esprit du petit élève est encore à la maison, elle reste « collée » au souvenir de sa mère, cette ingrate qui serre si fort l'intrus contre elle, comme si elle ne voulait pas se séparer de lui. Cela l'obsède tellement qu'il n'écoute pas le maître ou la maîtresse. Se sentant trahi, il se trahit en se mettant dans des positions difficiles pour lui, et qui ne font souvent que renforcer son malaise. Il importe donc de repérer cet enchaînement et d'y remédier en rassurant l'enfant. Bien sûr, les parents ont un rôle important à jouer, mais tout ne dépend pas d'eux.

Leur cher enfant peut s'en sortir et trouver un équilibre si on l'aide à développer une vie amicale, à s'impliquer dans des activités extrascolaires, toutes choses qui lui permettent de construire une belle image de lui. Plus l'enfant trouvera sa place à l'extérieur de sa famille, plus ce sentiment de trahison s'atténuera, et le lien fraternel pourra se vivre sur son versant positif.

Le vécu du cadet n'est pas en reste. Il va devoir se construire sur des expériences de « manques ». Avoir toujours devant soi cette statue quasi indéboulonnable du grand, qui décidément sait faire tellement plus de choses, qui est en avance, qui a connu l'amour exclusif des parents et ne se gêne pas pour le claironner haut et fort, ce n'est pas facile du tout. Au second, il manquera toujours ces quelques années de moins. Il risque de se construire sur une faille narcissique face à un aîné montré en exemple. Il y a de quoi se sentir nul. Il aura beau faire, être bientôt le meilleur sur bien des plans, il restera toujours « le petit ». Grandir à l'ombre de l'aîné peut l'amener à se trahir lui-même. Pour se faire accepter par le grand fortement admiré et pas toujours admirable, il risque de se soumettre à ses demandes, de se laisser instrumentaliser pour être adoubé par lui. Lorsque, après les brimades, les humiliations, sonnera l'heure de la révolte, elle pourra être sanglante ! En attendant, pour exister, il faudra qu'il gagne du terrain. Il devra faire sa place auprès d'un frère ou d'une sœur qui lui fait si bien sentir qu'il est de trop, qu'il est même indésirable. L'enjeu, pour le cadet, c'est de dépasser la culpabilité d'exister. Il s'agit de ne pas trahir son droit à l'existence et à la dignité.

L'équation du lien fraternel impose un problème existentiel différent pour l'aîné et pour le cadet. Le premier doit faire une place à l'autre. Le cadet doit imposer la sienne, parvenir à faire le poids face à l'aîné, sinon il sera victime de son propre échec. L'un doit accepter d'avoir moins, de partager ce qui lui fut donné, doit briser la totalité de son monde. L'autre doit apprendre à être, à exister, à prendre de la consistance, en un mot, à s'imposer. L'un doit posséder moins, l'autre doit acquérir plus, il y va de leur vie. L'un doit céder son exclusivité, l'autre doit conquérir. Le partage quelquefois se gagne contre l'autre, malgré l'autre.

L'aventure fraternelle participe aussi à la construction de l'identité. Comme les amis, les frères et sœurs influencent très activement et puissamment la structuration identitaire dès l'enfance, et cela se rejoue de manière intense à l'adolescence. La sœur, le frère, c'est celle ou celui avec lequel on grandit ; inévitablement, on se ressemble. C'est un miroir pour nous ; il nous renvoie à la fois à nos failles et à nos fragilités, il a des qualités que nous n'avons pas et que nous ne pourrons peut-être jamais avoir. Il a des défauts qui nous agacent, mais qui sont les mêmes que les nôtres. Il est à la fois le reflet et l'écho de ce que nous ne supportons pas en nous, et de ce que nous ne parvenons pas à être. Quand nous l'attaquons, nous agressons en fait tout ce que nous n'aimons pas en nous. Pactiser avec son frère, avec sa sœur, c'est ni plus ni moins pactiser avec soi-même. Se réconcilier avec lui, c'est se réconcilier avec soi-même. Accepter son frère ou sa sœur aide à ne pas se renier soi-même. Et quand l'aventure évolue bien, quel bonheur de s'entendre avec ses frères et sœurs !

De traîtres à trait d'union. Les parents, ambassadeurs de fraternité

Le fraternel pose vraiment question. Les mythes fondateurs de diverses civilisations se font l'écho de crimes horribles et de trahisons allant jusqu'au fratricide. Comment passer de cette rivalité initiale à la complicité attendue et espérée par la plupart d'entre nous ? Cela ne va pas de soi. Il faudra que ces « traîtres » de parents se révèlent fins pédagogues et deviennent les artisans d'un lien de qualité entre leurs enfants, véritables ambassadeurs de cette fraternité à laquelle nous aspirons profondément. Cela tombe bien, car ils y mettent en général beaucoup de bonne volonté. Les pères et les mères en effet y consacrent une grande part de leur énergie, leur rêve le plus cher étant de voir que leurs enfants s'entendent et sont solidaires, soudés « comme les doigts de la main ». Comment instituer des traits d'union dans une fratrie ?

Tout est à construire. Ici, ce n'est pas le don qui fonde le lien. Tant s'en faut, on est plutôt dans l'anti-don. Dans une fratrie, surtout à son commencement, nul n'est dans le don. On serait davantage dans le « Je garde pour moi, je prends à l'autre », dans le « Tout pour moi, rien pour l'autre ». Spontanément on ne tend pas la main, on ne l'ouvre pas vers l'autre, on ferme le poing, on ramène à soi. Au mieux, on se prête, ce qui reste temporaire et qui permet de faire valoir son « titre de propriétaire » sur la chose prêtée.

Le frère, la sœur c'est d'abord l'autre enfant des parents. « C'est ta fille ! C'est ton fils ! », lancent souvent les petits à leurs père et mère, refusant de se considérer concerné par cet intrus. Les liens qui attachent une fratrie ne sont pas des liens de filiation, mais des liens d'appartenance qui peuvent se faire et se défaire au gré des alliances. Et les liens de sang, dans quelle mesure comptent-ils ? Il est tout à fait illusoire de croire qu'ils suffisent à créer une alliance à toute épreuve. Que l'on soit né d'une même mère, d'un même père, ne garantit en rien la qualité du lien fraternel. On peut voir des fratries de même lignée s'entredéchirer, et des demi-frères et demi-sœurs s'adorer. Nous ne sommes plus dans des cultures où les liens du sang priment et organisent les conduites, par exemple autour de l'honneur de la famille vécue comme clan. Que le lien ne s'institue pas autour d'un système de dons a une conséquence importante : puisqu'il n'y a pas de dons, il n'y a pas de dettes, ni de loyautés s'imposant d'office. La loyauté à l'intérieur d'une fratrie reste tout entière à construire. Au démarrage, je ne dois rien à mon frère, à ma sœur, je ne lui dois ni la vie, ni la transmission d'un savoir-faire, et il ne me doit rien non plus. Le simple fait de grandir au cœur d'une même histoire familiale ne crée pas d'office une loyauté réciproque dans la fratrie.

En conséquence, les parents ont un défi essentiel à relever : apprendre à leurs enfants à partager. En effet, le partage est l'acte fondateur de la fraternité. Instituer une fraternité, c'est-à-dire une communauté unie, soudée, s'épaulant, se soutenant, c'est tout un cheminement, qui suppose que chacun parvienne à dépasser les premiers mouvements de rejet, d'agressivité, voire de haine. Le lien s'organise alors autour de la capacité des enfants à accepter les pertes et les manques. Quand ils y parviennent, ils peuvent alors accéder aux « atouts » du lien fraternel. L'art du fraternel consiste à transformer les « moins » de cette situation en « plus », dans une équation qui est de l'ordre du « accepter de perdre pour gagner ».

Nous pourrions définir le cycle structurant du fraternel en trois temps : *accepter la perte*, *partager*, *s'entendre*. La relation s'ordonne, ou non, autour d'un exercice imposé : partager ce qui est donné. Afin de pouvoir exister, la fratrie semble condamnée à partager pour s'entendre ou à s'entretuer. Toute la question sera de savoir comment ce qui est donné est reçu !

Partager, c'est diviser par exemple un gâteau en deux, c'est accepter que quelque chose soit soustrait à notre part. C'est accepter d'avoir moins pour que l'autre ait quelque chose. C'est accepter que le frère ou la sœur vienne briser la jouissance égoïste de son être. C'est ne plus être le centre. Faire une place à l'autre, c'est inévitablement perdre un peu la sienne, c'est abandonner une part de ses prérogatives. La présence d'un frère, d'une sœur, apporte une limite à ce que je possède. C'est une des premières expériences de dépossession. Ne pas renoncer, c'est rester dans une logique binaire : lui ou moi. Logique du déchirement, de l'exclusion. Accepter cette expérience de décentrement peut, au contraire, mener de l'égocentrisme à la générosité. Partager, c'est compter avec l'autre, c'est prendre en compte la réalité de l'autre. À ce moment-là, le lien fraternel peut s'organiser autour du « l'un pour l'autre », « l'un avec l'autre », « l'un aux côtés de l'autre ».

Mais que le chemin est épineux ! Partager, c'est délimiter, c'est attribuer à chacun son territoire. Seule une instance extérieure à la fratrie peut poser équitablement cette limite. Au point de départ, le partage ne peut être qu'un départage institué par les parents. Sans l'arbitrage d'un tiers, c'est le drame assuré. Mais le tiers est-il toujours impartial ? Est-ce si facile d'instituer le partage ? Les parents ne sont-ils pas souvent victimes d'eux-mêmes et d'un certain aveuglement qui les fait entretenir, malgré eux, à leur insu, les processus de rivalité, de concurrence ? Donnent-ils de la même manière à chacun de leurs enfants ? Ils trahissent en croyant bien faire. Peut-être sont-ils eux-mêmes trahis par des affinités particulières qui les conduisent à donner leur préférence à l'un plutôt qu'à l'autre.

Lors de la création de Rome, pourquoi les dieux envoient-ils en guise d'augure six vautours à Remus et douze à Romulus ? Cette différence de traitement laisse croire à Romulus que tout lui est permis, parce qu'il est choisi par les divinités. Il se sent autorisé à éliminer purement et simplement celui qu'il considère comme dévalorisé par les instances suprêmes. S'il a moins de valeur que moi, pourquoi m'embarrasser de sa présence ? Selon la théorie de l'effet papillon, le monde occidental aurait-il eu une autre évolution si les jumeaux avaient reçu le même nombre d'augures ?

Dans l'Ancien Testament, c'est l'inverse qui se passe ; le « chouchou » est éliminé. Si j'évoque Abel et Caïn[1], c'est parce qu'il ne fait aucun doute que ce mythe garde toute son actualité. Quand je reçois des enfants en souffrance dans leur fratrie, ils rejouent métaphoriquement et symboliquement ce drame : le fantasme fratricide est bien là. Là aussi, Dieu trahit ou, pour le moins, se montre maladroit, partial. Les deux frères, chacun

1. Genèse 4, 1-15.

de son côté, décident de faire une offrande à Dieu. L'existence d'un frère augmente encore le besoin de reconnaissance. Abel et Caïn ont-ils eu besoin de vérifier auprès de Dieu, figure symbolique du père, lequel des deux était le plus fort, le plus gentil, le plus aimé ? Quoi qu'il en soit, ce geste va engendrer le premier crime de l'humanité. Car Dieu refuse l'offrande de Caïn et accepte celle d'Abel. Allez comprendre pourquoi ! Son geste est-il totalement arbitraire ? En tout cas, Caïn est terriblement meurtri, anéanti par ce geste qu'il considère comme injuste. Il est submergé par une souffrance, une blessure à la limite du supportable. Il est intéressant de remarquer que, dans la Bible, la première expression de chagrin, de tristesse apparaît ici. Quand Adam et Ève ont été chassés de l'Éden, il n'y a pas d'évocation de souffrance. Le désarroi advient avec le sentiment d'injustice qui, à lui seul, concentre les risques de trahisons les plus incontrôlables. Après ce qu'il a dû ressentir comme un abandon de Dieu, Caïn se dirige vers Abel et s'adresse à lui. Mais, de manière déconcertante, il semble qu'aucun mot ne soit prononcé. « Caïn parla à son frère Abel ; mais il advint, comme ils étaient aux champs, que Caïn se jeta sur Abel, son frère, et le tua[1]. »

Il parle mais ne dit rien. Toute l'ambiguïté de la communication, toute sa difficulté, est contenue dans cet étrange passage. N'obtenant aucune réponse d'Abel, Caïn se jette alors sur lui. La violence répond à l'impossible dialogue. Nous sommes dans la logique dramatique des règlements de comptes : Caïn se fait justice lui-même. Il se venge sur son frère de l'injustice infligée

1. Genèse, 4, 8, traduction rabbinique.

par Dieu. Abel était-il pour quelque chose dans le choix divin ? En une fraction de seconde, dans une redoutable ellipse temporelle, le frère n'est plus là, il disparaît dans un silence fracassant. Silence, on tue, on tue un frère. La première expérience mythique du fraternel se termine dans un bain de sang, et sans qu'une seule parole entre les deux hommes ait pu être échangée. Le meurtre fait suite à une impossible rencontre. Abel est un frère muet, qui ne répond pas. Sans doute ne sait-il pas encore parler. Caïn est un frère sourd, qui n'a peut-être pas laissé à son cadet le temps de répondre. Aucun des deux n'a perçu ce que portait le silence de l'autre.

Entre un frère qui ne sait pas encore dire, et un frère qui ne sait pas encore entendre, le fraternel n'a pas d'assise. La justice est un droit à la parole. Partager suppose le dialogue entre deux êtres qui se reconnaissent mutuellement dans leur souveraineté. Partager, c'est dire, écouter, s'intéresser, c'est aller à la rencontre du monde de l'autre, c'est élargir son propre univers. Mais qui a appris à parler à Caïn et à Abel ? Ce qui frappe, c'est encore une fois le silence des parents, muets eux aussi. Ces deux premiers frères sont dans un face-à-face terrifiant. Ils sont bien seuls, sans aucun tiers, soumis à leurs pulsions primaires, sans accès à la symbolisation, à la médiation du langage.

Après le fratricide, Dieu finit par sortir enfin de sa torpeur. On aurait presque envie de lui crier : « Trop tard ! » Il interroge alors Caïn : « Où est Abel, ton frère ? » Caïn se défend : « Je ne sais pas. » Et il lance le fameux : « Suis-je le gardien de mon frère ? » À ce moment du récit, Caïn nie tout en bloc, en prise à une indifférence terrible. Son frère, ce n'est pas son problème, qu'il soit mort ou vif lui est égal. Il le tue et il ne se rend même pas compte de la gravité de son acte. Cette insensibilité, le fait de n'être pas concerné par le sort d'Abel, c'est peut-être cela le crime le plus odieux, qui signe le point zéro de la relation, l'absence totale de lien. Dieu insiste : « Qu'as-tu fait ? Le cri du sang de ton frère s'élève jusqu'à moi de la terre. » En substance, il veut dire quelque chose comme : « Maintenant cela suffit, entend au moins pour la première fois la voix de ton frère mort. Tu ne peux pas continuer à nier ton acte, ce n'est pas la même chose d'être sous terre, mort, et sur terre, vivant. Laisse-toi toucher par le cri silencieux de ton frère – prends la mesure de ton acte. » Ensuite viennent la malédiction et la punition. « Tu es maudit [...] Tu seras errant et fugitif par le monde », dit Dieu à Caïn. C'est à ce moment-là que Caïn prend conscience de l'immensité de sa faute. Il s'écrie : « Mon crime est trop grand pour qu'on me supporte [...] Le premier qui me trouvera me tuera. » La sanction va permettre d'accéder à la reconnaissance de la faute. Elle est en ce sens essentielle. La culpabilité trace les sillons de la conscience éthique et ouvre la possibilité de la socialité. La reconnaissance de la douleur faite à l'autre inscrit l'individu dans son humanité propre et dans la possibilité de l'altérité. Sans cette reconnaissance du mal que je fais à l'autre, sans cette reconnaissance du danger que je peux représenter pour l'autre, nulle fraternité n'est possible.

Quand Caïn mesure l'horreur de son geste, quand il en est affecté, l'avenir peut alors s'ouvrir devant lui. Dieu le marque d'un signe pour que personne ne le frappe. Caïn restera en vie, aura une généalogie féconde, mais il portera le sceau de son crime inscrit dans son corps, ineffaçable. Cependant, le crime reconnu peut être dépassé.

Caïn a découvert rétrospectivement, dans l'après-coup de la punition, l'immense responsabilité dans laquelle il était engagé vis-à-vis de son frère, c'est-à-dire de tous ses semblables. Nul ne lui avait signifié explicitement la loi du « Tu ne tueras pas », il l'a découverte à ses dépens. Le but de la sanction, ce n'est pas de répondre par la loi du talion, c'est de faire prendre conscience de l'engagement que l'on a envers un prochain. Aider l'enfant à en mesurer l'importance, c'est le respecter dans sa dignité d'être humain. « Par sa résistance, l'Autre m'ouvre à l'humain qui est en moi », expliquait Emmanuel Levinas[1]. Quand, en tant que parent, je résiste aux pulsions de l'enfant, quand j'oppose une résistance à ses désirs destructeurs, je lui permets d'accéder à l'humain qui est en lui. Aider un enfant à reconnaître à l'autre le droit à l'existence, c'est protéger le frère ou la sœur, mais cela permet aussi d'ouvrir chacun à son avenir propre. La loi permet de sortir des processus primaires et d'éviter les passages à l'acte violents. Elle protège chaque enfant. La loi introduit du temps entre le besoin impérieux du « Tout, tout de suite » et la persévérance nécessaire à l'institution du respect, entre l'immédiateté du pulsionnel et la patience du sublimé[2].

L'arbitrage des parents est essentiel pour que les comptes ne tournent pas au tragique. Il permet de réguler les tensions inhérentes au lien. En tant que parent d'une fratrie, on détient à la fois le pouvoir législatif et le pouvoir exécutif. Il faut énoncer et rappeler sans cesse la loi du « Tu ne tueras pas ». Cela s'entend

1. Emmanuel Levinas, *Totalité et Infini*, Paris, Le Livre de Poche, 1990.

2. La sublimation est un processus psychique qui permet de transformer son agressivité en activités valorisées (culturelles ou autres).

comme risque physique et psychique ; des insultes répétées peuvent détruire un enfant, qui, à force d'entendre « Tu es nul ! », « Tu es moche », perd confiance en lui et se construit une bien piètre image de lui-même. En tant que parents, il ne suffit pas d'édicter mollement un « Laisse un peu tranquille ton frère tranquille ; chacun dans sa chambre », il faut intervenir dès qu'un enfant est trop soumis au pouvoir de l'autre. Cette loi, dite et nécessairement redite, structure ce que je me permets d'appeler le « surmoi fraternel », en transposant dans cette relation spécifique la notion freudienne de « surmoi[1] ». Il faudra que ce surmoi fraternel soit suffisamment ancré pour qu'il résiste et persiste même en l'absence des parents et lorsqu'ils auront disparu.

Mais à quelle responsabilité renvoie le lien fraternel ? Ce n'est pas *de* son frère qu'il faut répondre, mais *à* lui. Être responsable de son frère, ce n'est pas le protéger, le surveiller, le contrôler, mais c'est lui permettre d'advenir à son humanité, au respect de lui-même. La fraternité, c'est quand la dignité de l'autre me concerne, quand je me sens impliqué dans le devenir de l'autre, quand je me sens concerné par l'existence de ce frère, de cette sœur.

Suis-je le gardien de mon frère ? Non, il ne s'agit pas de « garder » son frère, ce qui laisserait supposer qu'il y a une hiérarchie. Il s'agit d'apprendre à se regarder mutuellement. Regarder l'autre comme sujet digne. Regarder le visage du frère, de la sœur, c'est reconnaître sa valeur, son éminence. On commence alors à comprendre que les parents puissent s'intéresser à lui, à elle, sans que cela nous prive de l'essentiel : leur amour, leur

1. L'une des instances psychiques intériorisant l'autorité parentale et les interdits.

attention. On découvre le frère ou la sœur comme une personne finalement intéressante, dont on peut être fier, sans que cela nous fasse ombrage. On mesure à quel point l'apprentissage du lien fraternel est une propédeutique au respect d'autrui qui servira de base pour toutes les autres relations.

« C'est pas juste ! » ou en finir avec l'illusion de l'égalité

Pourquoi l'intervention des parents est-elle indispensable à la construction du lien fraternel ? Dans cette relation horizontale, qui se situe au sein d'individus appartenant à une même génération, la loi édictée par un adulte va introduire une verticalité, une transcendance. Elle énonce une règle à laquelle chacun doit se référer. Elle objective, explicite et définit les limites de chacun. Une même loi pour tous fonde l'équité. La référence à la loi permet de dépasser le geste du « se rendre justice soi-même ». Elle permet d'intégrer l'idée que le frère ou la sœur n'a pas de pouvoir sur l'autre et ne peut donc prétendre avoir un ascendant sur quiconque ; nul n'a le droit de vie et de mort sur autrui. La justice ne peut s'accomplir sans la présence active d'un tiers qui rend possible la relation de « l'un pour l'autre ». Être frère se construit autour du partage de l'autorité parentale, qui détermine les règles du vivre avec l'autre. Le fraternel se met en place au fur et à mesure que les enfants découvrent qu'ils peuvent aussi partager des intérêts communs.

Que l'institution de la justice soit centrale dans la construction de la fraternité, nous en sommes tous d'accord, mais comme sa mise en place concrète est difficile ! Là aussi, des idées reçues sont à dépasser, il faut en finir avec l'illusion de l'égalité. Dans la mesure où chaque enfant est différent, il ne suffit pas d'être égalitaire pour être juste. L'égalité initiale peut engendrer des inégalités qui risquent de faire l'objet de disputes, de revendications, en un mot de règlements de comptes. De toutes les manières, cette égalité rigoureuse ne suffit pas à donner aux enfants le sentiment de justice. Donnez deux parts de gâteaux identiques à deux enfants, ou offrez-leur deux jouets identiques : la part de l'autre apparaît souvent plus belle, meilleure ; c'est celle que l'on convoite. Le geste qui donne aura beau être le plus impartial possible, aucun des deux enfants ne le percevra de la même manière. L'un estimera que vous ne l'avez pas regardé en le servant, alors que vous avez souri à son frère. Tel autre estimera qu'offrir le même jouet, c'est se moquer de lui parce qu'il n'a pas le même âge ni les mêmes centres d'intérêt que son cadet. On pense bien faire, mais cela ne correspond pas à ce qu'attendaient les enfants. Si l'un des enfants a plus d'appétit qu'un autre, est ce juste de lui donner une part égale ? Faut-il calculer le partage sur des critères subjectifs comme l'appétit, ou des critères mathématiques comme l'égalité ?

La parabole du fils prodigue[1] montre à quel point il est difficile de mettre en place une justice qui soit considérée comme telle par les deux frères. Un père donne de son vivant une part égale de son patrimoine à chacun de ses deux fils. L'aîné va faire fructifier ce bien et rester près du père, l'autre va le dilapider à travers le monde et revenir ruiné, réclamant la pitié du père. Face à cette situation déséquilibrée entre ses deux fils,

1. Luc 15, 11-32.

touché par la vulnérabilité de son « pauvre garçon », le père de la parabole pense bien faire en mettant en place une justice réparatrice. Il veut compenser les pertes du plus fragile. De nouveau, il sera dans le don envers celui qui a tout perdu. Ce qui pourrait être tout à fait honorable s'il n'avait qu'un fils unique. Mais voilà que l'aîné, le fils fidèle, le « bon fils », est révolté. Que le père pardonne les errances de son frère, ce n'est pas facile à accepter, mais qu'en plus il le nourrisse des fruits de son travail à lui, l'aîné, c'en est trop ! Il se sent blessé, bafoué, disqualifié, trahi… Non seulement le père ne reconnaît pas son dévouement, combien il a été présent auprès de lui, combien sa loyauté a été grande alors que le fils prodigue l'a abandonné et, pire encore, déshonoré, mais voilà qu'il honore ce traître de frère, cet incapable, alors que lui n'a pas eu le droit aux mêmes honneurs, aux mêmes festivités : c'est insoutenable. À l'impunité s'ajoute le spectacle de la jouissance du fils perdu et retrouvé qui se goinfre, et celui de la joie des retrouvailles. Son sang ne fait qu'un tour. Trop, c'est trop. À la justice réparatrice du père, l'aîné aimerait opposer une justice distributive : à chacun selon ses fautes, à chacun selon ses mérites. Mais le père ne peut se résigner à enfoncer davantage celui qui a déjà beaucoup souffert. Donner plus à celui qui a le plus besoin, c'est ce qui se passe souvent dans les familles où l'un des enfants est handicapé. L'enfant bien portant peut aller jusqu'à se sentir coupable de sa bonne santé, il peut en vouloir à l'autre d'accaparer tous les soins.

Nous sommes bien face au terrible défi de la justice en famille. Si tout le monde la réclame, elle n'a pas le même sens, le même contenu, pour chacun des membres du groupe : ce qui peut paraître juste à l'un sera vécu comme injuste par l'autre. Nous n'avons pas toujours les mêmes critères pour l'apprécier et l'appliquer. Ici aussi, nous retrouvons les dichotomies de perceptions qui nourrissent le processus de trahison. Alors, comment être juste ?

Même si l'exercice se présente comme une véritable quadrature du cercle, il y va de la responsabilité des parents de s'y soumettre, car on ne peut pas l'esquiver. Nous pourrions considérer que la justice en famille est davantage de l'ordre de la justesse (juste place de chacun et juste perception des besoins de chacun), de manière à trouver un point d'équilibre entre les intérêts divergents, voire antagonistes de nos enfants. Pas simple, évidemment, car il n'y a pas de justice sans une part d'inégalité. Précisons : la justice en famille, c'est un processus d'égalisation de l'inégal ; c'est du moins une tentative de rendre plus équitable ce qui ne peut pas être tout à fait égal. Comment est-ce possible ? En trouvant un équilibre entre ce qui est bien pour soi et ce qui est bien pour autrui. La justice apparaît comme ce qui est mutuellement avantageux et non pas comme ce qui est avantageux au plus fort ou au plus faible. C'est un équilibre périlleux, qui institue quelque chose de l'ordre de la réciprocité, c'est-à-dire accorder à l'autre l'importance que l'on aimerait qu'il nous accorde. La fameuse formule « Ne fais pas aux autres ce que tu ne voudrais pas que l'on te fasse » est pleine de bon sens et de profondeur. La réciprocité à laquelle elle invite nous introduit dans une dimension de l'universalité. Elle n'est qu'une application de l'impératif catégorique d'Emmanuel Kant : « Agis uniquement d'après la maxime qui fait que tu puisses vouloir en même temps qu'elle devienne universelle[1]. » Ce que l'on pourrait reformuler ainsi : « Si l'action que tu envisages de faire peut être appliquée par tout le monde, elle est moralement bonne et permise. » En transmettant, tout naturellement, ce principe à leurs enfants, les parents sont philosophes sans le savoir. En le sachant, ils pourront l'être encore davantage. Il s'agit avant tout d'aider l'enfant à sortir de l'indifférence vis-à-vis d'autrui. Ainsi instituée, la justice est un facteur générant une confiance mutuelle. Ce qui peut se partager alors, c'est le bonheur d'être ensemble. Car le bonheur, s'il n'existe que pour soi, est-ce vraiment du bonheur ? Le bien-être individuel et le bien-être collectif sont indissociables en famille.

C'est dire que la justice est un long processus. Un acte juste mais isolé ne suffit pas à instituer un sentiment de justice, bien qu'il y participe activement. Reconnaissons-le : nous ne pouvons pas être toujours juste, nous ne savons pas toujours comment l'être, les erreurs sont inévitables. Ce qui est indispensable, c'est de montrer à nos enfants que nous avons, pour le moins, le souci de la justice, que cette préoccupation est essentielle pour nous. Cela les rassurera malgré nos maladresses, et permettra surtout de fonder leur conscience morale. Gageons que cela leur sera utile au moment des héritages !

Peut-être les parents doivent-ils se sentir plus à l'aise avec la question des différences et s'attacher davantage à la notion de singularité. Chaque enfant est unique et se distingue des autres, chacun naît à un moment particulier de notre existence, aucun ne représente tout à

1. Emmanuel Kant, *Métaphysique des mœurs*, trad. Alain Regnaut, Paris, Flammarion, 1999.

fait la même chose pour son père et pour sa mère ; on n'a pas tout à fait le même type de relation avec chacun de nos enfants. Bien sûr, « différence » ne signifie ni « préférence » ni « comparaison » ! Accepter les différences inéluctables qui existent entre les enfants d'une fratrie permet aux frères et aux sœurs de mieux apprécier leur complémentarité possible. Ces différences sont un « plus » indéniable, une ressource importante pour chacun. Les vivre et les percevoir comme tel facilite les processus d'égalisation. Si les frères et sœurs parviennent à reconnaître la valeur de l'autre, à s'apprécier mutuellement, c'est-à-dire dans leur singularité, alors une grande part du chemin est faite pour que chacun puisse savourer les différences de l'autre et prendre plaisir à leur complémentarité. Ce qui peut apparaître comme des différences de traitement entre les enfants aura des chances d'être ainsi mieux compris. « Mes parents sont plus présents à ma petite sœur, c'est normal parce qu'elle est dans une situation plus difficile que moi. »

On le voit bien, la justice ne peut s'instituer que dans une certaine rigueur qui, en même temps, devient joie et plaisir. Finalement, comme le suggérait Jean-Jacques Rousseau, la justice est un contrat que tout le monde a « intérêt » à respecter. Une des lignes directrices pourrait être formulée de la manière suivante : une famille juste est celle où, malgré les disparités des besoins, du sort, des mérites, des avantages ou handicaps de chacun, la souffrance et les besoins de chacun comptent autant que ceux des autres. Elle suppose que les limitations imposées par le fraternel soient supportées par tous, pour l'apaisement de tous. Elle ne s'institue que dans une certaine mobilité et souplesse entre les différentes formes de justice.

Pour être dans la justesse, l'impartialité des parents est requise, elle en est un garant essentiel. Dans ce sens, méfions-nous des pièges que nous tend l'inconscient et qui nous rendent partiaux bien malgré nous. Force est de constater que les parents sont souvent trahis et rattrapés par leur histoire ; les beaux principes deviennent quelquefois difficiles à mettre en place, malgré leur bonne volonté. Un des signes qui doit nous interpeller, c'est lorsque la relation entre les frères et les sœurs se situe presque exclusivement sur le registre de l'agressivité, quand il y a peu de moments de calme et de partage. Il est tout à fait normal qu'alternent des temps de tensions, de rivalité, et des temps de jeux, de complicité : c'est ainsi que le lien se tisse, se construit. Tant que ces temps s'équilibrent, tout va bien. Sur quelles pistes doivent nous orienter la prévalence de la violence et une jalousie quasi permanente et maladive ? Sans aucun doute, tout ce qui se joue dans la fratrie de nos enfants réactive ce que nous avons vécu dans notre propre fratrie. Selon la place que l'on a eue (aîné, cadet, petit dernier), selon la manière dont on a su prendre ou non sa place, selon l'ampleur et la charge de notre « calculette inconsciente », on peut, à son insu, influencer la relation fraternelle de nos enfants. Soit par projection : « Ma fille, mon fils souffre comme moi avec mon frère, ma sœur », ce qui ne fera qu'amplifier les choses. Soit par volonté de réparation : « Je n'ai jamais eu le dessus sur mon frère, alors je ne veux pas que ma fille se laisse faire. » On risque d'accepter de l'un beaucoup de choses, et il peut avoir tendance à se sentir implicitement « autorisé » à prendre du pouvoir sur l'autre. Il arrive aussi que les disputes des enfants soient la scène sur laquelle se rejouent nos conflits de couple. Une ligne de démarcation risque alors d'apparaître entre « l'enfant de papa » et « l'enfant de maman ». Par loyauté envers son parent allié, tel fils ou telle fille ne pourra pas s'entendre avec son frère ou sa sœur, allié de l'autre parent.

Une fratrie est en effet traversée par deux formes de loyautés : celles, verticales, qui impliquent l'enfant et ses parents ; et celles, horizontales, qui se tissent entre les enfants eux-mêmes. C'est ce qu'ils mettent en œuvre spontanément quand on les voit « se liguer contre les parents », se mettre d'accord pour leur casser les pieds. Pour renforcer le lien fraternel et préserver une bonne entente, il est indispensable que les parents ne fassent pas obstacle aux loyautés horizontales. Le lien est menacé quand un enfant se sent davantage « allié » à un parent qu'aux membres de sa fratrie. Il est d'ailleurs intéressant de constater que même si une fratrie ne s'est pas constituée à partir de dons réciproques, le partage, ne serait-ce que celui des expériences communes liées aux épisodes de la vie de famille, a permis justement de mettre en place ces loyautés horizontales. Elles ne sont pas toujours faciles à percevoir, parce que nous sommes peu familiers avec cette dimension du lien fraternel, mais elles n'en demeurent pas moins très puissantes. Par ailleurs, elles sont souvent ambiguës et inconscientes, comme en témoigne Éric : « J'ai compris, grâce au travail que j'ai fait avec ma psy, que ce n'était pas un hasard si j'étais toujours en échec amoureux. Par rapport à mes frères et sœurs, qui n'ont pas pu sortir du milieu familial alors que j'ai eu la chance de réussir à l'école, de faire des rencontres qui m'ont donné confiance en moi, le fait d'échouer avec mes amoureuses, c'était à cause de certaines loyautés vis-à-vis d'eux. Longtemps, je ne me suis pas donné le droit d'être vraiment heureux quand je les voyais patauger dans leurs problèmes... Mais m'empêcher de réussir mon couple ne va pas les sauver. » Dans le lien fraternel, chaque enfant aura à trouver un équilibre entre ses loyautés verticales et horizontales et les déloyautés nécessaires. La question « Qui ou que dois-je trahir pour ne pas me trahir ? » se pose ici sur plusieurs niveaux. Et c'est bien cette articulation entre loyautés horizontales et verticales qui va se jouer à la fin de vie des parents et orienter l'issue de l'épreuve.

Quand tout se rejoue à l'héritage

Avec l'allongement de l'espérance de vie, le risque de dépendance des personnes âgées augmente. Avant même leur décès, la période de fin de vie des parents constitue une mise à l'épreuve tangible pour les relations fraternelles. La question « Que dois-je à mes parents ? » revient en boomerang, d'autant plus qu'on l'aura évitée jusque-là. Ne pas avoir pris le temps de l'élaborer à mesure que les années ont passé risque de nous faire adopter des positions radicales. « Je me suis fait tout seul, mes parents ne m'ont jamais aidé pour quoi que ce soit, alors qu'ils ont gâté, pourri ma petite sœur, j'estime que je n'ai pas à m'occuper d'eux, c'est à elle de le faire. » Ces positions peuvent ne pas être comprises par les autres membres de la fratrie qui font valoir davantage les loyautés horizontales. « J'ai toujours été présente pour mes frères, et maintenant ils me laissent tout sur les bras, je dois tout gérer. S'ils en veulent aux parents, je n'ai pas à subir leur colère, ils pourraient m'aider et me soulager. »

La fragilité et la vulnérabilité des parents constituent pour certains enfants une occasion de prendre une place qu'ils n'avaient pas eue, et d'accéder à une reconnaissance toujours et encore attendue. Dans ce cas, ils vont se mettre en quatre pour espérer rattraper le manque, mais c'est souvent peine perdue : la reconnaissance ne vient pas, et cette attente encore déçue engendre de la rancœur. Catherine en souffre, comme de nombreux aidants : « Je vais voir ma mère tous les jours, au détriment de mes petits-enfants que je garde moins souvent. Mais quand je suis avec elle, de qui me parle-t-elle ? Il n'y en a que pour mon frère qui habite à cinq cents kilomètres et qui ne daigne l'appeler qu'une fois de temps en temps. » Cette période où l'on devient parent de ses parents non seulement interroge les loyautés, mais fait apparaître des oppositions sur les questions d'argent. Quelquefois, ces questions n'attendent pas la mort des parents pour apparaître de manière sordide. Cécile n'entend pas gérer les biens maternels de la même manière que son frère : « Je ne le comprends pas, il pousse ma mère à faire des dépenses. Il dit qu'elle n'a qu'à profiter maintenant qu'elle est seule, qu'elle n'a pas besoin de se priver pour nous. Moi, je ne voudrais pas qu'elle dépense tout, c'est comme si elle dilapidait notre héritage. Notre père avait mis de l'argent de côté en disant que c'était pour ses enfants. À ce train, il ne restera plus rien dans les carnets. » Cela n'augure rien de bon pour l'héritage.

Le moment le plus dangereux pour la fratrie, c'est bien celui des héritages. La cohésion familiale est sérieusement en péril. Quelle que soit la valeur économique des biens légués, des fratries peuvent se déchirer à propos de fortunes ou d'un vase sans valeur. Derrière les histoires de sous, bien des enjeux symboliques sont à l'œuvre. Les liens de cœur insuffisamment consolidés risquent alors de faire exploser les liens de sang. Aucun objet légué n'est neutre, tous portent l'empreinte du défunt. En ces temps de deuil, tous les comptes resurgissent ; longtemps enfouie dans la mémoire dormante, la calculette inconsciente se remet fébrilement en marche. Bien des choses remontent à la surface : la jalousie, les rivalités, les haines, les sentiments d'injustice, de manque de reconnaissance, toutes les frustrations de l'enfance ressurgissent en ce moment de séparation ultime. D'autant qu'on entre dans le processus de succession, les émotions en bataille, aucun des frères et sœurs ne vivra son deuil de la même manière. La disparition des parents conduit chacun à des remaniements psychiques intenses, on réécrit l'histoire. Dans le meilleur des cas on finit par solder les comptes encore en suspens pour accéder à une paix posthume avec ses figures parentales.

Tout ce qui a été plus ou moins étouffé fait donc son retour. Les pulsions mal refoulées voient dans l'héritage une excellente occasion pour évincer l'autre ou réduire sa part à la portion congrue. L'héritage constitue une aubaine extraordinaire pour l'inconscient, il favorise le retour des processus primaires, qui avaient été plus ou moins bien contenus du vivant des parents. Tout se passe comme si l'absence de ces derniers faisait exploser le « surmoi fraternel » insuffisamment intégré. Il n'y a plus de contenant psychique aux débordements pulsionnels de la fratrie, rien ne fait obstacle à l'agressivité des uns et des autres. Le face-à-face fraternel peut alors avoir lieu dans toute sa cruauté. La loi du respect mutuel s'évapore sous la pression d'autres lois, celle du profit et celle de la revanche. Les masques tombent en même temps que le contrôle de soi disparaît. À cela s'ajoutent les insatisfactions d'adulte, les frustrations de la vie affective, les échecs amoureux, les difficultés dans sa fonction de parent qui peuvent renforcer la logique de règlements de comptes. L'inconscient prend alors le pas sur le rationnel. « Je ne connaissais pas mon frère sous ce jour sordide. » « Ma sœur révèle tous les mauvais côtés de son âme… » La haine peut se déployer ouvertement et l'héritage est alors le lieu où le fantasme fratricide retrouve une vigueur inégalée.

Les enfants ressentent l'héritage comme un ultime message des parents envoyé *post mortem* à chacun des enfants. On lui attribue une valeur symbolique parce qu'il représente le défunt. Les objets légués semblent désigner à chaque enfant, au-delà de la mort des parents, la place qu'il a dans la famille. En ce sens, ils peuvent être perçus par certains comme la confirmation explicite et définitive, radicale et insoutenable, que « décidément mes parents ne m'ont jamais compris, reconnu, aimé peut-être ». Selon l'interprétation que l'on en fait, l'héritage semble objectiver les préférences. Mais il ne s'agit que d'un conte que l'on se raconte : les défunts pensaient-ils à tout cela quand ils ont organisé la succession ? Ont-ils voulu donner le sens que leurs enfants lui donnent ? Plus on supposera qu'il y a un message « caché », plus on connotera symboliquement les biens, et plus on s'enferrera dans une logique de guerres de successions !

Le décès des parents place chaque enfant devant des choix de vie importants qui s'affirment, des valeurs qui s'opposent. L'héritage ne fait pas seulement resurgir le passé, il projette chaque enfant dans le futur où la place du fraternel peut devenir incertaine. Quand l'un veut garder un bien parce que le vendre serait une déchirure, et que l'autre a besoin de l'argent pour se lancer enfin dans un projet qui lui tient à cœur, que faire ? Il s'agit non seulement d'intérêt financier, mais aussi de conflits de valeurs. L'héritage se trouve être le signifiant[1] de la transmission, et il va prendre un sens spécifique pour chacun des membres de la fratrie. Pour certains, il sera avant tout facteur de continuité d'une lignée. Il s'agira de protéger le patrimoine constitué depuis des générations, ce qui est une manière de défendre l'immortalité quasi sacrée de la famille. Selon cette logique, il faudrait garder les biens en l'état et désigner celui qui en sera le garant. Pour d'autres, l'héritage doit avant tout maintenir la fratrie unie : l'indivision s'impose alors, dans une espèce de gestion commune des biens légués. Pour d'autres encore, l'héritage doit surtout aider les nouvelles générations, ce qui suppose de se défaire de certains biens pour mobiliser les actifs en liquidités. Ces représentations sont de véritables croyances, profondément ancrées, qu'il est difficile de faire évoluer. Elles sont toutes légitimes ; qui peut trancher ? Si la loi encadre efficacement le processus de succession sur le plan financier, elle ne peut tenir compte de tous les paramètres. Car, bien entendu, l'égalité des parts sur le plan financier ne suffit pas à donner le sentiment d'équité. Une part, même égale, peut être jugée « seulement égale » : on pensait bénéficier d'une position privilégiée et l'on obtient finalement « comme les autres ».

1. En linguistique, le signifiant est la représentation mentale de la forme d'un signe, le signifié renvoyant au concept. Autrement dit, le signifiant renvoie à la forme et le signifié au contenu.

Il n'y a pas que les questions financières qui fragilisent le lien. L'héritage, pour bienvenu qu'il puisse être, n'est pas un bien providentiel. Cela demande un véritable travail de réception, d'appropriation des biens, quelle que soit leur valeur. Il peut y avoir une certaine jouissance matérielle, mais toujours plus ou moins empreinte d'un sentiment de dette par rapport à ce don et de tristesse par rapport à la perte d'un parent.

La mort des parents interroge l'appartenance. Qu'ai-je en commun avec ma sœur ? La fratrie, c'est ce qui, après la mort des parents, me relie à mon histoire familiale, à mes origines. Si l'on a besoin de tourner la page du passé, si l'on veut mettre à distance une histoire familiale lourde et encombrante, on sera tenté de s'éloigner.

Brigitte, 65 ans : « J'ai trop de mauvais souvenirs, il y a eu trop de violences dans mon enfance, aucun de mes frères ne m'a protégée, j'ai besoin de tirer un trait sur mon passé pour me reconstruire. À la mort de mon père, je ne me sentirai plus obligée de quoi que ce soit. » Pour ne pas se trahir, il est question d'abolir les loyautés horizontales. Le décès des parents libère les enfants de certaines obligations familiales. En dehors de toute question financière, et sans qu'il y ait nécessairement de lien avec la transmission d'un bien, la question se pose à chacun de savoir quelle place accorder désormais au fraternel. « Je n'ai plus rien à voir avec mes frères et mes sœurs, on vit dans des planètes différentes. On se réunissait encore chez ma mère à certaines occasions, mais maintenant rien ne m'oblige à les voir », déclare Antoine, qui vivait déjà depuis longtemps éloigné géographiquement de sa famille.

D'une manière générale, le décès des parents appelle à un vaste remaniement des places dans une famille. Il laisse à jamais vacantes certaines fonctions, qui vont être âprement négociées, discutées parce qu'elles sont autant de légitimités en jeu. Qui sera le plus à même d'entretenir la maison de campagne ? Qui saura prendre en compte les intérêts de la famille désormais orpheline ? Qui prendra le relais de la mère pour réunir tout le monde ? Qui sera le « meilleur fils », la « meilleure fille » ? Cette bataille peut être considérée comme une opportunité pour gagner une place que l'on n'a jamais eue, ou au contraire conforter celle qui nous convenait si bien.

Les situations les plus explosives sont celles des fratries recomposées. Le scandale de l'héritage de Johny Hallyday, de celui de Claude Berri et de bien d'autres en témoignent. Ils ont permis de mettre en évidence combien les liens de sang revenaient sur le devant de la scène au moment de la mort d'un des parents. Dans le conflit autour des biens se joue la question cruciale : qui est le *vrai* fils, la *vraie* fille, et elle se pose avec encore plus de virulence et d'âpreté quand un des enfants est adultérin et appelé « illégitime ». Qui a le droit de porter le nom du père, qui est « légitime » pour hériter du patrimoine ? Ces tensions sont au cœur du conflit qui oppose les deux fils de Claude Berri. D'une manière générale, au début de la recomposition familiale, la présence d'enfants de différentes unions et l'arrivée d'un enfant dans le nouveau couple constituent bien souvent des éléments favorables pour cimenter les liens de la famille. Les adultes font généralement l'effort de considérer tous les enfants de la même manière. Ceux-ci, d'ailleurs, ont à cœur de dire qu'ils sont « frères et sœurs », réfutant les expressions

« demi-frère » et « demi-sœur ». L'entente est plutôt bonne pendant les premières années de vie commune. Mais quand la question des intérêts financiers entre en jeu, la primauté des liens de sang s'impose. Cela se fait sentir dès que se pose la question du financement des études, des aides à l'autonomie au moment du départ des enfants du foyer[1].

En France, en théorie, on ne peut pas déshériter un enfant, car il existe « la réserve héréditaire », c'est-à-dire la part de l'héritage qui doit aller aux héritiers dits réservataires. En général, ce sont les enfants, qu'ils soient légitimes ou adultérins[2]. Mais le fait que ce droit n'existe pas dans de nombreux pays ouvre des possibilités de détourner la loi. Ainsi, dans les faits, certains enfants peuvent n'avoir rien ou peu de leurs parents quand ces derniers meurent. Au-delà de la perte financière qui est parfois énorme, il y a une véritable souffrance existentielle. Ne pas recevoir d'héritage, c'est se sentir gommé de la vie du défunt, comme si l'on n'avait jamais existé. Toute une part du lien, de sa vie, est effacée. Les déchirures dans les fratries sont alors radicales, définitives, et se judiciarisent.

Vers une sortie de crise ?

On le voit, la crise est complexe, elle implique de nombreux niveaux. Qu'est-ce qui peut aider à en sortir ? D'ailleurs, y a-t-il toujours une issue ? Quelquefois, on

1. Nicole Prieur, Bernard Prieur, *La famille, l'argent, l'amour : les enjeux psychologiques des questions matérielles*, Paris, Albin Michel, 2016.

2. Consultation de Nicole Prieur dans « Rapport du groupe de travail sur la réserve héréditaire », sous la direction de Cécile Pérès et Philippe Potentier, remis à Mme Nicole Belloubet, garde des Sceaux, décembre 2019.

doit se résoudre à la rupture pour ne pas se perdre soi-même. « J'ai tout essayé avec ma sœur aînée, mais elle verrouille tout, je me suis fait suffisamment de mauvais sang. Pour s'entendre, il faut être deux. Elle refuse tout dialogue, ne veut rien entendre. Si je continue comme ça, je m'épuise. Mon mari n'en peut plus, mes enfants aussi en ont assez de me voir comme ça. Je lâche, tant pis si j'ai moins d'argent sur la vente de la maison, je gagne ma paix intérieure. Bien sûr, j'ai de la peine de perdre ma sœur, mais il faut aussi que je me préserve. »

Quand la crise devient une impasse, il ne faut pas avoir peur de rompre pour se protéger. Dans tous les conflits de loyauté qui se réveillent alors, il est important de prendre en compte et de respecter, aussi et peut-être prioritairement, la loyauté envers soi-même. C'est ce soin et ce respect de soi qui permettront de se placer de manière juste, de mesurer les enjeux en les mettant en perspective avec ce qui fait sens pour nous et de prendre les décisions les plus en accord avec les valeurs qui nous sont chères et indispensables. Pour trouver la bonne mesure s'impose, peut-être plus que jamais, notre question centrale : « Que faire pour ne pas se trahir ? » Et en guise de réponse, nous apporterons celle à laquelle nous finissons par nous habituer : « Continuer à grandir. » La mort des parents, c'est l'occasion ou jamais. Il est temps d'accepter que, même si nous n'avons pas été le chouchou, même si nous avons reçu moins que les autres, on peut s'en sortir, rebondir. Comme le Petit Poucet, qui a si peu reçu de ses parents, bien moins que ses frères : c'est pourtant lui qui s'en sort le mieux et qui sauvera les siens, sans rancune ni rancœur. On peut donner même si l'on a moins reçu que d'autres, et en cela on honore notre dignité.

En fait, pour liquider un héritage conflictuel, il faut d'abord liquider les dettes parentales en acceptant que l'héritage ne peut venir réparer, compenser les lacunes, les carences parentales, réelles ou fantasmées. On ne peut en faire un territoire où l'on réclame son dû ; cela nous place dans une logique de légitimité destructrice. Quand un enfant estime que ses parents ont une dette envers lui, il ne peut présenter la facture à ses frères et sœurs ! Car aucun enfant ne peut payer les dettes symboliques de ses parents, aucun ne saurait être responsable des « ardoises » laissées par eux, ce qui n'est pas le cas dans la logique juridique concernant les dettes financières.

La mort des parents nous amène à accepter le réel de la perte, le réel de toutes les pertes présentes et passées. Sinon, c'est l'avenir qui se trouve être verrouillé, l'avenir de chacun des membres de la fratrie. Au décès des parents, plus que jamais, il faut savoir perdre pour gagner. Il faut surtout savoir ce que l'on veut gagner. À leur mort, il est temps de laisser mourir en soi la rancune, le ressentiment des mécomptes, la jalousie et la rivalité, de fermer la calculatrice, de la vider de sa hargne, pour trouver de l'apaisement, déjà avec soi-même. C'est ainsi que l'on entre dans le cycle du fraternel : *accepter la perte* – réelle ou fantasmée – de ce que l'on n'a pas eu, *partager*, accepter d'avoir moins que ce que l'on estimait devoir recevoir pour réussir à *s'entendre*, si ce n'est avec l'autre, pour le moins avec soi-même. À ce moment-là, le lien fraternel apaisé nous fait participer à la mise en œuvre concrète de la fraternité, ainsi que l'expliquent Aline et Gérard :

« Depuis que nous avons perdu nos parents, je suis très proche de mon frère, c'est la seule personne de la famille qu'il me reste. Il fait partie de ma vie, il a été le témoin de tous les événements importants que j'ai vécus. Qu'il prenne une assiette de plus ou de moins, je ne veux même pas le savoir, la valeur de notre lien est bien supérieure à cela. »

« À la mort de ma mère, c'est comme si tous les reproches que j'avais pu faire jusqu'à présent à ma sœur s'étaient effacés : c'était devenu des broutilles d'enfant qui n'avaient plus lieu d'être. Jusqu'à présent on était plutôt en froid, maintenant on a un plaisir fou à se rappeler nos souvenirs ; finalement on a bien ri ensemble quand on était petits. Je me demande si notre mère n'envenimait pas les choses quand elle racontait à l'un ce qui n'allait pas avec l'autre. Un parent ne devrait pas dire du mal d'un enfant devant un autre, ça biaise tout. »

Pour que la fratrie continue à exister, il faut le décider, le vouloir. Tout se passe comme si, en l'absence des parents, la fratrie devait cosigner un pacte de bonne entente. Mais pour s'entendre, il faut être plusieurs à le vouloir. On savourera d'autant plus son héritage qu'on le libère du poids du passé, qu'on ne l'érige pas en mausolée à la mémoire des parents, de l'histoire, en citadelle imprenable. On respectera d'autant mieux la valeur de l'héritage qu'on le soumettra aux processus vivants du changement.

Finalement, n'est-ce pas la vie elle-même que nous ne devons pas trahir ? C'est sans doute à la mort de nos parents, confrontés à notre finitude, que nous sommes le plus responsable devant l'avenir, le futur. L'héritage est un don qui, au-delà de la mort, signe la puissance de la vie, et cela doit devenir un cadeau pour nos enfants, plutôt qu'un fardeau.

6

Le travail, entre souffrance et accomplissement de soi

« Le travail c'est la santé, ne rien faire c'est la conserver. »

Nous pourrions reprendre en chœur ce sympathique refrain mis en musique par le chanteur Henri Salvador[1]. S'il nous fait sourire, il n'en demeure pas moins vrai que derrière son humour, il met bel et bien en évidence la réalité paradoxale du travail et l'ambivalence du lien qui y attache l'homme. Au regard de la souffrance engendrée par le travail d'une part, et des drames liés au chômage d'autre part, nous pourrions inverser la phrase et déclarer que le travail peut tuer dans certains cas, et que la non-activité peut désoler et désespérer ! Nous allons, bien sûr, nous pencher sur la manière dont le travail peut, au contraire, être source et ressource de bien-être. Notamment, nous nous attacherons à voir comment se trahir soi-même le moins possible alors que, dans l'univers professionnel, les trahisons fourmillent souvent à tous les étages.

L'ambivalence du rapport de l'homme et du travail s'entend dès le plus jeune âge. Aucun enfant, même

1. Sortie en 1965, cette chanson a été reprise jusqu'à nos jours comme slogan de revendication pour l'amélioration des conditions de travail.

le plus studieux, ne va facilement quitter un jeu pour aller faire ses devoirs. En revanche, il sera content de retrouver l'école pour revoir les copains et les copines, et sera fier de lui quand il aura de bonnes notes. L'école, malgré les contraintes qu'elle impose ou peut-être grâce à elles, permet la socialisation, l'expérience de l'amitié et participe à la construction de l'image de soi. Le travail, ce n'est pas toujours drôle, mais il apporte aussi bien des satisfactions susceptibles de compenser plus ou moins largement la peine qu'il exige en général. Heureusement ! Et c'est bien cet équilibre entre agréments et désagréments qu'il faudrait parvenir à atteindre et à préserver.

Ce paradoxe émane de l'essence même de cette activité humaine. On ne travaille pas pour travailler. Le travail n'est pas son propre but, il est soumis à un certain nombre de besoins auxquels il doit tenter de répondre le mieux possible. Besoins de transformer son environnement pour y trouver de la subsistance, besoins de se vêtir, de se soigner, qui ont fait émerger des besoins de connaissance, de technologie, mais aussi des besoins subjectifs de richesse, de pouvoir, d'influence, de reconnaissance. Parce qu'il nous confronte à la résistance du réel, le travail, qu'il soit d'ordre professionnel ou de l'ordre du loisir, comme le bricolage, l'apprentissage d'un sport, d'un instrument de musique, etc., demande des efforts ; mais, en même temps, ceux-ci permettent de dépasser un certain nombre de limites, de repousser les barrières de nos actions, de la technique et de la science. Pour parvenir à ses fins, il faut être ingénieux, stratégique, créatif ; le travail produit du progrès, de l'évolution, de la satisfaction, du profit. En transformant son environnement, l'être humain se transforme lui aussi et transforme également les rapports des humains entre eux. Le travail permet de mettre en place les conditions d'un confort de vie, conditions matérielles, mais aussi psychiques et morales. Dans le travail, il y va de notre accomplissement. Au même titre que toutes les relations de la sphère privée que nous avons évoquées précédemment, famille, couple, ami, fratrie, il participe à la construction de nos identités. Il donne l'occasion d'actualiser un certain nombre de potentialités peu susceptibles de s'exprimer dans d'autres contextes.

Le travail est un opérateur de liberté. Sans lui, notre place dans la société est fragilisée. C'est aussi le lieu d'une possible aliénation. Entre nécessité et liberté, entre contrainte et créativité, il y a une souffrance plus ou moins constante, profonde, destructrice. Même quand on est content de ce que l'on fait, même quand on est passionné par son métier, non seulement rien ne marche tout à fait comme on le voudrait (il y a des contretemps, des imprévus qui bloquent, ralentissent la réalisation, cela crée des contrariétés, de la colère, du découragement), mais encore il nous prive d'autres choses que l'on aime faire tout autant, voire davantage. Il nous met toujours en tension parce qu'il nous sollicite sur les nombreuses facettes identitaires qui nous constituent. Il suscite des dilemmes incessants, des tiraillements intérieurs plus ou moins fréquents, ainsi que l'expriment ces divers témoignages : « Reprendre le travail après mon congé maternité, cela n'a pas été facile. J'étais contente de retrouver une activité en dehors de la maison, parce que les couches et le ménage, ça va bien un peu, mais pas trop ; mais quelle douleur de laisser mon petit bout de chou à la crèche, j'ai l'impression de l'abandonner, même si je sais qu'il y sera bien. J'ai du mal à me séparer de lui… Au fond, je me sens un peu coupable. » Le travail nous situe entre les loyautés que l'on doit à nos proches et nos devoirs à l'égard de nos engagements professionnels. « Combien de fois, je rentre épuisé le soir, je n'ai plus la force de discuter, ni suffisamment de patience avec ma femme et mes enfants. Quand je rentre, je n'aspire qu'à dormir. Le travail ne laisse pas de place à autre chose, ça me fait mal au cœur de passer à côté de moments qui pourraient être plus agréables. »

« Hier encore, le patron a organisé, cinq minutes avant que je parte, une réunion urgentissime, comme d'habitude. J'ai dû annuler pour la énième fois une soirée avec des amis, programmée depuis longtemps et que j'attendais impatiemment. » Présent à notre travail, nous nous absentons de nos autres lieux d'appartenance. Dans ce jeu de présence/absence, le travail nous éloigne de ceux que l'on aime. S'il nous donne les moyens économiques de vivre dans un certain confort matériel, il nous éloigne dans le même temps, psychiquement et affectivement, de la qualité de vie à laquelle nous aspirons. « Le plus difficile, ce n'est pas ce que je fais au bureau, c'est que le matin, avant de partir, j'ai déjà une journée de travail : préparer les enfants, les amener à l'école… Et le soir je dois rentrer vite, vite pour tout préparer. » Toute activité pèse, particulièrement sur les femmes et les mères célibataires, qui doivent tout assumer seules. Le plaisir lui-même peut constituer un piège qui nous isole du reste. « Je suis passionnée par ce que je fais, mais du coup je ne vois pas le temps passer, je finis tard tous les soirs ou presque, ce n'est pas top pour aller au cinéma, voir les amis. En plus, après, je m'en veux ! » Le temps consacré au travail peut être agréable, il n'empêche que l'on a souvent un pincement au cœur en pensant à tout ce que l'on pourrait faire si l'on n'était pas obligé de rester enfermé entre quatre murs.

Derrière l'intérêt qu'il peut susciter, l'accomplissement qu'il apporte, il y a toujours un renoncement à autre chose. Travailler nous enrichit à plus d'un titre, mais aussi nous prive. Les « plus » qu'il nous apporte sont gagnés sur la « perte » d'autres choses. « J'aime ce que je fais, tout se passe plutôt très bien au travail, je ne comprends pas pourquoi je me sens toujours si fatiguée. » Même quand les conditions sont optimales, les tensions se font sentir, la fatigue aussi. L'équilibre n'est pas toujours facile à trouver et à maintenir. Si l'on s'implique trop, on risque de passer à côté d'autres aspects importants de l'existence, également sources d'épanouissement ; mais si l'on ne trouve pas d'intérêt à ce que l'on fait, on s'étiole et on s'épuise à la tâche.

Autant l'amitié peut participer à une cohésion interne de notre subjectivité, autant le travail nous scinde en plusieurs espaces intérieurs. Il met en évidence notre hétérogénéité, et entraîne inévitablement une dissonance entre les différents niveaux qui nous constituent, nos multiples facettes, nos manières d'être. C'est sans doute l'un des lieux où l'on ressent le plus ces disparités intérieures, ce qui participe à l'émergence de la souffrance.

Que faire de la souffrance au travail ?

Une des caractéristiques de notre XXIe siècle, c'est d'avoir posé explicitement la question de la souffrance au travail. Sans doute parce que l'individu et son bien-être sont à l'ordre du jour dans nos sociétés occidentales. La souffrance est à présent reconnue comme telle, et prise en compte par les entreprises elles-mêmes et par les instances gouvernementales. On ne la considère plus comme une fatalité, on aspire à aller vers un travail heureux. Très bien, il était temps ! Si cela vise une organisation du travail plus adaptée, plus respectueuse du personnel, les statistiques montrent cependant que le nombre d'accidents liés au travail, les suicides, les *burn-out* ne cesse d'augmenter[1]. La prévention des risques psychosociaux ne parvient pas à les supprimer. Est-ce si étonnant ? Il ne suffit pas, en effet, de vouloir réduire la souffrance au travail pour que les salariés s'y sentent heureux. Bien entendu, les améliorations restent indispensables, voire urgentes, pour diminuer la pénibilité et les risques pour la santé physique. Il faut encore et toujours en accélérer la mise en place. Cependant, cela suffira-t-il à supprimer la souffrance psychique ? Envisager le travail comme une réalité paradoxale va nous permettre de mieux situer la problématique, de ne pas « se tromper de combat ». Ainsi, il est important de considérer les termes plaisir/souffrance comme antagonistes mais devant être pensés ensemble, dans une dialectique qui les lie inextricablement, l'un ne pouvant pas éliminer l'autre. Si le bonheur est dans le pré, il n'est pas possible d'espérer l'atteindre en supprimant purement et simplement la souffrance. La question serait plutôt : que faire de nos souffrances ? Comment déplacer le curseur pour que le travail soit plus proche

1. En France, 480 000 salariés seraient en souffrance psychologique au travail, dont 30 000 en *burn-out*. Parmi ces 480 000 personnes, 60 % sont des femmes. Source : Institut de veille sanitaire, 2021.

du pôle « plaisir » que du pôle « déplaisir » ? Cela nous amène à regarder du côté de la représentation que notre société se fait de la souffrance en général (car la relation que l'on entretient avec ce qui est douloureux peut en amplifier ou au contraire en atténuer le ressenti), et cela pose la question de savoir ce qui peut participer au sentiment de bonheur au travail. Pour poser la question autrement : à quoi faudrait-il être vigilant pour se sentir plutôt heureux au travail, malgré les malaises plus ou moins virulents qui en émergent inévitablement ? Comment se sentir en accord avec soi-même malgré les tensions inhérentes à toute activité professionnelle ? Comment faire pour que ces tensions ne nous fragilisent pas et que, au contraire, elles nous renforcent et soient stimulantes plutôt que destructrices ? Peut-on parvenir et s'autoriser à être soi dans l'univers professionnel ?

La souffrance constitue un véritable défi lancé à l'humanité. Nulle philosophie, nulle éthique, nulle politique n'en est venue à bout. Les approches, aussi différentes soient-elles, n'ont pas réussi à éradiquer ce cadeau de Pandore. La souffrance oppose à l'être humain, et à tous les systèmes qu'il s'est inventés pour la penser, une résistance inaltérable qui se nourrit de ses oppositions mêmes. Depuis des siècles, nous avons traversé une multiplicité de représentations de la souffrance. De l'attitude stoïque au rire de Zarathoustra, du déni pathologique à la jouissance de la plainte, de la sagesse zen au mysticisme, j'en passe et des meilleures. Chacun peut désormais entretenir avec sa souffrance un lien original, unique. Jamais l'Homme n'a été aussi libre de souffrir comme il le voulait, de jouer avec l'éventail impressionnant des images de la souffrance. Car si celle-ci renvoie à une impuissance, à un pâtir, à un subir, elle ne détruit pas la liberté mais la fait apparaître. La liberté est préservée là même où vacillent tous nos pouvoirs. En effet, c'est dans un même mouvement que la souffrance s'éprouve et se réprouve. La souffrance, dans un réflexe superbe, magnanime, est pur refus d'elle-même, impossible consentement à ce qu'elle est, irrémissible attachement de la vie à elle-même. Du fond de la nuit dans laquelle elle plonge toutes choses surgit l'exigence d'une autre chose. Au point aveugle où la souffrance immobilise l'existence, nous ferme au monde, où s'abîment les significations, elle réclame une nouvelle institution du sens. Elle nous situe au cœur d'une dialectique. Arrêt, elle est aussi tension. Fermeture, elle contient la force de l'appel. Solitude, elle est aspiration à la rencontre. Alors que faire de nos souffrances ? Les considérer comme un point de départ pour mettre en place les changements nécessaires.

Par ailleurs, le plaisir lié au travail, ce mouvement qui nous donne du cœur à l'ouvrage, qui nous fait nous lever de bonne humeur même si l'on sait que l'on aura quelques problèmes à régler, qui nous permet de garder le sourire même si l'on côtoie des personnes désagréables, ne dépend pas seulement des conditions de travail en tant que telles, ni de ce qu'il se passe dans le seul cadre professionnel. Pour une grande part, cela dépend aussi d'éléments subjectifs liés à la représentation que l'on a du travail, à nos différentes expériences et à notre histoire personnelle, à la façon dont on l'a choisi ou non. Quelle que soit notre situation, indépendant, entrepreneur, salarié, chômeur, la manière dont on va vivre le travail ou son absence dépend du sens qu'on lui accorde, et plus généralement de la place qu'on lui attribue dans notre existence, de l'importance qu'on lui donne, qu'on a envie de lui donner, par rapport à tous nos autres contextes de vie. Plus nous serons au clair avec ce que représente le travail pour nous, plus nous pourrons être attentif à ne pas nous trahir, et comme nous subirons beaucoup moins les affres de notre souffrance, nous en pâtirons moins. Qu'est-ce qui sous-tend notre relation au travail, qu'est-ce qui nourrit nos motivations conscientes ou inconscientes ? Est-il réalisation de soi ou fuite ? Volonté d'engagement ou peur du vide, de la solitude ?

Si gagner sa vie, avoir de l'argent est l'un des moteurs de notre travail, il n'est pas le seul. Bien d'autres motivations interviennent, qui relèvent de questions non économiques très puissantes, plus ou moins conscientes, telles que la recherche de reconnaissance, la volonté de prouver quelque chose, le désir de revanche sociale, l'opposition aux modèles parentaux, l'expression d'une passion. Toutes les motivations sont dans la nature, et elles sont toutes légitimes. Elles permettent d'entretenir avec son travail un lien d'autant plus positif qu'elles sont explicites et assumées.

Nicolas, 48 ans : « Ma principale motivation, c'est le salaire, le métier que je fais n'est pas passionnant, mais il est bien rémunérateur, c'est ce que j'apprécie vraiment. Ça me permet d'avoir une belle qualité de vie à côté, on ne se prive de rien, je n'ai pas besoin de compter comme les parents quand j'étais enfant ; je les ai vus pleurer un jour, parce qu'ils n'ont pas pu m'acheter un paquet de bonbons. »

Christian, 54 ans. : « Je suis devenu vétérinaire, c'était mon rêve d'enfant. Je ne l'ai jamais regretté. »

Valérie, 48 ans : « Mes parents étaient des acharnés du travail, ils n'ont jamais pris le temps de vivre, et sont morts juste avant leur retraite. Ils n'ont profité de rien, ils n'avaient aucun autre horizon dans leur existence. Moi, je ne veux pas me perdre comme eux, c'est trop triste, on n'a qu'une vie ! »

Stéphane, 32 ans : « J'ai toujours été le nul de la famille, il fallait que je me rattrape avec mon travail et j'ai monté cette société. Pour la première fois, j'ai l'impression que j'intéresse mon père. Quand on se retrouve, il ne s'adresse plus uniquement à mes frères, mais il me pose aussi des questions sur mes projets. C'était important pour moi de prouver de quoi je suis capable ; il y va de ma fierté. »

Samia, 28 ans : « J'ai vu trimer mes parents toute leur vie, ils se sont littéralement sacrifiés pour nous et nos études, cela m'a donné la rage de réussir. Non seulement c'est une manière de les remercier, mais aussi de prouver qu'on peut être issu de l'immigration, habiter dans des banlieues, et s'intégrer grâce au travail. »

Clémence, 36 ans : « Mes parents ne voulaient pas que je m'engage dans un métier artistique, ils disaient que c'était trop aléatoire. C'est vrai, mais je m'éclate tellement. Je n'aurais pas pu faire autre chose. Dans mon atelier, je suis la plus heureuse des femmes. Ce n'est pas facile financièrement, mais je préfère restreindre mes besoins plutôt que de me priver de ces moments où je crée. Ma vie, elle est là, pas ailleurs. »

On peut aussi choisir de ne pas travailler ou de s'arrêter pendant un certain temps. « J'ai décidé de m'arrêter de travailler pendant un an pour m'occuper de mes deux enfants, et d'être père au foyer. C'est une décision longuement mûrie avec ma compagne parce qu'il faut pouvoir supporter les reproches plus ou moins explicites de nos familles, de nos collègues, de la société…

Mais pour moi, c'est là que je dois être et je m'en donne les moyens. Je suis en accord avec moi, même si je sais que ce ne sera pas drôle tous les jours. » Patrick, 29 ans, tire de sa situation bien plus de plaisir que de souffrance. « Mon quotidien est fait de plein de petits bonheurs quand je suis avec mes filles, je tisse avec elles une relation extraordinaire, c'est tellement précieux pour elles, pour moi. »

Quand on n'a pas ou plus d'activité professionnelle, non par choix mais parce qu'on a été licencié, le vécu est évidemment tout autre. La souffrance prévaut, on se sent laissé pour compte par un système injuste qui ne peut répondre aux besoins des citoyens. Les conséquences touchent tous les niveaux de l'être, la place dans la société est fragilisée, sa fonction dans la famille déstabilisée, l'identité vacille. Le travail et le non-travail sont les lieux de fabrication des inégalités, des injustices, de la précarité et de la pauvreté.

Le travail est donc un grand carrefour où se croisent, s'entrechoquent des enjeux multiples, émanant de nos différents lieux d'appartenance, famille, couple, amis, etc. Il y a une interdépendance entre tous ces milieux, et d'autant plus puissante qu'elle est souvent peu ou mal perçue. On croit que notre activité professionnelle et nos vies privées se déroulent dans deux mondes différents. Mais la séparation qui existe entre ces deux sphères n'est pas si étanche que cela, il y a une interpénétration des deux mondes. Le télétravail imposé par le Covid l'a mise en évidence et l'a rendue encore plus difficile à vivre. Dans certains cas aussi, même lorsqu'on part au bureau, on y transporte les relents de nos émotions de conjoint, de parent, d'enfant, de frère ou de sœur. « Ce matin, on s'est disputé tellement fort avec

Antoine qu'il ne faut pas que quelqu'un me cherche au bureau, sinon j'explose. » Ou, à l'inverse : « Je vis un moment difficile avec la maladie de ma mère, ça me fait du bien d'aller travailler, ça m'empêche de trop y penser et les collègues sont très sympas avec moi. » « Je suis tellement mal dans mon couple, en ce moment que je préfère rester le plus longtemps possible au bureau. Au moins, j'y suis utile. » Le travail comme lieu de réconfort, de réparation, de sublimation, sans aucun doute. Et quand on ne travaille pas, cela a des conséquences délétères sur nos relations familiales, conjugales et même amicales.

Prendre conscience que notre relation au travail ne se joue pas seulement sur le lieu de notre activité professionnelle peut aider remettre les choses à leur juste place et ouvrir sur de nouvelles perspectives. À la fois tiraillé et nourri, stimulé, par toutes ces tensions, comment rester soi au travail, entre souffrance et plaisir, accomplissement et anéantissement ?

Des trahisons en cascade

Que ce soit entre collègues, par rapport à la direction, au management, à la culture de l'entreprise, aux conditions de travail, aux tâches qui nous incombent, peut-on échapper aux trahisons ? L'univers professionnel représente un champ particulièrement propice à leur floraison, et elles s'y s'épanouissent sous différentes formes et à divers degrés de violence. Un associé avec lequel on avait créé une société et qui détourne de l'argent, un cadre incompétent qui ne cesse de donner des directives pour les annuler peu de temps après et dont il faut subir malgré tout l'autorité, travailler dans une usine qui fabrique des produits de mauvaise qualité, être « mis au placard » ou licencié, être agressé par le public, les usagers, les clients.

Le manque de reconnaissance est vécu par les hommes et les femmes que je reçois comme une véritable trahison. Ils en souffrent tellement qu'ils viennent consulter. Ils le ressentent, par exemple, quand leur dévouement n'est jamais, peu ou mal récompensé, que le salaire ne suit pas alors que l'entreprise va bien. On peut se sentir exploité. Là encore, les femmes sont particulièrement défavorisées, elles se heurtent à un plafond de verre d'autant plus puissant que, souvent, elles n'osent pas demander une augmentation, soit par manque d'assurance et de confiance en elles, soit parce qu'elles espèrent que la reconnaissance soit spontanée, qu'elle vienne sans avoir besoin de la demander. Et quelle blessure, pour les hommes comme pour les femmes, lorsque les dossiers, les projets préparés par leurs soins, leur échappent au dernier moment, alors qu'un collègue ou un chef les présente comme si c'était lui qui les avait conçus ! Quel violent camouflet ! Les agressions verbales en réunion, la rétention d'informations, les petites vexations sont par ailleurs autant de blessures dont il n'est pas toujours facile de se défendre et qui finissent par user et faire vaciller quand elles se répètent. Face à ces maltraitances, on se sent démuni, on risque de s'isoler, ce qui ne fait qu'aggraver la souffrance.

Le manque de reconnaissance est d'autant plus difficile à vivre que le monde professionnel est un lieu où, justement, on peut acquérir la confiance en soi qui jusque-là avait manqué. Quand la reconnaissance professionnelle existe, elle est réellement réparatrice et conforte la reconnaissance de soi, dont nous avons rappelé l'importance précédemment. Notamment quand on a le sentiment de « bien faire » son travail, quand on est plutôt content, voire fier, de soi et de ce que l'on réalise. Alors, on en oublie presque la pénibilité et les efforts fournis. Reconnu par le milieu professionnel, on se sent légitimé, on a le sentiment d'être à notre place, là où l'on doit être. « J'ai longtemps eu le syndrome de l'imposteur, j'avais l'impression que je n'étais pas à ma place dans ce travail, que je n'étais pas assez compétent, pas à la hauteur des tâches et fonctions que l'on me confiait, j'ai mis souvent les bouchées doubles ou triples. Mais ça a fini par payer. Grâce à mon cadre, j'ai pris confiance en moi. Je sais maintenant, sans fausse modestie, qu'il n'y en a pas beaucoup qui savent travailler comme moi ! Ça fait du bien de savoir qu'on est fait pour notre travail et qu'on est à sa juste place. »

Mais tant de choses sont des obstacles. Quand les cadences s'accélèrent, que le rythme imposé quelquefois par souci de rentabilité ne permet pas de faire son travail comme on aimerait le faire, on a l'impression que l'on se trahit. Le stress est là. « On est toujours en sous-effectif, alors je n'arrive pas à prendre le temps de rester auprès des patients, je fais les soins mais je passe vite à un autre malade. Ce qui me plaît dans le métier d'infirmière, c'est le côté humain, mais en ce moment, ce n'est pas possible. Je ne suis pas contente de moi et en colère contre la direction, parce qu'on ne nous donne pas les moyens de travailler comme il faut. » La perversion du système est d'autant plus ravageuse qu'elle contraint un salarié à faire quelque chose qu'il réprouve, qui va à l'encontre de ses convictions, de ses valeurs. C'est imposer à quelqu'un de se trahir sous prétexte d'obéir. « J'étais fier de moi quand j'ai été engagé comme directeur des ressources humaines, mes études n'avaient pas été faciles et ce poste représentait pour moi l'aboutissement de tous mes efforts. Mais voilà, aujourd'hui je suis chargé d'organiser un vaste plan de "remaniement", comme on dit pudiquement. Et j'ai le sentiment de me renier. C'est ce que j'entends dans *re*-ma-*niement*, cela me ronge les sangs. Je vais au travail tous les matins avec la honte au ventre. Je sais ce que cela représente, mon père a été au chômage pendant plusieurs années, on en a tous bavé à la maison. Et puis, je vais devoir licencier des gens que j'apprécie et j'ai vraiment le sentiment de les trahir, de trahir leur confiance. On était en bons termes… Je me sens aussi instrumentalisé par l'entreprise, et je ne me fais pas d'illusion : j'y passerai moi aussi. Au fond, je suis aussi très angoissé pour moi. » Quand le désaccord est amplifié par une contestation des méthodes de management ou d'encadrement, on a l'impression que l'on ne fait plus que subir, que l'on est devenu « un pion sur un échiquier ». Impossible de se sentir en accord avec soi, avec ses convictions morales ; la souffrance éthique agit comme un poison.

Quelquefois, le travail peut être affecté par des conditions extérieures au contexte professionnel. On se sent alors réduit à l'impuissance. Que peut faire un agriculteur face aux ravages d'une grêle qui détruit une grande partie de sa production ? À qui s'en prendre ? Parfois, les aléas extérieurs modifient les conditions de travail et empêchent d'honorer la déontologie du métier que l'on a choisi et à laquelle on adhère. La pandémie de Covid-19 a amplifié d'une manière terrible ce sentiment de ne pas pouvoir faire son travail comme on le souhaiterait. « Combien de fois, j'ai pleuré en raccrochant après le coup de téléphone des membres de la famille qui me suppliaient de venir voir leur père, leur femme qui était en train de mourir, explique un médecin avec beaucoup d'émotions. Je ne pouvais que leur dire non, parce que c'était la consigne alors, à cause d'un confinement très strict. Et plusieurs fois de suite, j'ai dû prendre une place qui n'était pas la mienne auprès des mourants : j'allais leur tenir la main, je leur parlais, j'essayais de les rassurer, en leur disant combien leur fils, leur fille, leur mari était proche d'eux. Je n'étais pas préparée à cela, et ça a été très éprouvant, et en même temps j'ai eu l'impression de remettre un peu d'humanité là où il n'y en avait plus. Malgré tout, cela va laisser des traces et des cicatrices à l'âme. On ne sort pas indemne d'une telle épreuve. » La souffrance psychique émerge dès qu'il y a une menace sur notre humanité, quand le travail ne nous permet pas de la mettre en œuvre. Quand il nous déshumanise, il perd tout son sens. Les crises du XXIe siècle, celle liée au Covid mais aussi aux catastrophes écologiques, ont fait croître davantage encore l'exigence éthique des travailleurs, qui n'ont pas envie de perdre leur âme au travail.

Entre le sentiment de se trahir et celui d'être trahi, les traîtrises de tous bords ne manquent pas dans le milieu professionnel et revêtent des formes multiples et variées. Quelquefois, tout s'emmêle et s'emballe, et on se trouve saisi par un sentiment d'échec et d'impuissance désastreux, comme cette jeune cadre : « J'ai pris ce poste, parce que je pensais que j'allais pouvoir changer beaucoup de choses, mais tout le monde me met des bâtons dans les roues ; la direction m'avait fait croire que j'aurais carte blanche, en fait elle verrouille tout ; elle veut garder la main. Et du côté du personnel, les plus anciens résistent à tout changement et les jeunes cadres s'arrangent pour faire capoter mes propositions, c'est une manière de me disqualifier. Je n'ai plus envie de me battre, j'ai trop pris les choses à cœur, au point de me rendre malade, maintenant je m'investis moins... Mais à long terme cela ne peut pas me satisfaire. » Trouver sa place, garder le cap au milieu des jeux de pouvoirs, d'influence, savoir les repérer, les éviter le mieux possible, cela demande une vigilance bien plus fatigante que la tâche que nous avons à faire. Être stratégique devient alors indispensable, mais nous n'y sommes pas préparés.

Nul n'est à l'abri de ces engrenages. Nos crises financières et sociales, qui ont précarisé le travail, augmentent les inégalités, et les injustices accentuent le risque, quels que soient les échelons atteints dans la hiérarchie. Le travail n'est plus un lieu protecteur et sécurisant – mais l'a-t-il jamais été ? Quoi qu'il en soit, chacun se sent assis sur un siège éjectable.

« J'étais dans l'entreprise depuis près de vingt ans, je n'ai cessé de grimper les échelons jusqu'à diriger une équipe de vingt personnes, nos performances étaient appréciées, reconnues. Vraiment tout allait bien, explique Sarah, cadre dans une grande entreprise. Tout a dérapé avec l'arrivée d'un nouveau supérieur hiérarchique. Il avait une réputation de "pourri", mais comme je me méfie des réputations et que je me sentais suffisamment assurée, je n'en ai pas fait cas. Il n'a pas mis huit jours pour commencer son travail de démolition, il y est allé au bulldozer. Il a d'abord attaqué mon équipe, en la dénigrant et en déniant ce qu'elle apportait à la société. Il ne m'a pas attaquée de front tout de suite, sans doute qu'il voulait créer un clivage entre mes collègues et moi, mais j'ai soutenu tous les membres de mon service, il n'y avait aucune raison de faire autrement. Quand il a vu que je ne devenais pas son alliée, que je ne lâcherai pas, il ne s'est pas gêné pour me tirer dessus à gros boulets. Je me suis retrouvée, pour la première fois de ma vie, impuissante. De quelque manière que je prenne les choses, en me défendant, en m'opposant, en laissant passer, avec humour, cela se retournait contre moi. Avec le confinement et le télétravail, il s'est arrangé pour être mon seul interlocuteur ; je n'avais plus de contacts avec mon équipe. Il a dû faire pression pour qu'ils me lâchent, je ne sais pas, mais ça a été une descente aux enfers : j'étais seule, sans appui, sans soutien… J'ai commencé à avoir des angoisses, à ne plus pouvoir dormir, et l'engrenage du harcèlement s'est mis en place. Moins vous comprenez ce qu'il se passe, plus vous vous en voulez d'être maltraité à ce point, plus vous doutez de vous et plus vous perdez pied. On a l'impression de devenir fou. J'avais beau me dire qu'il était toxique, que c'est lui qui était malade, je sombrais de jour en jour. Même la présence soutenante de mon mari ne m'a pas aidée. Pourtant, j'avais toujours cru jusqu'à présent que j'étais forte, solide. Est-ce parce que je suis une femme, que c'est plus facile de s'en prendre à nous ? Est-ce que je représentais une menace pour lui ? Est-ce que le travail était pour lui un exutoire pour toute la violence qu'il portait ? Quoi qu'il en soit, j'ai pu un peu sortir de cette terrible spirale quand je m'en suis ouverte à la médecine du travail. Au début j'avais honte d'aller me plaindre, mais comme, en plus, il y avait eu d'autres cas avant moi, c'est remonté à la direction, et ils sont en train de lui régler son compte. De mon côté, il va me falloir du temps pour me reconstruire, je vais devoir me faire accompagner. » Les situations de harcèlement sont les plus destructrices parce qu'elles attaquent notre dignité. Ce processus sournois peut survenir à tout moment, au tout début de notre entrée en fonction ou après plusieurs années de bons et loyaux services, sous la pression d'un nouveau chef toxique qui a la volonté de tout détruire sur son passage. Ici, comme ailleurs, le processus de reconnaissance et le soutien des collègues, d'une partie de l'encadrement, de la médecine du travail, des instances représentatives du personnel, permettent non seulement de tenir le coup, mais d'avoir la force et les moyens de se battre, de révéler le harcèlement, de désigner le traître. On ne peut pas se sortir seul d'une situation dégradante de harcèlement, les pervers sont des experts en manipulation. « Trahir pour ne pas se trahir », cela demande d'aller trouver des appuis qui vont nous soutenir dans la dénonciation de la perversité.

Quelquefois, nous jouons contre nous-même sans nous apercevoir que nous nous trahissons. Là aussi, un regard extérieur peut nous alerter sur les processus à l'œuvre. Sous prétexte de montrer que l'on est fort, solide, résistant, aux autres comme à soi-même, on avance comme un bon petit soldat en ignorant les blessures, les agressions subies, notre mal-être, ou en mettant un mouchoir dessus. On ne se plaint pas parce que ce serait montrer une fragilité que l'on n'assume pas. Paradoxalement, on risque d'être trop résilient ! Notre résistance se retourne contre nous. Face aux difficultés, il est normal et utile de mobiliser des défenses psychiques, mais parfois elles sont trop massives, elles se retournent contre nous, on devient l'artisan de son propre malheur. On peut être amené à accepter des choses inacceptables ; on aurait tellement honte de ne pas réussir à tenir, alors on serre les dents et on se tait encore et toujours... Jusqu'au jour où l'on craque : à un moment donné, trop c'est trop. On se trahit doublement en jouant, à notre insu, le jeu de l'entreprise qui s'emploie à obtenir l'adhésion de son personnel aux projets imposés, sans prendre la mesure du sacrifice exigé.

L'appui, le soutien, peut venir des collègues, qui tiennent une place quelquefois primordiale dans notre rapport au travail. « Mon travail n'est pas intéressant, il est répétitif, mais j'adore retrouver mes copines. Il y en a une qui nous fait toujours rire, une autre qui calme le jeu quand il y a des tensions, j'y retrouve presque une petite famille. »

« Dans le cabinet où je travaille, le rythme est dur, on est toujours sous pression, mais cela se fait dans la bonne humeur. Le patron est exigeant mais, en même temps, il est plutôt humain, ce qui ne gâche rien. Surtout, entre collègues, il y a une vraie collaboration, on s'entraide, il n'y a pas de mauvais esprit. C'est rare, je le sais, c'est pour ça que j'apprécie. On n'est pas très bien payés, mais cette qualité de relations, cela n'a pas de prix pour moi. » Travailler en tant que salarié, ce n'est pas seulement avoir une activité, produire ou réaliser quelque chose. C'est aussi, et peut-être surtout, apprendre à vivre ensemble dans une communauté imposée, au sein d'une structure organisée autour de règles explicites et implicites liées à l'organisation du travail, règles qui en partie échappent aux travailleurs mais qui, heureusement, sont également susceptibles d'évoluer sous leur impulsion. Appartenir à une équipe, cela structure, donne le sentiment de plus grande force.

Surtout, cela permet de lutter contre le sentiment de solitude.

La crise du Covid a mis davantage encore l'accent sur l'importance des relations entre collègues. Le télétravail a privé le personnel des temps de convivialité autour de la pause-café, des temps de déjeuner. Les discussions informelles entre deux portes sont souvent décisives. Les liens se sont délités, la coopération n'a pas pu opérer de la même manière qu'en présence physique. Les échanges et le sentiment de partager quelque chose ensemble ont perdu leur densité.

Cependant, il faut reconnaître aussi l'ambivalence des liens entre collègues. Si la présence d'une équipe apporte souvent du baume au cœur, ce n'est pas toujours le cas. Les collègues, ce ne sont pas des relations comme les autres ! Au mieux, il peut y avoir une belle cordialité, mais le contexte professionnel fait d'eux des rivaux potentiels, car les intérêts de chacun divergent. Jalousie, rapport différent au travail, ambition, compétition plus ou moins honnête, course au pouvoir, jeux d'influence, etc., sont autant de risques de défaire des alliances qui semblaient solides. On peut se quitter amis un jour et se retrouver ennemis le lendemain. Les peaux de banane peuvent être monnaie courante. « Nous avons été embauchés au même moment, Lucas et moi, on s'appréciait beaucoup au début. Mais pour lui, le travail, c'est primordial, c'est tout, il n'a pas encore de famille, peu de loisirs. Alors que moi, j'ai déjà deux enfants. Ma famille, c'est plus important, je veux préserver une qualité de vie, j'ai trop souffert de l'absence de mes parents. Du coup, on s'est un peu éloignés parce qu'on ne se comprend plus, et qu'il a d'autres visées pour son évolution. »

« Cécile, c'était une collègue en qui j'avais toute confiance, elle a été engagée après moi, j'avais même appuyé sa candidature parce qu'elle me semblait pertinente, et en effet, elle est très efficace. Mais je n'avais pas mesuré son ambition. En fait, elle est prête à vous écraser pour grimper les échelons. Elle cache bien son jeu, et je ne m'en suis pas rendu compte tout de suite. Quand je suis partie en congé de maternité, sous couvert de me rendre service, elle a géré pas mal de mes dossiers, mais elle en a profité pour me planter un poignard dans le dos. Dès qu'elle le pouvait, elle mettait en avant ses compétences, combien elle faisait avancer les choses, tout en me dénigrant et en expliquant que j'avais mal fait ceci ou cela… Mon retour a été terrible, parce que j'ai tout de suite senti que j'avais perdu ma place, et surtout ma crédibilité auprès de mes chefs. Elle, pas gênée du tout, continue à jouer l'hypocrite, en faisant semblant d'être gentille avec moi, en me faisant croire qu'elle m'aide. Le problème, c'est que je ne sais plus comment réagir, je suis démunie parce que trop je suis blessée. » Ne passons pas sous silence les trahisons que nous sommes capables d'effectuer nous aussi, notamment quand nous changeons de société. Quel dilemme difficile. Camille décrit bien ce que l'on ressent alors :

« J'ai commencé ma carrière dans une petite entreprise familiale, j'avais peu de formation au début et j'y ai tout appris. Je leur dois beaucoup, car ils m'ont fait confiance dès le début. Mais, voilà, l'un de nos plus gros clients m'a fait une proposition très sérieuse, et très alléchante ; j'y gagne sur tous les plans – financier, statut, responsabilités, perspective d'évolution… Je ne sais pas comment annoncer ça à mes patrons actuels, ils ont besoin de moi. En même temps, je sens que je commence à végéter, j'ai fait le tour du job ici, je ne peux pas renoncer à cette évolution. C'est une chance presque inespérée et qui ne se représentera peut-être pas. C'est sûr que ça va me déchirer le cœur à moi aussi, je quitte une certaine forme de sécurité, de confort. Mais je risque vraiment de m'ennuyer si je reste. Ce sera une déchirure nécessaire, j'espère qu'ils comprendront et ne m'en voudront pas trop. »

Dans un contexte où les risques de se perdre sont grands, mais aussi où l'on peut avoir l'opportunité de se réaliser et de s'affirmer, comment s'en donner les moyens ? Quelle direction prendre pour s'autoriser à être soi, malgré tout ?

Il faut imaginer Sisyphe heureux !

Du fait de son ambivalence, le travail peut renvoyer au sentiment de l'absurde, quand on a l'impression d'user sa vie, de la perdre à vouloir la gagner. Ou parce qu'on est obligé d'en subir les contraintes pour accéder à la liberté qu'il procure. Albert Camus a consacré plusieurs ouvrages au concept d'absurde, dont *Le mythe de Sisyphe*[1]. Pour lui, le réel comporte une part inévitable d'absurde, parce qu'il ne répond pas aux désirs de l'être humain, qu'il demeure opaque, incompréhensible. Il porte inexorablement de l'obscurité, de la noirceur, de l'inexpliqué, de l'inexplicable. « Il n'y a pas de soleil sans ombre, et il faut connaître la nuit », nous dit-il. La révolte à laquelle cet auteur nous invite ne consiste pas à vouloir éliminer cet aspect du réel, mais à ne

1. Albert Camus, *Le mythe de Sisyphe*, Paris, Gallimard, 1942.

pas réduire à cette seule dimension. Le mal, le négatif est bien là, certes, mais la liberté consiste à ne pas s'y laisser enfermer, et la créativité à regarder au-delà, à aller chercher et découvrir tout ce qui existe en dehors du sombre, afin de faire advenir la chaleur et la lumière du soleil.

Il s'agit, toujours selon Albert Camus, d'enlever ses œillères pour ouvrir l'horizon de ses possibles, afin de vivre « plus ». Vivre plus, c'est donner de l'intensité, de la profondeur à ce que l'on vit, ce n'est pas forcément avoir une autre vie, ce n'est pas chercher à vivre « mieux » en accumulant tant et tant de choses. C'est de l'ordre de l'être et non de l'avoir. Vivre plus, c'est mener une vie riche du sens qu'on lui attribue, et qu'il nous faut inventer, car il ne nous est pas donné. Plus on aura trouvé du sens, plus on accédera à notre liberté. Camus conclut par cette phrase magnifique : « Il faut imaginer Sisyphe heureux. »

Pour avoir désobéi aux dieux, notamment au dieu de la Mort qu'il a nargué, Sisyphe est puni : il doit sans cesse pousser un rocher vers le sommet d'une montagne, rocher qui redescend sitôt arrivé en haut, dans un geste répétitif, éternel. Comment imaginer qu'il puisse être heureux dans des conditions aussi absurdes ? Pour Albert Camus, le rocher, c'est l'œuvre de Sisyphe, qu'il crée et peaufine constamment. Mais de quelle création s'agit-il ? On peut considérer que ce rocher que Sisyphe ne cesse de modeler et remodeler à chacun de ses déplacements représente la métaphore de son « soi ». Un soi toujours autre et qui échappe sans cesse à lui-même, mais qui précisément se structure dans le fait de ne pas être le même, de changer à chaque voyage. Un soi étrange et étranger qui ne peut se saisir et file entre les doigts d'une hypothétique connaissance, qui ne se laisse pas cerner, enfermer dans la prison des définitions. Un soi souple et humble, mais obstiné et qui se recompose. Un soi endurant et résilient, engagé dans une tâche qu'il assume et qui le maintient en mouvement, c'est-à-dire vivant… éternellement. Un soi qui persiste et signe dans son être. Sisyphe doit, pour cela, s'adapter au terrain, à la pente, apprendre à contourner les obstacles. Pour atteindre un sommet qui se dérobe sans cesse, il doit ajuster ses mouvements, sa force, pour mieux diriger son rocher, ne faire qu'un avec lui. Mais aussitôt le but atteint, il faut recommencer, redescendre et grimper de nouveau, inlassablement. Rien n'est jamais acquis. Dans cette ascension, le rocher transforme à son tour l'herbe sur laquelle il roule, le relief, et Sisyphe doit faire avec ces modifications. Il se fatigue peut-être, mais se renforce au fur et à mesure qu'il apprend à connaître la résistance des éléments, son corps gagne en muscles et en assurance. Le soi n'est jamais le même dans ces allers-retours perpétuels, on peut supposer qu'il acquiert à chaque fois d'avantage de consistance, de densité, d'épaisseur, même s'il se déleste de quelque poids quand il retombe en bas de la pente. Sisyphe emprunte-t-il toujours le même chemin ? Ce n'est pas certain. Ce rocher « travaillé » par Sisyphe, façonné et façonnant, nous parle de nos identités inachevées et inachevables, imparfaites mais toujours perfectibles au gré des expériences heureuses et malheureuses. Il parle de nos existences qui connaissent des moments où nous sommes « au fond du trou » et d'autres où, au contraire, « nous sommes au top », dans un enchaînement qui tisse notre histoire. Exister, cela se *travaille* sans cesse. La vie est mouvement et, même dans la répétition, il peut y avoir nouveauté. Le jour se lève tous les matins et aucun jour ne se ressemble. Être soi, c'est toujours être un autre.

Dans cette optique apparaît une autre manière de concevoir et de vivre son activité professionnelle. Le travail est peut-être avant tout une occasion de travailler sur soi. Peut-être est-ce là sa finalité existentielle. Il contribuerait à notre bonheur parce qu'il nous permet d'être et pas seulement d'avoir, d'exister avec plus d'intensité et de profondeur. Quels bénéfices personnels le travail nous apporte-t-il malgré tout ? Quel travail sur soi permet-il ?

Nulle part ailleurs nous ne montrons autant de facettes de nous-même, nous ne nous exprimons sur des registres aussi différents en même temps : capacités cognitives, raisonnements, affects, relations aux autres. Nous pouvons nous étonner, nous surprendre nous-même, dans le bon sens comme dans le mauvais. Qui sommes-nous vraiment quand nous sommes au travail ? Nous ne présentons pas le même visage aux collègues, au patron, aux clients qu'à nos proches. « Quand je le vois sourire et faire le drôle avec ses collègues alors qu'à la maison il fait la tête pour un oui ou pour un non, cela m'insupporte. » Sans aucun doute, le milieu professionnel fait émerger d'autres aspects de soi. Mais c'est bien de soi qu'il s'agit ! Inutile de se demander si c'est le « vrai » soi ou le « faux » qui ressort : de toutes les manières, c'est toujours nous ! « Avec son équipe, elle joue vraiment la patronne. Heureusement qu'elle n'est pas comme ça à la maison. Quand on en parle, elle me dit que c'est parfait pour elle parce qu'elle a bien conscience d'avoir besoin de pouvoir, mais elle a aussi besoin d'être douce, alors elle a deux lieux pour jouer deux aspects de sa personnalité. » Le travail qui nous confronte au réel du monde nous confronte aussi à notre réalité. Il ouvre ainsi la voie à une possible réconciliation avec nous-même en nous permettant de tout prendre de nous, nos côtés positifs comme les moins reluisants. Regardons avec humour cette souplesse avec laquelle nous savons un jour jouer de séduction, un autre jour d'influence, ou encore faire profil bas pour mieux avancer nos pions. Il s'agit de trahir le plus radicalement possible notre idéal de soi, d'accepter nos échecs, nos erreurs, nos défauts, nos fragilités, nos imperfections, nos mauvais sentiments, nos penchants un peu critiquables, pour assumer ce que nous sommes.

Par ailleurs, reconnaissons-le, le travail, quel qu'il soit, *nous* travaille. Il est illusoire de croire que l'univers privé et professionnel sont étanches à 100 %. Quand nous fermons la porte de notre bureau, ce que nous avons vécu pendant notre journée de travail continue à nous travailler, qu'on le veuille ou non. Si nous sommes contents de la journée, nous rentrons avec le sourire ; inversement, si nous avons été contrariés, nous n'allons pas facilement nous débarrasser de la colère ressentie. D'un autre côté, notre activité professionnelle peut nous aider à réparer certaines failles personnelles. Inévitablement, nos relations dans le monde professionnel réactivent un certain nombre de questions non réglées de notre histoire familiale. Notre manière d'être au travail peut mettre en évidence des problématiques personnelles et anciennes qui n'ont plus lieu d'être, dont il faut nous défaire. Ce qui est un excellent moyen pour continuer à grandir ! Il suffit de ne pas faire la politique de l'autruche et de nous préparer à quelques changements libérateurs. « À force d'avoir des problèmes avec mes chefs, de contester toujours leur autorité, j'ai fini par comprendre que cela reflétait la difficulté que j'ai toujours eue avec mon père, rigide, violent, qui était aussi très autoritaire envers ma mère. Je ne supportais pas qu'elle soit soumise, qu'elle ne se révolte pas… Heureusement, ma femme m'a aidé à comprendre tout cela, et j'ai pris du recul. Il ne faut pas se tromper de combat, si j'ai encore quelque chose à régler, c'est avec mes parents… Mais je crois que ça m'a servi de leçon. »

Quelle que soit la manière dont il se déroule, notre travail contribue à faire de nous qui nous sommes, au même titre que les autres espaces dans lesquels nous évoluons – famille, couple, amis, fratrie – et dont nous avons pu mesurer ici à quel point ils sont interdépendants. C'est au cœur de leurs interactions incessantes, multiples, que nous exprimons notre singularité. Être soi, c'est parvenir à créer une unité, trouver une cohérence à partir de ces multiples expériences de vie. Le mot « cohérence » vient du latin *cohœrentia*, qui désigne la propriété de faire tenir ensemble ce qui est épars, éparpillé, dispersé. Assembler ces éléments qui nous constituent, ressentir, éprouver la complexité qui fait de nous un être absolument unique : c'est cela, le bonheur de se sentir vivant.

Et un beau jour, il n'y a plus rien à faire !

Sandrine est venue me voir régulièrement pendant plus d'un an. Cette jeune femme traversait une période très difficile. En arrêt maladie depuis plusieurs semaines, elle était en prise avec des angoisses qui la tétanisaient et l'empêchaient littéralement de vivre. Tout allait mal, son couple, la relation avec sa mère, les rapports avec une belle-famille trop envahissante. Au travail, elle stressait douloureusement, elle ne se sentait nulle part à sa place, doutait terriblement d'elle. Mère de deux enfants, elle était très attentive à leur égard mais partait quelquefois dans des colères non maîtrisées, ce qui la culpabilisait beaucoup. Quand cela lui arrivait, elle avait bien du mal à s'en remettre.

Mois après mois, nous avons suivi un cheminement proche de celui que j'ai présenté dans ce livre. Nous avons travaillé sur la place de Sandrine dans sa famille, nous avons analysé la façon dont elle avait été – et continuait à être – le « pilier » de sa mère, celle qui devait résoudre tous les problèmes, celle auprès de qui sa mère s'épanchait, sans jamais lui demander comment elle allait. De toutes les manières, Sandrine avait intégré depuis longtemps le fait qu'elle n'avait pas le droit de se plaindre, de faire de vagues. Son frère aîné, qu'elle trouvait fort égoïste, était adulé et porté aux nues par sa mère. Malgré tout son dévouement, elle-même était critiquée, disqualifiée sans cesse. Elle était persuadée qu'elle n'était pas à la hauteur, et s'en voulait de ne pas être suffisamment attentive et présente pour sa famille : elle avait tellement envie d'être « la gentille » que tout le monde attendait qu'elle soit !

Par ailleurs, sa relation à son père n'avait pas été simple non plus. Il avait été recueilli par la Ddass. Sandrine partageait sa souffrance, la lourdeur de son passé, et avait toujours imaginé pouvoir apaiser ses manques, réparer son histoire. Elle était très proche de lui, et il avait été son seul soutien pendant son enfance. Ils avaient une belle complicité ; elle le défendait devant sa mère, souvent agressive envers son mari, très autoritaire et qui ne se gênait pas pour prendre le dessus sur cet homme tendre et vulnérable. Comme pour marquer encore davantage son alliance avec lui, et pour préserver un lien symbolique, Sandrine s'était engagée dans le même métier que lui et avait obtenu son premier poste dans la même entreprise. La mort de son père avait été une épreuve très douloureuse et, plusieurs années après, elle n'avait pas encore fait son deuil. Son mari était aimant, mais elle ne se sentait pas suffisamment épaulée par lui : il avait de son côté fort à faire avec un père très dur et une mère très possessive, qui entendaient avoir un droit de regard sur leur fils, leur belle-fille et leurs petits-enfants. Il était présent pour leurs deux garçons, mais Sandrine et lui n'avaient pas toujours les mêmes conceptions éducatives : ils s'opposaient souvent sur la manière de se comporter avec les enfants. Le couple était plutôt soudé mais traversait des crises douloureuses au cours desquelles elle se sentait abandonnée, très seule, et devant toujours et encore faire face à tout, être au service de tout le monde, alors qu'elle-même ne trouvait pas d'épaule réconfortante sur laquelle se reposer.

En fait, elle n'en pouvait plus, tant elle exigeait d'elle-même. À bout, elle n'avait qu'une envie : tout laisser tomber. Au bureau, comme elle ne savait pas dire non, elle était toujours sous pression, et sous prétexte qu'elle était efficace et excellente, on la chargeait encore davantage.

Au cours de la plupart de nos rencontres, nous passions un moment à réfléchir à toutes ces questions, en démêlant les rouages de l'inconscient, en pointant les tenants et les aboutissants de ses relations, de ses comportements. Mais c'était le plus souvent pour pouvoir mettre en évidence ce que nous allions travailler en hypnose et ajuster au mieux les exercices qui devaient permettre à la jeune femme de véritablement se libérer de tous ces poids inutiles et d'apprendre à ne plus trahir ses propres besoins, sa vie à elle.

Pendant notre travail d'analyse, tout en l'écoutant évoquer ses difficultés, j'étais particulièrement sensible et attentive à ce que me donnait à voir son corps, à la manière dont elle s'exprimait, à sa façon de se tenir dans le fauteuil, à ses gestes, aux mouvements de ses mains, à l'expression de son visage, à son regard, à des milliers de détails bien plus importants qu'on ne l'imagine. Car notre corps traduit, trahit notre manière d'être au monde. Je m'intéressais particulièrement aux décalages que je pouvais observer dans sa manière d'être. Par exemple, quand elle évoquait ses parents, elle avait la voix d'une petite fille de 8 ou 10 ans, elle se recroquevillait, ses yeux devenaient tristes. Quand elle parlait de ses enfants, de la peinture qui était sa passion (elle peignait et adorait aller voir des expositions), de la méditation qui lui apportait beaucoup d'apaisement, quand elle évoquait les divers moments où elle se sentait bien, elle se redressait, parlait avec fermeté, sa voix était claire, ses yeux pétillaient, son visage s'illuminait. Elle s'animait encore davantage quand elle décrivait le plaisir qu'elle avait en nageant. Elle était tantôt une petite fille triste et plaintive, tantôt une trentenaire enthousiaste et pleine d'énergie. Une part d'elle était restée figée dans les manques de son enfance et entravait l'épanouissement de l'adulte qu'elle n'arrivait pas tout à fait à être. Elle se voyait surtout comme quelqu'un de fragile, très consciente de ses carences, de sa vulnérabilité. Plus elle en parlait, plus elle s'y enfermait. Elle ne parvenait pas à percevoir ses ressources, la vitalité qui s'exprimaient quand elle évoquait ses belles expériences. Elle avait tellement intégré le regard maternel qu'elle ne voyait d'elle-même que du négatif. Elle n'habitait pas pleinement sa vie actuelle, elle était comme à distance d'elle-même.

Nous avons pratiqué plusieurs exercices d'hypnose qui ont permis à Sandrine de mettre en place, rapidement, des changements durables, en la libérant de bien des poids inutiles du passé. Nous avons ainsi accueilli les peurs, la tristesse de la petite fille qui continuait à souffrir et pleurer en elle. La « Sandrine adulte » a réussi à consoler, à apaiser la « petite Sandrine ». Cela lui a permis de grandir, de s'affirmer, sans plus avoir besoin d'attendre des autres la consolation et l'assurance qu'elle seule pouvait se donner à elle-même.

Nous avons beaucoup travaillé la confiance en elle[1], notamment par rapport à son activité professionnelle, de manière qu'elle s'y affirme davantage. Grace à des exercices appropriés, elle a pu accepter ce qu'elle était, prendre « tout » d'elle, ses limites et ses ressources, ses défauts et ses qualités, ses zones d'ombre et ses côtés lumineux. Elle a appris à ne plus se battre contre elle-même. Elle a fini par reconnaître sa propre valeur, ce qui la rendait moins dépendante de la reconnaissance des autres. Elle a fait la paix avec elle-même. Petit à petit, elle s'est sentie plus sûre d'elle, plus en confiance aussi avec son entourage, moins menacée ; elle a acquis la sensation d'une assise intérieure, d'une consistance.

1. Nicole Prieur, *Avoir confiance en soi sans se prendre la tête*, coédition First Éditions/Lizzie, 2021.

Les images et les métaphores que nous utilisions au cours des exercices l'accompagnaient dans sa « vraie vie » et l'ont aidée à conforter son ancrage corporel. Plus tranquille, elle a pu prendre sa place dans son couple, trouver la bonne distance vis-à-vis des différents membres de sa famille, reprendre le travail, se poser face à ses collègues.

« C'est vraiment étrange, je n'aurais pas imaginé cela il y a à peine quelques mois, mais j'ose dire les choses, tout simplement, très tranquillement, sans me prendre la tête comme je le faisais avant. J'ose dire "non", "stop", dit-elle en souriant, un brin de fierté dans les yeux. Je me sens vraiment bien, et même s'il y a encore des petits soucis, ils m'envahissent moins ; je fais face naturellement, je m'énerve moins. La vie devient simple alors que, finalement, rien n'a vraiment changé. C'est moi qui me suis déplacée, en quelque sorte, et qui ose prendre les choses d'une autre manière. En fait, je prends ma place et cela change tout, c'est comme si je me mettais au centre de ma vie, alors qu'avant je restais à la périphérie, perdue dans les demandes des autres, à espérer leur reconnaissance. »

Après une courte pause, elle reprend : « Je me surprends moi-même, et je me dis : c'est beau la vie ! J'ai des choses à faire et j'ai envie de les faire. J'ai une énergie que je n'avais jamais vraiment eue auparavant. Après avoir pleuré comme j'ai pleuré, je trouve que ce n'est pas mal », conclut-elle avec un grand sourire.

Le jour où Sandrine évoque tous ces changements, je sais qu'elle n'a plus besoin de moi. Afin qu'elle prenne toute la mesure de ces transformations, qu'elle renforce la conscience de son évolution, je lui demande de prendre le temps de sentir en silence, les yeux fermés, ce bien-être qu'elle vient de décrire, de savourer cet état de « grâce », ou du moins de plénitude, auquel elle est parvenue. Le silence dure plusieurs minutes. Sandrine est assise en face de moi, mais elle s'est complètement retirée dans son monde. Au plus profond d'elle, en dehors de toute mentalisation, de toute parole, dans l'apaisement et la sérénité, son corps est en train d'intégrer cette nouvelle manière d'être. Sandrine accueille ces changements qui constituent de véritables métamorphoses appelées à se mettre en place « naturellement » dans la « vraie vie ». Nul besoin de verbaliser, de décrire. Sandrine savoure cette totale présence à elle. Ce temps du silence est essentiel pour que le travail s'approfondisse définitivement à l'abri des mots. L'autorisation à être soi n'est pas seulement formelle ni mentale, elle s'est incarnée dans tout son être.

Ma présence est-elle encore utile ? Au bout d'un moment, Sandrine ouvre les yeux, son regard est lumineux, son visage lisse et reposé. Avec une belle émotion elle m'explique : « Je me sens vivante, il y a quelque chose qui circule dans tout mon corps, je me sens moi. J'ai quelques larmes qui viennent mais c'est de la joie, c'est très fort. »

Nous faisons encore silence pour que cette expérience s'approfondisse en elle. Quand elle ouvre de nouveau les yeux, elle fait un geste superbe qui, à lui seul, résume tout le parcours effectué. Un geste simple, qui rappelle le mouvement d'un fil à plomb : sa main descend lentement de son visage vers ses pieds. « Je me sens alignée, alignée avec moi-même et avec ce qui m'entoure. Quelle paix ! »

À partir de ce moment-là, je sais que le travail est terminé. À l'issue de cet accompagnement, les patients ont, comme Sandrine, les clefs, les outils pour être et devenir ce qu'ils ont à devenir, pour ne pas se trahir. Ils ont fait l'expérience de la justesse, ils sauront désormais la retrouver quand la vie se chargera de les déstabiliser de nouveau.

Ce qu'ils ressentent dans leur corps constitue un bien précieux et les accompagnera durablement. La mémoire de ces instants sera réactualisée à chaque fois que cela sera nécessaire, dans telle ou telle circonstance.

Après cette séance, Sandrine a eu besoin de venir me voir une dernière fois. « À présent, le plus extraordinaire, me dit-elle, c'est que, lorsque je ne suis pas dans quelque chose de juste, j'arrive à retrouver ma place, la bonne distance ; c'est comme si j'avais des petits signaux qui me disaient : “Attention, piège ! Méfie-toi, tu en dis trop ou pas assez, tu en fais trop ou pas assez, tu exiges trop ou pas assez.” Le plus souvent, je m'en sors avec un sourire intérieur, un peu d'autodérision, je refais un exercice d'autohypnose, ou bien je repense à l'une de nos métaphores, et je me recentre par rapport à moi-même, comme si je me redressais. Je retrouve un alignement intérieur qui me fait me tenir droite. Mon corps s'est vraiment habitué à cette justesse. Je ne reste plus là où ce n'est pas bon pour moi. »

Ce qui peut paraître magique, c'est que plus on s'habitue à être soi, plus on réussit à revenir à cet état d'accordage avec soi-même, quelles que soient les situations déstabilisantes, les trahisons subies. C'est devenu tellement naturel, tellement intégré, qu'un beau jour, il n'y a plus rien à faire ! Devenir soi, c'est entrer dans la patience du temps et dans la puissance du devenir. C'est se poser pour laisser nos différentes expériences s'unifier en nous, c'est se sentir être soi à partir de nos changements mêmes. C'est construire un sentiment interne de durée à partir de ces milliards de secondes que nous traversons et de vécus disparates qui nous façonnent.

Pour se retrouver, si l'on s'est perdu, il suffit de s'accorder à son propre rythme, de se reconnecter à son souffle, de se placer là où l'on se trouve. Le présent, c'est l'espace de la nouveauté, il introduit à chaque seconde de l'inédit. Ce mouvement qui insuffle la vie et nous porte inexorablement vers la mort, c'est le lieu des choix, des changements nécessaires, des bifurcations indispensables. L'effet papillon peut aussi ouvrir sur des imprévus libérateurs et épanouissants.

Nous l'avons vu avec Sandrine, à un moment donné, il n'y a plus rien à faire, rien à chercher. Juste à se poser, à être là, présent à son présent. Ce n'est plus avec la tête que l'on peut résoudre les choses, mais en se laissant porter par le flux du vivant, en s'abandonnant à la puissance du temps et de notre sensorialité. Notre corps devient notre tour de contrôle.

Dans une apparente passivité, sans rien attendre, sans rien vouloir. Entendre notre respiration, sentir la chaleur de nos mains, le vent dans nos cheveux, plonger dans la voie lactée d'une nuit estivale, devenir une étoile, une note de musique, une symphonie. Se sentir immergé, traversé, porté par la vie du dedans de soi et du dehors. Dans le silence ou la poésie des mots, dialogue silencieux ou chant mêlant plusieurs voix. Être à l'écoute de soi, du monde ou de rien du tout. Dans une présence intime à soi, au monde, qui va colorer notre vision des choses.

Disponible, immobile. Et en même temps, s'abandonnant à la fluidité du moment, on devient eau, ruisseau, source, ou bien nuage, pluie – le choix est large. Voguant ainsi, on se glisse, on se coule, on se love dans le mouvement incessant de la vie qui va et qui vient on ne sait comment, on ne sait où, qui nous est donnée, qui nous est reprise, et qui se transforme sans cesse et transforme tout ce qu'elle touche.

Habiter sa place, habiter le monde, s'abandonner à sa puissance créative.

Sentir la présence des arbres, des cascades, de l'écume, l'odeur des nuages, la légèreté des nymphéas, la couleur de la pluie. Quand on parvient à être un arbre, une pierre, un bourgeon, le vent, l'eau, etc., on retrouve nos racines animales, végétales, minérales, on se sent tout simplement vivant parmi le vivant, on entre en résonance avec le soleil et la lune, les coquelicots et les ruisseaux. On participe pleinement au foisonnement du monde, à sa créativité, à sa diversité. Être soi, c'est entrer en résonance avec le monde. À un moment donné, il suffit de s'abandonner à cette simplicité.

S'autoriser à être soi est une expérience magique, qui nous interpelle sur de nombreux plans. Elle nous ouvre à une expérience existentielle, sensorielle, esthétique, éthique et spirituelle. Ce n'est pas une simple aventure identitaire individuelle, elle nous place dans une dimension universelle. C'est sans doute pour cela qu'elle nous conduit à l'harmonie et à une plénitude sereine et apaisée, mais plus encore à l'espérance. Être soi, c'est être dans un au-delà de soi, en résonance avec l'histoire, le monde et l'univers qui nous accueille, nous nourrit, nous dépasse.

7

Trahir pour ne pas se trahir. Un besoin universel qui traverse les époques

Dans nos histoires comme dans l'histoire de l'humanité, « trahir pour ne pas se trahir » est une constante. Si cette proposition s'est révélée être un des éléments primordiaux de notre évolution individuelle dans les sphères intimes et privées, elle a une portée bien plus large que celle du seul « développement personnel ». Elle se trouve en effet à l'origine de nombreux épisodes fondateurs de nos sociétés actuelles, ce qui lui confère une dimension universelle. Jusqu'à présent, nous ne l'avons pas reconnue comme telle, toujours par peur de mettre nos mains et de plonger notre plume dans le magma incandescent de la trahison. Désormais, nous sommes prêts à le faire, et cela va conforter encore davantage l'utilité et l'efficacité de cette reconnaissance pour chacun d'entre nous.

Être soi, je ne sais si c'est une sacrée aventure ou bien une aventure sacrée. Sans doute un peu des deux.

Ces traîtres et traîtresses qui ont écrit l'Histoire

Dans de nombreux mythes, récits et épisodes de notre histoire, les traîtres apparaissent comme les acteurs et promoteurs d'événements essentiels, constitutifs, initiateurs des grandes bifurcations de nos civilisations, quelquefois pour le meilleur, d'autres fois pour le pire. À l'origine des épisodes fondateurs de l'histoire de l'humanité, on trouve de nombreuses figures de traîtres ; c'est, bien souvent, pour ne pas se trahir qu'ils ont agi. Visionnaires, ils se sont levés, seuls contre tous, pour s'opposer à l'enfermement, à la soumission, à l'injustice. Secouer les jougs écrasants, prendre le risque de transgresser l'ordre établi, d'être mis plus ou moins durablement au ban de la société : le destin des traîtres est tout sauf reposant. Ils nourrissent leur courage du besoin d'être en accord avec leurs valeurs les plus absolues, qu'ils sont prêts à défendre pour le profit du plus grand nombre, au détriment parfois de leur propre existence. Leur destin est ainsi proche du sacrifice. Mais là encore, l'Histoire a vu apparaître des traîtres éthiques parce que libérateurs, et des traîtres salauds parce que liberticides. Intéressons-nous à quelques-uns d'entre eux. Qu'est-ce qui les a poussés à devenir traîtres ? Au nom de quelles valeurs essentielles, supérieures, ont-ils trahi pour ne pas se trahir ? Cela sans doute pourra nous inspirer et nous conforter dans nos propres aspirations.

Ève : au nom de la vie

À peine le monde et l'homme ont-ils été créés que le désordre s'annonce avec l'arrivée d'Ève. *Ich*, l'homme – qui ne s'appelle pas encore Adam –, est là, en proie à une inactivité totale. Et Dieu s'ennuie aussi de son côté. Il a bien essayé de poser un interdit, premier d'une longue série : « Tu ne mangeras pas des fruits de l'arbre de la Connaissance[1]. » Rien ne se passe. Alors Dieu lance son va-tout : « Il n'est pas bon que l'homme soit seul, je vais lui faire une aide semblable à lui[2]. » Et il créa la femme. Une interprétation toute personnelle me laisse à penser qu'elle fut nommée *Icha*, parce qu'elle n'était alors considérée que comme le féminin de l'homme, pas véritablement différenciée. Créée à partir d'une côte de *Ich*, elle était destinée à être à « ses côtés », censée faire ce qu'il fallait pour qu'il ne s'ennuie plus, c'est-à-dire qu'elle devait rester à son service, à sa disposition, ni plus ni moins dépendante de lui.

Et voici que le serpent la tente et lui présente une pomme, celle de la discorde, pour le moins de la disgrâce. Il lui offre l'accès à la Connaissance ! Elle met à peine quelques secondes pour craquer et croquer le fruit défendu. Puis-je considérer qu'elle avait trop de vitalité, de désirs pour supporter sa situation initiale ? Dans cette perspective, pour ne pas se trahir, il fallait qu'elle bouscule le destin funeste du paradis, la soumission à une parole divine qui ne laisse pas à l'humanité la possibilité de créer, d'innover. Elle avait besoin d'autres horizons, d'autres perspectives, elle étouffait dans cet espace ordonné par Dieu autour de « son » homme, où elle devait se consacrer à lui. Dans un geste irrépressible, elle transgresse donc. Advenir à elle, à l'encontre de la parole divine, quel cran !

À partir de ce moment-là, de créature elle devient créatrice. Son acte crée l'Histoire, met en marche le temps humain. Où serions-nous si Ève n'avait pas osé goûter

1. Genèse 2, 17.

2. Genèse 2, 18. Le commentaire de Rachi, grand exégèse de la Bible, est intéressant : si l'homme a du mérite, elle sera une aide ; s'il n'en n'a pas, elle s'opposera.

la pomme tendue par le serpent ? Serions-nous encore dans cet Éden où le temps était figé et immobile ? Avait-elle entendu Woody Allen en parler en connaisseur : « L'éternité, c'est bien, mais c'est un peu long, surtout vers la fin » ? Par son acte, *Icha* déchire l'immobilisme de l'Éden, ce bonheur sans partage, cette redoutable félicité de l'enfermement sur soi, cette ignorance de l'autre, ce temps zéro qui ne permet aucun projet, aucune projection. Par sa transgression, elle advient comme sujet autonome et libre, c'est-à-dire vivant.

Hors du paradis, elle respire enfin, elle vit vraiment, c'est-à-dire qu'elle peut donner elle aussi la vie, être origine à son tour. Désormais, elle s'appelle Ève, qui signifie « la mère de tous les vivants » – elle n'est donc pas seulement destinée au seul service d'Adam. Bien sûr, cette vie de sujet libre a un prix, le temps humain sera bordé par la mort et par la souffrance, la vie se gagne, se conquiert et se perd. L'important désormais, c'est de vivre, de vivre pleinement et d'honorer la vie jusqu'au bout.

Son geste a « animé » la Terre, au sens étymologique du terme : « donner une âme, principe qui anime les corps vivants[1] ». Être vivant, c'est être animé par une recherche de sens et de spiritualité, par un besoin de connaissance, véritable pulsion de vie qui amène à aller à la recherche de ce que l'on ignore, à la découverte de l'inconnu. Advenir à soi permet à Ève d'être généreuse. Elle offre au monde la connaissance. En mangeant le fruit défendu, elle fonde la possibilité de « co-naître », de naître avec un autre. La connaissance, c'est aller à la rencontre de l'autre, chercher d'autres choses que

1. Émile Littré, *Dictionnaire de la langue française*, Hachette, 1864.

ce qui est là, offert, à sa portée, se mettre en mouvement vers un au-delà des territoires habituels. Ce n'est pas végéter, mais au contraire cultiver le jardin de son existence, le rendre fertile, faire germer et pousser du nouveau, de la nouveauté, car la vie est changement constant et incessant.

De son côté, chassé du paradis, Adam s'éveille alors, et regarde – *enfin* – la femme. Fallait-il qu'elle trahisse pour qu'elle puisse exister à ses yeux, c'est-à-dire en face de lui et non plus comme un appendice de lui-même, pour qu'ils puissent se considérer l'un l'autre, se reconnaître dans leur nudité ? Ont-ils eu honte parce qu'ils étaient nus, ou parce qu'ils ne s'étaient pas encore regardés ?

À présent, ce premier couple symbolique de l'humanité se présente comme parfaitement complémentaire : si Ève est l'aspiration à la spiritualité, Adam (son nom signifie « issu de la terre ») nous rappelle que l'on doit honorer la Terre, respecter notre corps. Être vivant, c'est avancer corps et âme, esprit et matière, main dans la main, la tête dans les étoiles, les pieds dans la glaise, sans clivage entre ces deux éléments constitutifs de notre humanité. Si nous voulons chercher où l'on va, il est important de savoir d'où l'on vient, dans une tension où le récit des origines n'est pas là pour venir nourrir une nostalgie, mais pour nous propulser vers l'avenir.

Nous sommes encore aujourd'hui, toutes et tous, quelles que soient nos croyances religieuses, concernés par le message symbolique de cet acte, parce qu'il a une portée universelle et intemporelle. Ève nous a transmis le flambeau de la vie – j'allais dire le virus de la vie. Son geste nous interpelle encore, comme si elle s'adressait à tous les hommes et toutes les femmes de chaque génération, en leur disant : « Prenez votre vie en main, redressez-vous, regardez-vous face à face, considérez-vous réciproquement comme égaux. Nul ne peut être soumis à un autre. Mettez-vous chacun en marche vers le supplément d'âme qui animera votre existence, et vous pourrez alors hommes et femmes, cheminer ensemble. Ne vous trahissez plus, advenez comme sujet vivant, autorisez-vous à être vous ! » Elle nous laisse un héritage qui engage chacun, à chaque génération, à devenir vivant, à le rester coûte que coûte, en trahissant quand il le faut, en nous relevant après avoir été trahi, en osant rompre à chaque fois que cela est nécessaire. Tant que l'on vit, on n'en finit pas d'être, de devoir être, de pouvoir être et d'avoir été. Notre problème de mortel, c'est qu'à l'intérieur des limites de la vie, cela peut ne jamais finir de naître et de renaître.

Judas : la foi en un monde meilleur

Comment ne pas citer Judas ? Vingt siècles après sa mort, il n'en finit pas de faire parler de lui, de fasciner toujours et encore, de déranger. Il a été peint, représenté tant de fois, évoqué à travers de nombreux ouvrages, depuis l'Antiquité jusqu'à nos jours. Longtemps, il n'a été considéré que comme un sordide agent de Satan, archétype du traître salaud et du renégat. À présent, certains ouvrages cherchent à le réhabiliter et se demandent s'il ne serait pas plutôt le disciple le plus fidèle de Jésus[1].

1. Nous pensons notamment aux ouvrages d'Armand Abecassis, *Judas et Jésus : une liaison dangereuse* (Paris, Éditions 1, 2001), et de Pierre-Emmanuel Dauzat, *Judas : de l'Évangile à l'Holocauste* (Paris, Bayard, 2006), dont est tirée cette citation : « Et si Judas était celui grâce à qui nous croyons encore à Dieu ? Celui qui poignarde Dieu le conserve du même geste. Reste qu'il aura fallu vingt siècles pour retourner la question

Non seulement ils remettent en cause le fait qu'il aurait été le traître, mais ils considèrent aussi qu'il a été trahi par l'Histoire qui n'a pu/su retenir le sens et la grandeur de son geste. Son baiser ne serait pas un geste de trahison, mais au contraire de révélation, qui désignerait au monde avec force la divinité de Jésus. « Voici que nous montons à Jérusalem, et le fils de l'homme sera livré aux grands prêtres et aux scribes. Ils le condamneront à mort, et le livreront aux païens pour qu'ils se moquent de lui, le flagellent et le crucifient ; et le troisième jour il ressuscitera[1]. » Il faut dire que l'étymologie du verbe « livrer » est intéressante. Livrer vient du mot latin *liberare*, qui signifie à l'origine « rendre libre », « affranchir ». Cette signification dominait à l'époque où les Évangiles ont été écrits, il est donc important de la prendre en considération. Au regard de cela, nous pourrions dire que Judas, par son geste, a rendu Jésus à sa filiation divine, lui a permis de s'affranchir de sa condition humaine en ressuscitant après sa mort ; il a pu ainsi quitter son corps d'homme pour naître à sa divinité. En tout cas, Jésus était suffisamment connu pour que le geste de Judas ne soit pas une simple dénonciation. Jésus ne se cachait pas, il pouvait être arrêté à n'importe quel moment. Il n'aurait pas eu besoin d'être dénoncé par qui que ce soit. Le baiser est davantage une révélation qu'une délation. Tout se passe comme s'il avait fallu que ce geste s'accomplisse pour que Jésus soit vraiment reconnu comme le « Fils de Dieu ». De plus, Jésus sait qu'il va être « livré ».

---

du pardon. Judas pourra-t-il nous pardonner ? Le nœud coulant dont nous l'avons affublé lui interdit à tout jamais de nous répondre. »

1. Matthieu 20, 18-19.

Il l'annonce explicitement, à plusieurs reprises à ses apôtres. « Ce que tu as à faire, fais-le vite. » Ainsi, on peut penser que Judas ne « trahit » pas, mais qu'il « traduit » la divinité de Jésus. Ce faisant, il prend sur lui le risque de la trahison. Il devient « le maudit », et fait subir à ses descendants un sort dramatique.

Pour être soi, il faut peut-être accepter de mourir à certaines choses, de quitter une première manière d'être au monde, de se délester de poids inutiles. Mourir à soi pour renaître et ressusciter encore plus proche de sa propre vérité, cela demande sans doute d'être aidé et accompagné par un ami dévoué, bien intentionné. Et si Jésus et Judas étaient complices, liés par une amitié à toute épreuve, pleine de connivence ? Judas aurait accompli son geste pour permettre au Christ d'advenir à son destin, il l'aurait fait par fidélité à son ami, par extrême loyauté. Endosser les habits de traître, quitte à en subir les conséquences personnellement, pour pas trahir sa foi, son espérance en la possibilité d'un monde meilleur, et en garantir l'advenue. Trahir pour ne pas trahir la foi en des temps messianiques, en une humanité digne d'elle-même ; peut-être, par son geste, Judas envoie-t-il ce message aux hommes : « N'hésitez pas à trahir si c'est pour découvrir, révéler, accéder à ce qui est sacré en vous, et chez les autres ; soyez attentif à votre dignité et à celle des autres. »

Socrate et Galilée : même combat pour défendre la vérité

Le traître, c'est celui qui ose penser différemment des autres, qui introduit le ver dans le fruit, faisant preuve quelquefois d'une puissance d'anticipation étonnante. Avec le recul, certains hérétiques apparaissent comme des visionnaires. Un peu trop en avance sur leur temps, ils ont l'impudence et l'imprudence de ne pas être d'accord avec les thèses officielles. Quand ils font entendre leur voix, leur vérité, leur découverte, c'est la révolution !

Ils furent nombreux. Citons Socrate (ve siècle avant Jésus-Christ), par exemple. Il fut accusé de corrompre les jeunes, de les détourner des dieux de la cité, considéré comme un paria dangereux pour l'ordre athénien, alors qu'il avait à cœur de faire advenir la vérité. Il se considérait lui-même comme « le taon » d'Athènes, refusant les idées toutes faites, dénonçant l'hypocrisie de la société, volontiers iconoclaste mais pour être plus juste, plus pertinent, et éviter les erreurs de jugement préjudiciables à la réflexion. Par sa méthode, il voulait apprendre à penser, à raisonner, libérer la réflexion de fausses certitudes, invitant à aller en profondeur pour ne plus s'embourber dans les évidences premières qui souvent ne sont que des sources d'erreurs. Bien entendu, il gênait « la bonne société » et fut condamné à boire la ciguë, c'est-à-dire à mourir. Tout en contestant ces accusations, il refusa de se défendre, ce qu'il aurait considéré comme un dédit, une compromission. Il est resté jusqu'au bout « droit dans ses bottes », demeurant comme Job fidèle à lui-même. Le temps a rapidement fait son travail : il fut, presque aussitôt après sa mort, considéré comme l'un des plus grands philosophes de notre monde occidental.

Citons également Galilée (1564-1642). Que la Terre ne soit pas au centre de l'univers, qu'elle tourne autour du Soleil, est d'une plate évidence aujourd'hui ! Pour l'avoir énoncée en son temps, Galilée a bel et bien failli perdre la vie. Il s'opposait aux croyances religieuses et voulait libérer la science du joug de la religion. Facteur d'émancipation et de progrès, l'hérésie nécessite un grand courage ; elle est même l'opposé de la lâcheté. Il faut oser lutter seul contre tous.

Le message de Socrate et de Galilée pourrait être : « Questionnez les croyances les mieux établies, interrogez-les pour savoir si elles sont dignes de votre adhésion ». S'autoriser à être soi, c'est affronter la solitude.

Machiavel : leçons pour gouverner

En politique, la trahison est-elle évitable ? « Chacun entend assez qu'il est fort louable à un prince de tenir sa parole et de vivre en intégrité, sans ruses ni tromperies. Néanmoins, on voit par expérience que les princes qui ont fait de grandes choses n'ont pas tenu compte de leur parole, qu'ils ont su, par ruse, circonvenir l'esprit des hommes et qu'à la fin, ils ont surpassé ceux qui se sont fondés en loyauté[1]. » Pour Machiavel, l'affaire est entendue, l'éloge est sans détour. Ne pas trahir, c'est mourir. Gouverner, c'est gérer des trahisons ; garder sa place, c'est se poser en traître pour ne pas être victime. *Exit* la morale, le moralisme, les états d'âme, au nom d'un pragmatisme politique qui place la continuité de l'État comme valeur suprême, et comme responsabilité première du prince. Une fin légitime justifierait des moyens… illégitimes. « Le prince est souvent contraint, pour maintenir ses États, d'agir contre sa parole ; il faut qu'il ait l'entendement prêt

1. Machiavel, *Le politique. Textes choisis*, éd. M.-C. Lepape, Paris, PUF, 1968.

à tourner selon que les vents de la fortune et variations des choses lui commandent [...] Pour les actions de tous les hommes, et spécialement les princes [...] on regarde d'abord le succès. Qu'un prince donc se propose pour but de vaincre et de maintenir l'État : les moyens seront toujours estimés honorables et loués de chacun. »

Nos républiques, nos gouvernements, pour autant qu'ils obéissent à des règles démocratiques, fonctionnent-ils autrement ? Au moins l'enseignement de Machiavel énonce-t-il ouvertement le jeu de la politique. C'est peut-être cela, la rigueur d'un prince : ne pas se duper lui-même, même s'il dupe les autres. Ne se faire aucune illusion sur soi-même. Un homme d'État qui se sait traître est peut-être déjà un « prince ».

Si aujourd'hui on ne tue plus pour des questions de système solaire, certains États totalitaires continuent à user de violences pour éliminer tout risque de subversion. Jamais la chasse aux traîtres, d'ailleurs, n'est aussi virulente que dans les dictatures. Bien souvent arrivés au pouvoir par des malversations et des actes de félonie, les dictateurs cherchent ensuite à en éradiquer toute trace, et tout risque. « Aucune société n'a évité les injustices ; tant que ces injustices passent pour telles, quelque chose est sauvé. [...] Telle est l'originalité sinistre des tyrannies du XXe siècle. L'essentiel n'est pas qu'elles tuent plus que celles d'hier [...]. Elles ont l'ambition de créer un homme nouveau qui adorerait ses maîtres et tiendrait pour dogmes les oukases du pouvoir. Dans un tel monde les valeurs se renversent. La trahison ne sera plus la chose du monde la mieux partagée. Tout au contraire, rare et sublime, elle sera le dernier refuge de la liberté[1]. » Ainsi, la bonne santé d'un pays, d'une civilisation se mesurerait à l'existence de ses traîtres !

Le message de Machiavel serait : « Trahissez, mais soyez au clair avec ce qui vous amène à trahir. Autorisez-vous à réussir, mais ne soyez pas dupe de vous-même, ne trichez pas avec vous. »

De Gaulle, ne jamais se soumettre

La trahison est donc non seulement inévitable, mais elle est aussi indispensable. Comment vivrions-nous sans nos dernières grandes figures de traîtres ?

Le 18 juin 1940, quand de Gaulle lance son appel depuis Londres, il prend tous les risques en se posant explicitement en dissident par rapport au gouvernement de Vichy. La sentence ne tarde pas. Quelques jours plus tard, il est condamné à mort par contumace, par le tribunal militaire, pour désertion et mise au service d'une puissance étrangère ; il sera déchu de la nationalité française et privé de tous ses biens. Pendant cette période trouble, qui trahit qui ? Car, à ce moment-là, rares sont ceux qui, comme de Gaulle, considèrent que la trahison est du côté de Pétain, d'autant que le gouvernement constitué par ce dernier a été reconnu alors par une grande partie de la communauté internationale. Pétain, à peine installé à Vichy, accueille le nonce du pape, l'ambassadeur de l'URSS, le représentant du président Roosevelt, puis ceux d'autres puissances comme l'Italie ou le Japon, l'Espagne ou le Canada. Sans parler de la majorité des citoyens français qui reconnaissent en cet homme celui qui a sauvé la France préciser

1. Raymond Aron, « Le dernier refuge de la liberté ? », *Le Genre humain*, 1, n° 16-17, Paris, Seuil, 1988, pp. 19-40.

« à Verdun en 1916. » Il bénéficie d'une aura et d'une large confiance, alors que de Gaulle sort de nulle part.

En 1940, de Gaulle trahit donc, mais au nom d'une dignité à retrouver, d'une souveraineté à reconquérir, d'une liberté à gagner. La démocratie, la république, les valeurs auxquelles il croit ne peuvent être sauvées qu'en triomphant du nazisme. Il n'aurait pas pu regarder le désastre passivement, il fallait qu'il se lève et se soulève, cherchant des alliés suffisamment nombreux, courageux et puissants. Pour lui, la guerre est une guerre idéologique, morale, politique avant tout. Soutenu par les puissants alliés, il fut la figure centrale qui catalysa les forces de résistance et incarna la Libération.

Là aussi, dans un premier temps, il a eu le courage d'endosser le mauvais rôle. Il en perd l'honneur, cesse d'être reconnu par sa patrie. Au moment où il s'oppose au pouvoir en place, nul ne sait alors comment l'histoire tournera. Son message pourrait-être : « Soyez prêts à supporter les conséquences de vos actes. Être vous, ne vous amènera pas que des amis ! Apprenez à faire face à l'adversité avec le moins de compromission possible. »

Traîtres libérateurs ou liberticides, éthiques ou salauds ?

Le temps des doutes

Le traître bouleverse donc l'ordre premier, la trahison brise l'horizon donné. Le traître infléchit le cours de l'Histoire : son acte, irrévocable, irréversible, interdit que les choses soient désormais tout à fait comme avant. Les retentissements sont souvent imprévisibles. Il le pressent. Il engendre une ère nouvelle – meilleure ou pire, c'est l'histoire qui en décidera et jugera. Car, au début d'une action, nul ne sait quelle tournure va prendre le cours des événements, et personne ne peut mesurer la portée des actes transgressifs. En attendant ce verdict à venir, le traître traverse le gouffre vertigineux de ses hésitations et de ses doutes. S'il s'oppose à l'ordre établi de son groupe d'appartenance initial, c'est parce qu'il ne croit plus aux valeurs qui y sont prônées, il ne partage plus grand-chose avec ses anciens comparses, il est à la recherche d'un nouveau sens. Il les abandonne donc au nom d'un idéal qu'il juge supérieur et cherche à fonder d'autres alliances, en vue de faire advenir des nouvelles perspectives plus en accord avec ce qu'il veut désormais défendre. Mais comment être sûr de la pertinence, de la justesse, de la légitimité de son nouveau système de valeurs, savoir si sa représentation du monde est fondée ? Au début, il ne peut s'appuyer que sur son besoin impérieux et tenace de ne plus se trahir, sur la force de ses convictions. Mais sera-t-il suivi ? D'autres pensent-ils comme lui ? Si c'est le cas, seront-ils prêts à prendre tous les risques, et notamment celui d'être considérés comme des parias pour un temps indéterminé ?

Les doutes sont encore plus mordants quand les choix se présentent comme un dilemme éthique entre deux valeurs, ou entre des loyautés de force morale égale, auxquelles on est attaché avec la même puissance ou presque. Corneille a très bien décrit la souffrance de ces situations auxquelles nous sommes tous confrontés à un moment ou à un autre dans notre vie. Elles ne se concluent pas toujours par une *happy end* comme dans *Le Cid*, et ne font pas de nous tous des héros !

Rappelons-nous : Rodrigue aime Chimène, tout va pour le mieux dans le meilleur des mondes puisqu'ils ont l'accord de leur famille pour convoler en justes noces. Mais c'est sans compter les embûches de la vie de cour. Une rivalité va opposer leurs pères. Don Diègue, trop âgé pour affronté en duel Don Gomez, le père de Chimène, charge son fils, Rodrigue, de le remplacer. Comment choisir entre le devoir et l'amour ? Entre l'obéissance due à son père et la promesse du bonheur ? Quelle que soit la décision, il y aura déchirement, perte, douleur insurmontable, culpabilité, regrets, remords. Comment placer une valeur au-dessus de l'autre ? Rodrigue, guidé par les codes sociaux de son époque, choisira le devoir filial contre la fidélité à son amour. Et il tuera en duel le père de Chimène. Dans un même geste, il sauve l'honneur de son père mais perd Chimène à jamais. Il doit non seulement renoncer à son bonheur, mais aussi supporter la colère et la haine de celle qu'il continue d'aimer. Bien triste et amère victoire qui ne peut être compensée par la seule satisfaction du devoir accompli. Même résolu, le choix crée une scission interne : le fils est satisfait, l'homme est meurtri. Heureusement, d'autres événements permettront aux amoureux de se retrouver. Ouf !

Mais si, dans une pièce classique, nous connaissons rapidement le dénouement, le temps de l'Histoire s'étale quelquefois péniblement avant que l'on puisse découvrir comment les vents vont tourner.

À qui profite la trahison ?

Il faut souvent attendre pas mal de temps avant de savoir si une trahison sera destructrice ou libératrice. C'est quand on en mesurera les effets que l'on pourra l'évaluer. Au regard de sa finalité, on saura à qui elle profite. C'est la question clef.

De magnifiques personnages, comme Gandhi, qui s'est levé pour conquérir par la non-violence l'indépendance de l'Inde, ou comme Nelson Mandela, qui a pris tous les risques pour lutter contre l'apartheid, ont agi sans craindre pour leur propre vie. Leur conviction était placée au-delà de leur intérêt personnel. Au nom des valeurs qu'ils défendaient, ils étaient prêts à tout affronter, notamment la virulence des pouvoirs en place. Ils l'ont fait pour les autres, pour leurs peuples opprimés. Ils ont puisé leur détermination dans la lutte contre les discriminations et la soumission ; ils ont constitué un contre-pouvoir aux institutions inégalitaires en place et œuvré pour rétablir une justice, un équilibre des forces. Trahir l'Angleterre en s'opposant à sa domination sur le peuple indien, trahir la suprématie blanche pour donner des droits au peuple noir d'Afrique du Sud, c'était ouvrir l'Histoire vers plus d'humanité, pour la dignité du plus grand nombre. Dissidents aux yeux du pouvoir établi, ils sont devenus des héros libérateurs parce qu'ils ont réussi. S'ils avaient échoué, ils auraient rejoint les nombreuses victimes des régimes en place. Ils auraient péri, anonymement, comme tant d'autres, dans les geôles de l'État. Leur but, tout au moins au début de leur engagement, n'était pas la quête de la gloire ni celle des honneurs.

À l'opposé, Hitler, en visant la suprématie de son peuple sur tous les autres, en discriminant, en clivant, en condamnant, a trahi l'humanité par l'étendue de ses crimes. Tout était soumis à sa volonté de puissance et au culte de sa personne. Seuls ses intérêts et ceux des

« siens » étaient pris en compte. Sa barbarie se justifiait totalement au nom de sa représentation clivée du monde et du pouvoir. Il avait des certitudes, ne doutait pas, et il a réussi à persuader tout un peuple, ou presque, qu'il était du bon côté de la morale, qu'il agissait pour la « bonne cause », au nom de la préservation de « la pureté de la race aryenne ».

Lorsqu'une trahison suppose l'exclusion, impose le rejet, voire l'extermination d'une partie de la population, crée arbitrairement des scissions entre le « bon » peuple et celui qui est désigné comme « mauvais » et qu'il faut effacer, elle n'est que la manifestation de la cruauté. Toute forme de gouvernement qui ne vise qu'à renforcer le pouvoir en place et à imposer une pensée unique, sans craindre d'user de mensonges, de s'appuyer sur de bases scientifiques fausses, est dangereuse. Prise dans un engrenage, elle écrase par la violence toute dissidence. Tout est contrôlé, muselé, la répression et la peur maintiennent l'ordre, rares sont les opposants à l'intérieur de l'État. Tout ce qui est autre est détruit, broyé – hommes et femmes venant d'un autre pays, présentant une autre couleur de peau, une autre religion, une autre orientation sexuelle, etc.

Une trahison qui ne vise pas l'émancipation du plus grand nombre, qui entrave l'évolution des idées, qui n'est pas au service de la cohésion d'un peuple, qui le clive et utilise une forme de guerre civile pour mieux instituer son propre pouvoir, n'est que néfaste. Toute incitation à la haine, au racisme, au rejet, signe le négatif, le tragique de la trahison. Elle relève alors de la traîtrise.

Inventer des traîtres ?

Mais, aussi importante que soit la trahison, elle ne peut pas à elle seule asseoir le changement ; le récit va constituer un facteur essentiel de la réussite. La trahison représente un moment où le sens se perd, où les certitudes vacillent, où tout un pan de la population peut basculer dans un autre camp. Devant l'ambiguïté de la situation, face au trouble jeté par celui qui s'oppose à l'ordre premier, il faut pouvoir désigner qui est le traître : de Gaulle ou Pétain ? Hitler ou tous ceux qui ne sont pas aryens ? Le récit va désigner soit le héros à suivre, soit le salaud à abattre. Il est alors indispensable de nommer clairement le traître, de désigner explicitement la trahison.

Désigner l'ennemi, le diaboliser pour mieux émouvoir, faire peur, cela va permettre au groupe de resserrer ses liens, de les renforcer, de consolider les pactes. Le récit est au service de la cohésion du groupe, renforçant le sentiment d'appartenance chez ceux qui écoutent, traçant une frontière désormais infranchissable entre « nous, les bons », et « les autres, irrémédiablement mauvais ». Il construit, structure, ordonne jusqu'à l'identité de ses membres. Un langage commun, des expressions partagées, vont donner de la consistance aux liens qui unissent déjà le clan. Il crée du sens et donne une orientation ; dans la mesure où le récit forge une réalité à laquelle on a tendance à se conformer, il édicte des normes à respecter pour faire partie du groupe. Quiconque ose les transgresser deviendra un traître. Le récit de la trahison se doit d'être édifiant, porté par l'émotion, la moralisation ;

l'adhésion peut se transformer en une véritable dévotion, plus ou moins aveuglante. « Accuser quelqu'un de trahison, puis le juger, c'est contribuer à l'établissement d'une nouvelle légitimité, et édicter une pratique nouvelle de la morale. Si ce n'est pas l'accusation qui invente le traître, c'est elle qui lui donne son identité aux yeux de tous[1]. » Le traître assure une fonction sociale indispensable à la cohésion d'un groupe. En fait, c'est tout un système social et idéologique qui se raconte dans la manière de délimiter les formes de la trahison, de la désigner. Les mystifications forgées à cette occasion, les rumeurs, les *fake news* constituent un outil puissant au service de la propagande et de la désinformation. Le mythe du traître, individu corrompu, sans scrupule, va servir de pierre angulaire à la construction et au maintien de la morale défendue. À travers ces récits, le mal est nommé, stigmatisé. L'interdit est rappelé. Il faut qu'il soit rappelé sans cesse, à travers des discours. Le groupe peut se fédérer autour de l'horreur suscitée. La pensée manichéenne règne, avec tout ce qu'elle a de réducteur. Le « mauvais » est externalisé ; le traître aura permis d'évacuer la dimension interne des conflits. Ce sont les autres qui sont condamnables, et il faut tous s'unir contre eux. L'exclusion du « mal » devient alors une tâche sans relâche et qui justifie le pire, s'effectuant parfois au prix de violences terrifiantes au regard desquelles le geste du paria peut paraître dérisoire.

Au besoin, comme dans l'affaire Dreyfus, le récit crée la trahison : on invente un traître, véritable bouc

1. Raymond Aron, « Le dernier refuge de la liberté ? », *Le Genre humain*, 1, n° 16-17, Paris, Seuil, 1988, pp. 19-40.

émissaire, pour mieux fédérer le groupe *contre* lui et ce qu'il représente.

C'est sur la place publique que les récits se font, par des discours qui permettent aux leaders de galvaniser les foules, pour mieux les guider ou les endoctriner. Que ce soient des dictateurs ou des traîtres-héros, comme Martin Luther King, dont on se souvient de la magnifique formule : « J'ai fait un rêve », il faut trouver des slogans forts, créer des légendes pour entraîner le peuple, encourager la lutte, la légitimer et la partager avec le plus grand nombre. Il faut pouvoir justifier la cause et le rôle qu'on y joue pour obtenir l'adhésion la plus large. Les traîtres salauds sont particulièrement experts en la matière : Hitler n'hésitait pas à employer les grands moyens en agrémentant ses harangues de musique.

Au XXIe siècle, trahir pour retrouver sa dignité de sujet

Aujourd'hui, ce sont les réseaux sociaux qui jouent un rôle important dans le récit des trahisons et la désignation des traîtres. Ils peuvent rendre populaire quelqu'un ou l'« abattre » sur la place publique. Avec leurs messages qui se répandent comme une traînée de poudre, ils peuvent livrer en pâture un homme ou une femme connus ou inconnus, un copain de classe, un collègue, un ami, un voisin. Comment résister, se défendre, face à cette impressionnante machine à broyer, aux effets souvent incontrôlables et dont les excès ont déjà mené certains au désespoir et au suicide ? Ils sont devenus le terrain privilégié des luttes d'influence, grâce à leur puissance de diffusion, mais aussi grâce à l'anonymat, qui permet de divulguer lâchement, en toute impunité ou presque, les pires malveillances et les rumeurs infondées.

Nuisibles et ô combien dangereux quand ils sont malveillants et malsains, les réseaux sociaux sont cependant susceptibles également de soutenir de manière très efficace des luttes justes et légitimes, de leur donner une visibilité qu'elles n'auraient peut-être pas pu avoir autrement.

Les nouveaux visages de la trahison

Au XXIe siècle, comment se portent les trahisons ? Dans les chapitres précédents, nous avons vu qu'elles allaient plutôt bien dans un certain nombre de contextes de vie. Au niveau de nos sociétés, qu'observons-nous ? Nos contextes géopolitiques ont changé, nos sociétés aussi. Nous ne nous battons plus aujourd'hui pour les mêmes causes qu'hier. De nombreux pays ont accédé à leur indépendance après la décolonisation. La démocratie a gagné du terrain dans le monde, même si trop d'États y échappent encore. Nos sociétés occidentales reconnaissent les droits de l'homme, ainsi que les droits de l'enfant depuis quelques années, et les respectent tant bien que mal.

Certes, il faut et il faudra sans doute longtemps encore se lever contre des injustices et des inégalités sociales inadmissibles face aux richesses insolentes de certains. Les luttes contre le pouvoir financier qui, au nom du profit toujours plus grand, licencie et précarise des milliers de travailleurs ont encore de beaux jours devant elles. La liberté d'expression est un bien précieux qu'il faut sans cesse défendre contre des courants obscurantistes et contre les dangers des *fake news* et des rumeurs complotistes. Les victoires acquises durement restent fragiles face à des forces régressives et hyper-conservatrices. Les discriminations et les stigmatisations de toutes sortes, ravageuses, sont encore trop fréquentes, et certains courants idéologiques les entretiennent à loisir et en font leur fonds de commerce.

Mais les différents modèles sous-tendus par ces tensions sociales, économiques, politiques ou idéologiques font l'objet de débats qui entretiennent et nourrissent nos démocraties. Nos instances démocratiques, potentiellement menacées par des puissances extérieures mais aussi par des groupuscules extrémistes en interne, tiennent pour l'instant le coup, même si cela nécessite une vigilance extrême. Leurs imperfections sont certes nombreuses, les menaces qui pèsent sur elles également, mais nous avons acquis des droits fondamentaux incontestables, définis pour tous et censés être les mêmes pour tous les citoyens d'un même pays. Dans un tel contexte, nous pourrions dire que nous avons moins besoin de grandes figures de traîtres pour nous défendre ; les syndicats, les partis politiques, les élections, l'organisation de la justice, les associations, les ONG, certains grands mouvements sociaux comme les Gilets jaunes, etc., veillent pour préserver les acquis et les droits, pour les améliorer. Ce sont moins des figures charismatiques qui prennent la tête des mouvements contestataires, mais d'avantage des associations et regroupements de personnes.

Au XXIe siècle, dans certaines sociétés occidentales, la fonction des trahisons libératrices s'est déplacée. On ne trahit plus pour les mêmes causes ni de la même manière qu'auparavant. Nous sommes passés de la défense des droits citoyens à la défense de la *dignité* des individus, qui aspirent à être reconnus et respectés comme sujets dans l'intégrité de leur personne.

Aujourd'hui, trahir, c'est dénoncer des tabous, notamment ceux liés à la pédophilie, aux violences sexuelles, à la maltraitance physique et psychique des enfants, à l'inceste trop longtemps passé sous silence, etc. Libérer la parole parce qu'à un moment, trop, c'est trop ! La souffrance longtemps refoulée, enfermée dans la honte, explose et s'expose pour faire valoir la vérité, lever le voile sur la dépravation de certains, mais aussi sur la complicité et la trop grande complaisance de leur entourage et parfois aussi des institutions dans lesquelles ils exercent. Il s'agit d'en appeler à la loi pour que justice soit faite, pour abolir les délais de prescriptions, pour faire baisser les seuils de tolérance à ces violations de la personne. Lever des secrets, des non-dits, en brisant l'omerta qui a couvert et couvre encore les traîtres salauds qui se sont crus intouchables. Trahir, c'est s'accorder un droit à la parole pour faire tomber le mur du silence érigé par des institutions puissantes et prétendument bien-pensantes, mais aussi par toutes celles et ceux qui, pour ne « pas faire de vague », ont longtemps refusé d'entendre la plainte et la souffrance des victimes, dans les milieux religieux comme dans ceux de la politique, de la finance, du cinéma, de l'art, de la littérature, du sport et tant d'autres, mais aussi dans les familles elles-mêmes ! Où finit l'aveuglement, où commence la complicité de tous ceux qui n'ont pas voulu voir ou qui savait et n'ont pas cru bon de parler afin de protéger des enfants, des adolescents, de l'emprise dramatique des prédateurs ? Trahir la trahison de la « bonne société » qui, au nom de la moralité qu'elle était censée incarner et défendre, fermait, en toute bonne conscience, les yeux sur les abus et les excès de certains hommes, notamment ceux qui ont une position de pouvoir, une notoriété, une forte puissance d'influence. Dénoncer, dire, cela soulage dans un premier temps, mais cela permet aussi de partager la douleur, le traumatisme, d'alerter, d'éviter de nouvelles victimes, de soutenir celles et ceux qui ont subi des abus et qui sont souvent trop affaiblies, démunies, isolées. C'est un combat pour soi mais aussi pour les autres. « Ce que personne n'a fait pour moi, c'est important que je puisse le faire pour les autres, c'est une forme de réparation. » Dire, c'est aussi retrouver une position active.

Pour en arriver là, combien a-t-il fallu d'années de lutte, de persévérance, de courage, avant de faire reconnaître que la pédophilie, l'inceste, les maltraitances, les violences faites aux enfants et aux femmes étaient juridiquement des crimes, même si beaucoup n'ont pas encore été condamnés et que certains ne le seront jamais ? Il faut pouvoir trouver les mots. Même dans le cadre d'une thérapie, lieu privilégié de confiance, il n'est pas facile d'évoquer les ravages subis ; dépasser l'amnésie traumatique pour retrouver la conscience des abus et des violences demande quelquefois des années. D'autre part, la parole qui cherche à se libérer rencontre une forte résistance, à commencer par celle des familles elles-mêmes, qui ne veulent rien entendre, s'enferment dans le déni. On entend encore trop souvent ce genre de phrases : « Une main dans la culotte, ce n'est pas grand-chose ! », « Elle l'a cherché avec ses jupes courtes », « Il était consentant », « Si on n'a plus le droit de séduire, alors on tombe dans le puritanisme pur et dur » ?

Ne pas se trahir est toujours un parcours du combattant, contre les autres mais aussi contre soi-même et contre les doutes qui assaillent en permanence. Il faut pouvoir dépasser la honte, la culpabilité écrasante de n'avoir pas su/pu se défendre, de n'avoir pas su/pu échapper à l'emprise. Il faut oser prendre le risque de briser le silence, dépasser l'hésitation qui prend aux tripes quand on mesure à quel point elle va faire voler en éclats l'union sacrée de la famille, entre ceux qui soutiennent et ceux qui continuent à réfuter et condamnent la prise de parole. Être et rester fidèle à soi-même suppose d'affronter la terrible responsabilité d'une accusation qui va mener le père, le beau-père, le cousin, l'oncle devant la justice. Il faut pouvoir rester solide lors d'une confrontation où il s'agira de redire le sordide, la honte, la peur, l'emprise. Comment rester soi-même et ne pas s'effondrer quand on mesure la complicité tacite de certains adultes censés protéger les enfants ? On est face à un débat cornélien, quand, pour se respecter soi, il faut accuser sa famille. Trahir les traîtres et leurs complices exige un courage que l'on peut puiser dans la ferme volonté du « ne pas se trahir », véritable source de résilience.

Une autre voix de la trahison s'élève, qui réclame la liberté d'être soi, qui revendique haut et fort le droit d'être ce que l'on est ; elle est surtout le fait des communautés LGBTQIA+, dont les membres demandent le droit d'être qui ils sont, et d'être reconnus et acceptés comme tels. Longtemps, les homosexuels ont dû cacher, nier, refuser ce que leur corps exprimait d'eux. Non seulement leur souffrance était méconnue, mais leur orientation sexuelle était considérée comme une pathologie.

On sait que certains pays condamnent encore les homosexuels ; inutile de dire que la transsexualité ne peut même pas y être évoquée. Les luttes des minorités sexuelles ont non seulement permis, aujourd'hui en France et dans d'autres États, l'accès au mariage pour tous, sans discrimination au regard de son orientation sexuelle, mais encore, du moins en théorie, l'ouverture de l'adoption aux couples homosexuels. Les transgenres osent exprimer leur besoin impérieux d'accéder à une unité entre ce qu'ils se sentent être au plus profond d'eux et ce que leur corps donne à voir ; ils expliquent souvent que, dès la naissance, les uns se sentent « garçon » alors qu'ils ont un corps de fille tandis que les autres ressentent le contraire. Désormais, la médecine et la chirurgie peuvent permettre d'accéder à une réattribution sexuelle, manière d'échapper à l'assignation de naissance. Là aussi, on imagine le parcours de combattant que cela implique pour aller jusque-là, la difficulté de se révéler « trans », de supporter les réactions de sa famille, de la société, de l'état civil, les doutes, les peurs. Mais ceux qui parviennent jusqu'au bout de leur affirmation de genre la ressentent comme une renaissance qui leur permet de vivre enfin en accord avec eux-mêmes, dans une transidentité affirmée. Et même si nous ne sommes pas concernés directement par cette question, il est important d'en mesurer la portée. Revendiquer la liberté d'être soi participe à la révolution anthropologique que nous avons déjà évoquée, car le sexe ne crée plus le genre. On peut naître femme et devenir homme, et deux papas peuvent élever un enfant.

Ce qui est remis en cause et ébranlé, ce sont ni plus ni moins les bases ancestrales de l'organisation du monde, instituée jusqu'à présent autour du pouvoir des hommes sur les femmes, du clivage féminin-masculin ; il s'agit d'un changement tout aussi important, sans doute, que la révolution copernicienne. Les résistances auxquelles elle va se heurter sont proportionnelles aux bouleversements engagés. Quoi qu'il en soit, elle est en marche et nous concerne tous. Si les sociétés ne sont plus bâties sur la dualité, sur l'opposition hommes-femmes, cela nous met face à cette question fondamentale : qu'est-ce qu'être sujet ? Comment être soi en dehors des standards genrés s'ils sont dépassés ? Comment instituer un vivre-ensemble qui ne soit plus annexé ni soumis à l'ancienne répartition des genres ? On le pressent : la dimension éthique va être primordiale.

Au regard de ces deux formes contemporaines de trahisons, nous pourrions dire que la grande nouveauté, c'est la mise en avant de l'importance du corps. Un corps à respecter, à réparer, à reconstruire dans le cas des violences subies ; un corps à affirmer dans les luttes LGBTQIA+, dans un souci de cohérence entre le physique et le mental. Un corps qui ne doit plus souffrir. Car l'avènement de soi comme sujet passe par l'unité du corps et de l'esprit, unité qui ouvre à un profond sentiment de dignité.

Ainsi, l'honneur qui est à défendre, c'est le sien propre, et non plus celui de sa famille. On n'hésite pas d'ailleurs à « laver son linge sale » sur la place publique, le privé s'expose et prend à partie la société et les groupes sociaux, les obligeant à se positionner. Une constante demeure. C'est dans le « ne plus se trahir » que les combattants d'aujourd'hui, comme ceux d'hier, trouvent leur énergie, forgent leur volonté, leur ténacité. Le besoin de dire qui caractérise notre époque se nourrit du besoin de (re)devenir maître de son destin, acteur de sa vie. Il s'agit encore et toujours de s'émanciper des entraves. De ne plus accepter d'être trahi, au nom du respect dû à chacun, au travail, à l'école, dans sa famille, dans la rue. De ne plus subir de harcèlement, d'affront, de ne plus devoir se plier aux désirs des puissants – souvent des hommes – pour garantir son emploi ou un rôle dans un film, de ne plus craindre de dénoncer un père, un ami de la famille, un prêtre. De puiser dans la conscience d'une dignité à défendre le courage d'affronter et sa souffrance et le regard de la société, dont on ne sait pas toujours de quel côté elle est.

La fonction et la méthode du récit aussi se sont transformées. Fréquemment, on observe des débuts timides de libération de la parole. Par exemple une chanteuse comme Barbara ou une artiste comme Nicki de Saint Phalle avaient déjà évoqué l'inceste à demi-mot, l'une dans une chanson, l'autre dans son œuvre. Mais il a fallu du temps pour que des petits groupes d'influence se forment, les soutiennent... Pour que le mouvement enfle et finisse par se faire entendre, l'appui de l'opinion publique est indispensable. Il prendra corps, s'organisera à partir d'un livre, d'une émission, d'une tribune dans un journal, de l'avis d'une personnalité. Les réseaux sociaux jouent un rôle primordial aujourd'hui : un hashtag comme #MeToo, #MeTooInceste, #MeTooGay ont une force de propagation immense. Comme des dominos, les révélations tombent les unes après les autres. En prenant de l'ampleur, le mouvement fait boule de neige, il se propage à travers la planète entière, échappant à celui ou à celle qui l'a déclenché. Relais est pris par la communauté qui se sent concernée et qui s'élargit sans cesse, les scandales et révélations entretenant et autorisant de plus en plus de *coming-out*.

Mais ce qui est intéressant, c'est que le mouvement collectif laisse à tous les individus qui se sentent concernés la liberté de s'en saisir ou non pour révéler, demander réparation, se trouver confortés, y chercher une consolation, y trouver l'appui nécessaire, agir comme il l'entend, à son rythme, et selon ce qu'il se sent prêt à faire. Le collectif autorise, il n'impose rien. Chacun, en quelque sorte, se trouve face à sa propre responsabilité et devant une décision toute personnelle : est-ce que, moi aussi, je me sens prêt à dire ? Éventuellement, comment m'y préparer ? Tout en libérant, le mouvement engagé respecte la liberté de chacun, dans une articulation entre le collectif et le particulier, l'individuel et le général.

Les trahisons ont encore de beaux jours devant elles, mais elles font aussi partie intégrante de la conquête de la liberté, elles sont indispensables pour abolir les bastions qui saccagent encore la dignité des enfants, des femmes et des hommes. Au regard de ce constat, notre axe « trahir pour ne pas se trahir » se révèle indispensable pour préserver la dynamique éthique de la liberté. Il peut en effet constituer un rempart efficace contre l'effet pervers lié à une mauvaise compréhension de la liberté.

Liberté d'être soi, certes, mais de quelle liberté s'agit-il ?

Aujourd'hui, trahir pour l'aspiration légitime à la liberté est souvent entachée de malentendus. Quelques dérapages s'y glissent qui s'apparentent à des règlements de comptes et à des lynchages abusifs. L'affaiblissement des normes sociales, des valeurs morales, des règles religieuses, des figures symboliques de l'autorité, a ouvert le champ de nos possibles, et c'était nécessaire. Pour autant, cela a également ouvert les vannes à une pseudoliberté qui consiste à se croire « tout permis » et à considérer ses droits comme un dû, en ignorant ses devoirs : « J'ai le droit de m'amuser un soir de réveillon, alors je brûle une voiture », « Je ne suis pas d'accord avec tel prof qui m'a mis une sale note, alors je vais l'attendre à la sortie », « Ma copine ne veut plus de moi, j'ai le droit de la frapper, elle ne vaut rien », « Je désire ma fille, mon fils, ma belle-fille, mon beau-fils, ma nièce, mon neveu, les enfants de mon voisin, au nom de quoi je vais me priver ? », « Je n'ai pas envie de porter un masque, j'ai le droit de faire ce que je veux ».

Être soi oblige, crée des devoirs envers les autres. Ignorer la souffrance de l'autre, le plier et le réduire à son seul désir, ignorer le respect qu'on lui doit et qu'on se doit à soi-même, c'est se nier soi-même comme sujet. Quand je considère l'autre comme un objet, je ne m'honore pas. Au contraire, je me trahis moi-même, je trahis mon humanité, je me dénigre. Quand je verrouille la possibilité d'un « vivre avec », quel sens je donne à ma présence sur Terre ? Si je ne partage pas le monde avec l'autre, je me mets moi-même hors de portée d'une fraternité possible, je m'en exclus. Et je participe à la terrifiante banalisation du mal.

Dans un tel contexte, notre axe se révèle vraiment comme une ligne directrice et dynamique de l'éthique. Cette proposition place chacun d'entre nous devant sa responsabilité, et elle peut aussi nous aider à gérer notre liberté sans entraver celle de l'autre. Il s'agirait non seulement de trahir pour ne pas se trahir, mais également de trahir sans se trahir, c'est-à-dire sans perdre de vue sa propre humanité.

Concrètement, cela signifie que, dans les contextes de vie qui nous sollicitent de toute part, qui nous confrontent à des choix de plus en plus délicats, nous avons à nous autoréguler, à juger par nous-même ce qui va constituer le juste équilibre entre ce que nous devons aux autres et ce que nous nous devons à nous-même. Nous devenons le fléau de la balance qui nous signale si nous penchons trop d'un côté (ne pas assez se respecter) ou d'un autre (ne pas assez respecter l'autre). Si notre ego est important, il doit se renforcer non pas en tant que volonté de puissance, mais en tant que conscience éthique. Il ne s'agit ni d'être un « paillasson » qui accepte qu'on lui marche dessus, ni d'être un monstre qui ne se retient de rien.

Cette tension à la recherche d'un juste équilibre se construit à partir de nos choix, en hiérarchisant les priorités qui font sens pour nous. Mais une position éthique suppose aussi une conscience suffisamment établie et solide de notre propre valeur. Le fond du mal s'enracine souvent dans une mauvaise estime de soi. Quand on se sent vulnérable, que l'on n'accepte pas sa fragilité, on surjoue la force et la violence pour se donner l'illusion d'être « fort ». Se comporter de façon éthique nécessite donc une image de soi suffisamment bonne pour nous permettre de reconnaître et de respecter ceux qui nous côtoient. Accéder à un équilibre satisfaisant pour ne pas avoir besoin d'annexer d'autres personnes, cela passe aussi par le corps, par notre rapport au monde, notre façon d'être présent à notre environnement. La conscience éthique se met également en place et s'affirme à partir de quelque chose qui se passe dans notre corps, le sentiment d'être « aligné » avec soi, en accord avec soi-même. Cela participe, pour une bien modeste part, à ce que nous apportions notre pierre à l'édification d'un monde plus pacifié.

S'autoriser à être soi, est-ce finalement, tout simplement, devenir le colibri du conte amérindien ? Devant le monde en feu, aucun animal, par peur et par sentiment d'impuissance, ne se lance pour éteindre l'incendie, sauf un colibri qui n'hésite pas à transporter quelques gouttes d'eau jusqu'aux flammes. Les autres animaux le trouvent fou. Peu importe, il poursuit et assume ce qu'il est. Les lectures actuelles de cette légende en concluent, en l'édulcorant un peu, que ce qui compte, c'est de participer et d'apporter sa contribution. Mais deux éléments clés sont symboliquement présents dans les versions transmises oralement et proches du sens originel. Notons d'abord que le colibri est un oiseau pollinisateur capable de démultiplier les graines de pollen qu'il porte dans son bec. De plus, pour comprendre le message de ce mythe, il faut aller jusqu'à l'entrée en scène du pélican. Celui-ci, admirant les efforts du petit oiseau, est stimulé par les risques qu'il prend et se met lui aussi à transporter de l'eau et à la déverser sur l'incendie. À partir de là, comme une traînée de poudre, sans doute sous l'impulsion du colibri, des centaines et des centaines de pélicans participent à l'extinction du feu. Il a fallu le courage et l'obstination du petit oiseau, et la prise de conscience du plus grand, pour embraser l'engagement solidaire.

Conclusion
Soyons fous, espérons !

Dans les temps de crise que la pandémie liée au Covid nous a fait traverser, qu'avons-nous de mieux à faire que de forger notre espérance ?

Devenir soi dans une relation de respect mutuel, oser désobéir à chaque fois que cela est nécessaire, trahir sans se trahir, prendre soin de notre dignité et de celle de l'autre, retrouver nos liens viscéraux avec la nature, c'est s'ouvrir au mouvement de la vie, avec ce qu'elle a de plus sordide et ce qu'elle a de plus magique. Parvenir à prendre tout, de soi et du monde, nous permet de préserver l'espoir. Pousser les murs de nos existences, faire sauter les verrous de nos histoires, nous libérer de nos œillères, ouvrir la fenêtre de nos maisons, regarder dehors, plus loin, pour découvrir les perspectives nouvelles. Ne pas se résigner nourrit la volonté de ne pas se trahir. Être soi, c'est avant tout se sentir exister et résister.

L'espoir est un au-delà de la détresse, de la fragilité, des erreurs, des drames. Vivre malgré toutes les embûches et les épreuves, c'est accéder à une autre perception, à un autre regard. C'est se déplacer par rapport à la sinistrose qui souvent règne dans nos sociétés essoufflées par de vaines recherches, comme la course à la consommation. Se trouver des raisons d'espérer en s'impliquant, en militant, en soutenant les progrès humains et sociétaux qui parviennent à voir le jour. Faire ce que l'on peut, comme on peut, mais le faire ! Qui sait, peut-être rencontrerons-nous un pélican sur notre route ?

Espérer, c'est refuser de pactiser avec le malheur du monde, et se révolter contre ceux qui crient au loup sans rien proposer d'autre.

L'espérance est une insoumission. Quelle chance ! Elle ouvre sur la possibilité d'être surpris par de l'inouï, de l'inattendu, du non encore advenu, malgré les échecs, les cruelles déceptions, les régressions.

Garder espoir, c'est croire, garder la foi, pas nécessairement en un dieu ou une divinité, mais dans l'infinie fécondité de la vie, du vivant. Cela permet de préserver en nous une puissance encore et toujours créative, malgré les épreuves. Quelle inventivité, quelle capacité d'adaptation nous avons su montrer pendant cette crise !

L'espoir, c'est un mouvement vers tout ce qui est Autre, autrui, autre temps, autre espace. C'est travailler pour l'avenir. Le présent, même obscurci pour soi, peut préparer un *à-venir* pour ceux qui viendront après. Cela nous maintient attentifs pour les autres. Ce que nous n'avons pas su ou pu faire pour nous, faisons-le pour les générations futures, cela donne du sens.

LE TEMPS DES QUESTIONS

Livret pratique

Introduction
Les trahisons, une voie pour notre liberté

Se trahir soi-même

Aujourd'hui, avez-vous le sentiment de vous trahir ?
(Évaluez-le sur une échelle de 0 à 10, 0 représentant une valeur nulle, 10, une valeur extrême.)

0 1 2 3 4 5 6 7 8 9 10

Cela vous arrive...

Quand vous ne pouvez pas faire comme vous aimeriez, comme cela vous semblerait juste.

☐ Souvent ☐ De temps en temps
☐ Rarement ☐ Je ne sais pas

Quand vous n'avez pas su/pu dire non et que vous vous êtes senti débordé.

☐ Souvent ☐ De temps en temps
☐ Rarement ☐ Je ne sais pas

Quand vous n'avez pas pu tenir vos engagements.

☐ Souvent ☐ De temps en temps
☐ Rarement ☐ Je ne sais pas

Quand vous ne vous sentez pas à votre place.

☐ Souvent ☐ De temps en temps
☐ Rarement ☐ Je ne sais pas

Autre :

....

Cela vous arrive...

Avec vos parents.

☐ Souvent ☐ De temps en temps
☐ Rarement ☐ Je ne sais pas

Dans votre fratrie.

☐ Souvent ☐ De temps en temps
☐ Rarement ☐ Je ne sais pas

Avec vos enfants.

☐ Souvent ☐ De temps en temps
☐ Rarement ☐ Je ne sais pas

Dans votre couple.

☐ Souvent ☐ De temps en temps
☐ Rarement ☐ Je ne sais pas

Dans votre travail.

☐ Souvent ☐ De temps en temps
☐ Rarement ☐ Je ne sais pas

Avec vos amis.

☐ Souvent ☐ De temps en temps
☐ Rarement ☐ Je ne sais pas

Autre :

....

Quand vous vous trahissez, vous éprouvez…

De la colère.

☐ Souvent ☐ De temps en temps
☐ Rarement ☐ Je ne sais pas

De la tristesse.

☐ Souvent ☐ De temps en temps
☐ Rarement ☐ Je ne sais pas

De l'agacement.

☐ Souvent ☐ De temps en temps
☐ Rarement ☐ Je ne sais pas

De l'angoisse.

☐ Souvent ☐ De temps en temps
☐ Rarement ☐ Je ne sais pas

De l'impuissance.

☐ Souvent ☐ De temps en temps
☐ Rarement ☐ Je ne sais pas

Du découragement.

☐ Souvent ☐ De temps en temps
☐ Rarement ☐ Je ne sais pas

Le sentiment d'être anéanti.

☐ Souvent ☐ De temps en temps
☐ Rarement ☐ Je ne sais pas

Une perte de repères.

☐ Souvent ☐ De temps en temps
☐ Rarement ☐ Je ne sais pas

Autre :

....

Vous avez tendance à réagir plutôt…

En vous taisant.

☐ Souvent ☐ De temps en temps
☐ Rarement ☐ Je ne sais pas

En verbalisant ce qui vous touche.

☐ Souvent ☐ De temps en temps
☐ Rarement ☐ Je ne sais pas

En vous mettant en colère.

☐ Souvent ☐ De temps en temps
☐ Rarement ☐ Je ne sais pas

En vous disant que ce n'est pas grave
et en passant à autre chose.

☐ Souvent ☐ De temps en temps
☐ Rarement ☐ Je ne sais pas

En vous en voulant à vous-même.

☐ Souvent ☐ De temps en temps
☐ Rarement ☐ Je ne sais pas

En « ruminant ».

☐ Souvent ☐ De temps en temps
☐ Rarement ☐ Je ne sais pas

Autre :

....

Par rapport à ces réactions, choisissez-en 3 que vous aimeriez transformer.

1. ....
2. ....
3. ....

À votre avis, que devez-vous mettre en place pour y arriver ?

....
....
....
....
....
....

Avez-vous déjà eu le sentiment d'avoir trahi quelqu'un ? Si oui, dans quelles circonstances ?

....
....
....
....
....
....
....

Auriez-vous pu faire autrement, opter pour d'autres choix ?

....

....

....

....

....

Vous êtes-vous senti tiraillé entre plusieurs options possibles ? Lesquelles ?

....

....

....

....

....

Quelles conséquences cela a-t-il eues ?

Pour vous ?

....

....

....

....

....

....

....

Pour les autres personnes ?

....

....

....

....

....

....

Qu'avez-vous ressenti ?

....

....

....

....

....

....

Est-ce que, finalement, cela vous a été bénéfique ?

....

....

....

....

....

....

Quelles conclusions tirez-vous de ces réflexions ?

....

....

....

....

....

Être soi

« Être soi », vous diriez que c'est...

Être authentique.

☐ Oui ☐ Non ☐ Je ne sais pas

Être fidèle à ses valeurs.

☐ Oui ☐ Non ☐ Je ne sais pas

Rester le même dans la plupart des circonstances.

☐ Oui ☐ Non ☐ Je ne sais pas

Ne pas se trahir.

☐ Oui ☐ Non ☐ Je ne sais pas

Être en paix avec soi-même.

☐ Oui ☐ Non ☐ Je ne sais pas

Être plutôt indulgent avec soi.

☐ Oui ☐ Non ☐ Je ne sais pas

Agir en conformité
avec ce qui est essentiel pour soi.

☐ Oui ☐ Non ☐ Je ne sais pas

Être ouvert aux autres.

☐ Oui ☐ Non ☐ Je ne sais pas

Autre :

....

Quand avez-vous le sentiment d'être vous ?

Quand vous êtes seul.

☐ Oui ☐ Non ☐ Je ne sais pas

Quand vous êtes avec vos parents.

☐ Oui ☐ Non ☐ Je ne sais pas

Quand vous êtes avec vos amis.

☐ Oui ☐ Non ☐ Je ne sais pas

Quand vous êtes avec vos frères ou sœurs.

☐ Oui ☐ Non ☐ Je ne sais pas

Quand vous êtes au travail.

☐ Oui ☐ Non ☐ Je ne sais pas

Dans vos activités de loisir
(sport, chant, gym, méditation, etc.).

☐ Oui ☐ Non ☐ Je ne sais pas

Autre :

....

Chapitre 1.
La famille, entre loyauté et déloyauté

Se situer dans l'histoire familiale, pour mieux en sentir le poids et les enjeux

Tracez l'arbre généalogique de votre famille d'origine ou de la famille dans laquelle vous avez grandi, si possible sur 3 générations.

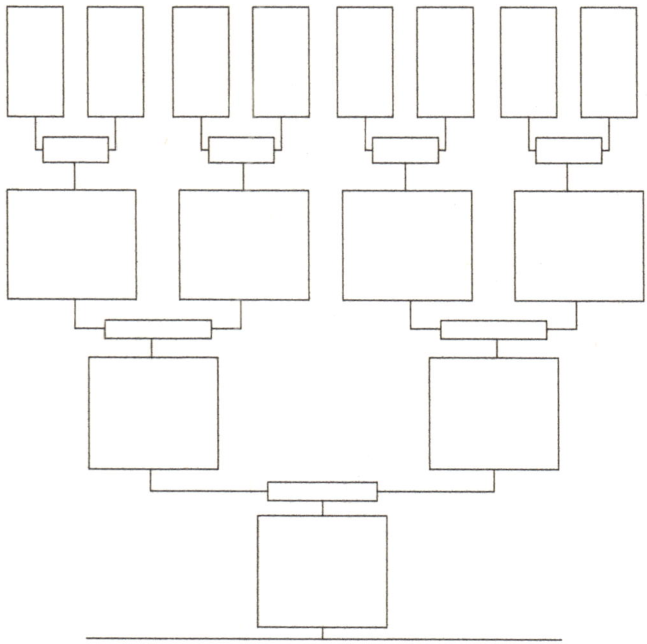

Surlignez d'une couleur les 2 personnes qui ont suscité chez vous la plus grande intensité émotionnelle positive, et d'une autre couleur les 2 personnes qui ont suscité la plus grande intensité émotionnelle négative.

Évaluez votre loyauté/déloyauté.
Pour chacune de ces 4 personnes, évaluez si vous vous êtes senti loyal ou plutôt déloyal.

Envers…	*Je me suis senti loyal*	*Je me suis senti déloyal*

Quelles conclusions en tirez-vous ?

……………………………………………………………………………
……………………………………………………………………………
……………………………………………………………………………
……………………………………………………………………………
……………………………………………………………………………
……………………………………………………………………………

Envers chacune de ces personnes, faudrait-il que vous soyez « plus loyal » ou « plus déloyal » ?

Envers…	*Il faudrait que je sois plus loyal*	*Il faudrait que je sois plus déloyal*

Avez-vous le sentiment qu'il y a des trahisons que vous n'avez pas encore faites et qu'il serait important de faire pour vous sentir plus libre ? Comment pouvez-vous les mettre en place ? Quels freins devez-vous lever ?

....

....

....

....

....

....

....

Sur une échelle de 0 à 10, évaluez ce que la lecture du chapitre vous a apporté. Vous pouvez dire qu'elle vous a aidé à…

Accepter le fait de ne pas être « l'enfant idéal » de vos parents.

0 1 2 3 4 5 6 7 8 9 10

Renoncer à vouloir les « sauver ».

0 1 2 3 4 5 6 7 8 9 10

Trahir pour vous libérer des missions impossibles.

0 1 2 3 4 5 6 7 8 9 10

Transmissions

Qu'avez-vous reçu de la part de votre famille ?
En reprenant toujours ces 4 personnes, citez 3 choses importantes et positives qu'elles vous ont transmises.

Prénom				
Ce qu'il m'a transmis	*1.* *2.* *3.*	*1.* *2.* *3.*	*1.* *2.* *3.*	*1.* *2.* *3.*

Est-ce que cela vous a aidé dans votre vie ?
À quels moments ?

....
....
....
....
....
....

Est-ce que vous vous sentez reconnaissant envers elles ? Comment manifestez-vous cette reconnaissance ?

....
....
....
....
....
....

Que transmettez-vous à votre tour ?
Si vous avez des enfants, citez au moins 3 choses essentielles que vous avez envie de leur transmettre.

....

....

....

Pour chacune d'elles, évaluez si vos enfants vous semblent réceptifs à ce que vous essayez de leur transmettre.

1. ....

0 1 2 3 4 5 6 7 8 9 10

2. ....

0 1 2 3 4 5 6 7 8 9 10

3. ....

0 1 2 3 4 5 6 7 8 9 10

Pouvez-vous imaginer les réponses que l'autre parent ferait à ces différentes questions ?

1. ....

0 1 2 3 4 5 6 7 8 9 10

2. ....

0 1 2 3 4 5 6 7 8 9 10

3. ....

0 1 2 3 4 5 6 7 8 9 10

Si vous vivez avec l'autre parent, rien ne vous empêche de lui poser aussi ces questions.

Qu'est-ce que vous en concluez ?

....
....
....
....
....
....

Solder les comptes

Qu'est-ce qui vous a manqué, ou que regrettez-vous de ne pas avoir eu ou pu vivre dans les relations avec ces 4 personnes ?

Prénom				
Ce que je regrette				

Comment avez-vous surmonté ces manques ? Diriez-vous qu'ils ont été un handicap et/ou un moteur pour devenir vous-même et vous réaliser ?

....
....
....
....

....
....

Avez-vous souffert de ces manques ?
Qu'est-ce qui vous a aidé
à les supporter ? Au fond de vous,
en voulez-vous à vos parents ?

....
....
....
....
....
....

Êtes-vous prêt à solder les comptes, c'est-à-dire
à ne plus attendre de vos parents ce qu'ils
ne peuvent pas vous donner ?
(Évaluez sur une échelle de 0 à 10.)

0   1   2   3   4   5   6   7   8   9   10

Chapitre 2.
Se révéler à soi-même
au sein du couple

Programme officiel et construction du monde

À propos des hommes, des femmes et de la vie
de couple, que disait votre mère quand vous viviez
encore chez elle ? Et votre père ?

....
....
....

....

....

....

Citez 2 expressions qui revenaient souvent dans leurs propos (par exemple, des phrases comme : « Il faut se méfier des hommes », ou « Les femmes, elles sont très exigeantes »).

1. ....
2. ....

En clair, quelles images des hommes, des femmes et de la vie de couple vous ont transmises vos deux parents ?

....

....

....

....

....

Dans votre couple actuel, comment ces représentations agissent-elles ? Est-ce que, consciemment, vous avez cherché à vous y opposer, à faire autrement que vos parents ? Ou bien avez-vous cherché à suivre le modèle ?

....

....

....

....

....

....

Aujourd'hui, donneriez-vous raison aux croyances de votre mère, de votre père ?

....
....
....
....
....
....

« Explicitement », quand vous vous êtes mis en couple, qu'attendiez-vous de votre partenaire ?
Citez au moins trois éléments de votre « programme officiel ».

1. ....
2. ....
3. ....

Évaluez sur une échelle de 0 à 10 comment vous êtes parvenu à le réaliser.

0 1 2 3 4 5 6 7 8 9 10

Que pouvez-vous mettre en place pour y parvenir de manière plus satisfaisante ?

....
....
....
....
....

Et votre partenaire ?
Imaginez quelles seraient ses réponses.

0 1 2 3 4 5 6 7 8 9 10

Rien ne vous empêche de lui demander de faire l'exercice lui aussi.

Comparez vos réponses. Quelles conclusions en tirez-vous ?

....

....

....

....

....

....

Ensemble, pourriez-vous lister les changements à mettre en place ? Qu'est-ce qui va vous aider à y parvenir ?

....

....

....

....

....

Terres de conflits, terrains d'entente

Vous estimez que vous avez des conflits...

☐ Souvent ☐ De temps en temps
☐ Rarement ☐ Je ne sais pas

Les sujets suivants sont-ils source de conflits dans votre couple ?
Pour chacun d'eux, précisez ce qui vous oppose à votre partenaire.

Sur quels sujets n'êtes-vous pas d'accord ?

La sexualité.

☐ Souvent ☐ De temps en temps
☐ Rarement ☐ Je ne sais pas

....

L'argent.

☐ Souvent ☐ De temps en temps
☐ Rarement ☐ Je ne sais pas

....

Les enfants.

☐ Souvent ☐ De temps en temps
☐ Rarement ☐ Je ne sais pas

....

Les belles-familles.

☐ Souvent ☐ De temps en temps
☐ Rarement ☐ Je ne sais pas

....

Les beaux-enfants.

☐ Souvent ☐ De temps en temps
☐ Rarement ☐ Je ne sais pas

....

Les relations avec les ex.

☐ Souvent ☐ De temps en temps
☐ Rarement ☐ Je ne sais pas

....

Les choix de vie.

☐ Souvent ☐ De temps en temps
☐ Rarement ☐ Je ne sais pas

....

Le rapport au travail.

☐ Souvent ☐ De temps en temps
☐ Rarement ☐ Je ne sais pas

....

La place des amis.

☐ Souvent ☐ De temps en temps
☐ Rarement ☐ Je ne sais pas

....

Autre :

....

Un terrain d'entente est-il possible ?
Considérez les 3 sujets de disputes les plus fréquents. Pour chacun d'eux, citez 2 choses qu'il faudrait que vous fassiez pour atténuer les conflits et 2 choses que vous estimez que votre partenaire devrait faire. Pour chacune d'elles, évaluez sur une échelle de 0 à 10 si cela vous semble réalisable.

Sujet de dispute	*Ce qu'il faudrait que je fasse*	*Ce qu'il faudrait que mon partenaire fasse*
	....	....
	– 0 1 2 3 4 5 6 7 8 9 10	– 0 1 2 3 4 5 6 7 8 9 10
	....	....
	– 0 1 2 3 4 5 6 7 8 9 10	– 0 1 2 3 4 5 6 7 8 9 10

Sujet de dispute	*Ce qu'il faudrait que je fasse*	*Ce qu'il faudrait que mon partenaire fasse*
	.... – 0 1 2 3 4 5 6 7 8 9 10 .... – 0 1 2 3 4 5 6 7 8 9 10	.... – 0 1 2 3 4 5 6 7 8 9 10 .... – 0 1 2 3 4 5 6 7 8 9 10
	.... – 0 1 2 3 4 5 6 7 8 9 10 .... – 0 1 2 3 4 5 6 7 8 9 10	.... – 0 1 2 3 4 5 6 7 8 9 10 .... – 0 1 2 3 4 5 6 7 8 9 10

Imaginez ce que votre partenaire répondrait de son côté.
Vous pouvez aussi lui demander de faire cet exercice de son côté et comparer vos réponses.

Sujet de dispute	*Ce qu'il faudrait que je fasse*	*Ce qu'il faudrait que mon partenaire fasse*
	.... – 0 1 2 3 4 5 6 7 8 9 10 .... – 0 1 2 3 4 5 6 7 8 9 10	.... – 0 1 2 3 4 5 6 7 8 9 10 .... – 0 1 2 3 4 5 6 7 8 9 10
	.... – 0 1 2 3 4 5 6 7 8 9 10 .... – 0 1 2 3 4 5 6 7 8 9 10	.... – 0 1 2 3 4 5 6 7 8 9 10 .... – 0 1 2 3 4 5 6 7 8 9 10
	.... – 0 1 2 3 4 5 6 7 8 9 10 .... – 0 1 2 3 4 5 6 7 8 9 10	.... – 0 1 2 3 4 5 6 7 8 9 10 .... – 0 1 2 3 4 5 6 7 8 9 10

Est-ce que des perspectives positives se dégagent ? À quoi pouvez-vous vous engager personnellement pour les mettre en place ? À quoi votre partenaire peut-il s'engager de son côté ?

....

....

....

....

....

....

Refaites le point dans 3 mois.

Si, pour l'instant, il n'y en a pas, reprenez cet exercice après avoir fait l'ensemble du livret pratique.

Faites la liste de ce que vous aimez faire ensemble.
Pour chacune des propositions,
précisez si vous les faites...

....

☐ Souvent ☐ De temps en temps
☐ Rarement ☐ Je ne sais pas

....

☐ Souvent ☐ De temps en temps
☐ Rarement ☐ Je ne sais pas

....

☐ Souvent ☐ De temps en temps
☐ Rarement ☐ Je ne sais pas

Qu'est-ce que vous ne faites pas ensemble
mais que vous aimeriez faire ?
Citez au moins 2 choses.

1. ....

2. ....
3. ....

Imaginez ce que votre partenaire répondrait de son côté.

....
....
....

Vous pouvez aussi lui demander de répondre aux mêmes questions et comparer vos réponses.

Que pourriez-vous faire pour augmenter le plaisir à être ensemble ?

....
....
....

Citez 3 choses que vous aimez faire seul. Précisez si vous les faites...

....

☐ Souvent ☐ De temps en temps
☐ Rarement ☐ Je ne sais pas

....

☐ Souvent ☐ De temps en temps
☐ Rarement ☐ Je ne sais pas

....

☐ Souvent ☐ De temps en temps
☐ Rarement ☐ Je ne sais pas

Aimeriez-vous changer quelque chose ?
Si oui, quoi ? Et de quelle manière pouvez-vous transformer les choses ?

....
....
....
....
....
....

Imaginez ce que votre partenaire répondrait de son côté. Vous pouvez aussi lui demander de répondre aux mêmes questions et comparer vos réponses.

....
....
....
....
....
....

La reconnaissance mutuelle

Listez 3 qualités que vous estimez avoir et que vous aimeriez que votre partenaire reconnaisse.

Pour chacune d'elles, évaluez sur une échelle de 0 à 10 comment, selon vous, il les reconnaît.
Demandez-vous aussi, pour chaque qualité, ce que vous pouvez faire pour que votre partenaire les prenne davantage en considération.

1. ....

0 1 2 3 4 5 6 7 8 9 10

....

2. ....

0 1 2 3 4 5 6 7 8 9 10

....

3. ....

0 1 2 3 4 5 6 7 8 9 10

....

Citez 3 défauts que vous estimez avoir et que vous n'aimez pas que votre partenaire vous rappelle.

Comment pourriez-vous les atténuer ?

1. ....

....

2. ....

....

3. ....

....

Citez 3 qualités que votre partenaire voudrait que vous ayez, mais qui ne correspondent pas du tout à vous.

1. ....
2. ....
3. ....

Est-ce que cela entraîne des quiproquos ?

....

....

....

Comment parvenir à les dépasser ?

....

....

....

Imaginez ce que votre partenaire répondrait de son côté.

1. ....
2. ....
3. ....

Vous pouvez aussi lui demander de répondre aux mêmes questions et comparer vos réponses.

Chapitre 3. Séparations, infidélités. Quelle vie possible après une trahison ?

Avez-vous déjà vécu des séparations ou ruptures amoureuses ? Avant 20 ans, entre 21 et 40 ans, entre 41 et 60 ans, après 61 ans ?
Si ce n'est pas le cas, le temps des questions ne vous concerne pas.
Si c'est le cas, concentrez-vous surtout sur celle qui a été la plus douloureuse.

— Avez-vous le sentiment de l'avoir « subie » ? Dans ce cas, ce sont les questions du groupe 1, « Renaître », qui vous concernent.

– Si c'est plutôt vous qui êtes à l'origine de la séparation, répondez aux questions du groupe 2, « Reconnaître ».

– Avez-vous le sentiment que vous étiez plutôt d'accord avec votre partenaire pour dire qu'il n'y avait pas d'autres solutions ? Dans ce cas, allez directement aux questions du groupe 3, « Bonne entente ».

Groupe 1. Renaître

Suite à la séparation que vous avez vécue, évaluez comment, au moment de la rupture, vous avez ressenti les émotions suivantes.
(Évaluez sur une échelle de 0 à 10.)

Sentiment d'échec.

0 1 2 3 4 5 6 7 8 9 10

Tristesse.

0 1 2 3 4 5 6 7 8 9 10

Colère.

0 1 2 3 4 5 6 7 8 9 10

Dépression.

0 1 2 3 4 5 6 7 8 9 10

Angoisse.

0 1 2 3 4 5 6 7 8 9 10

Peur.

0 1 2 3 4 5 6 7 8 9 10

Sentiment d'être détruit.

0 1 2 3 4 5 6 7 8 9 10

Désir de vengeance.

0 1 2 3 4 5 6 7 8 9 10

Sentiment de libération.

0 1 2 3 4 5 6 7 8 9 10

Autre :

....

Aujourd'hui, comment vous situez-vous par rapport à ces mêmes sentiments ?
(Évaluez sur une échelle de 0 à 10.)

Sentiment d'échec.

0 1 2 3 4 5 6 7 8 9 10

Tristesse.

0 1 2 3 4 5 6 7 8 9 10

Colère.

0 1 2 3 4 5 6 7 8 9 10

Dépression.

0 1 2 3 4 5 6 7 8 9 10

Angoisse.

0 1 2 3 4 5 6 7 8 9 10

Peur.

0 1 2 3 4 5 6 7 8 9 10

Sentiment d'être détruit.

0 1 2 3 4 5 6 7 8 9 10

Désir de vengeance.

0 1 2 3 4 5 6 7 8 9 10

Sentiment de libération.

0 1 2 3 4 5 6 7 8 9 10

Autre :

....

Aujourd'hui, vous estimez que vous êtes...
(Évaluez sur une échelle de 0 à 10.)

En bons termes avec votre ex.

0 1 2 3 4 5 6 7 8 9 10

En conflit.

0 1 2 3 4 5 6 7 8 9 10

Dans l'ignorance mutuelle.

0 1 2 3 4 5 6 7 8 9 10

Pensez-vous que cela puisse évoluer ?
De quelles manières ?

....

....

....

....

....

Diriez-vous que vous avez réussi à remonter la pente ?
(Évaluez sur une échelle de 0 à 10.)

0 1 2 3 4 5 6 7 8 9 10

Si, à cette question, vous avez coché une note supérieure à 5, répondez à la question suivante. Sinon, passez aux questions marquées d'un *.

Évaluez ce qui vous a aidé à remonter la pente.
(Évaluez sur une échelle de 0 à 10.)

La présence des enfants.

0 1 2 3 4 5 6 7 8 9 10

Votre entourage familial.

0 1 2 3 4 5 6 7 8 9 10

Vos amis.

0 1 2 3 4 5 6 7 8 9 10

Votre travail.

0 1 2 3 4 5 6 7 8 9 10

Votre force de caractère.

0 1 2 3 4 5 6 7 8 9 10

Un soutien psychologique extérieur.

0 1 2 3 4 5 6 7 8 9 10

La méditation.

0 1 2 3 4 5 6 7 8 9 10

Une activité sportive.

0 1 2 3 4 5 6 7 8 9 10

Une activité artistique.

0 1 2 3 4 5 6 7 8 9 10

L'espoir d'une nouvelle rencontre plus épanouissante.

0 1 2 3 4 5 6 7 8 9 10

Autre :

....

Avez-vous le sentiment que cette séparation vous a apporté quelque chose de positif ?
(Évaluez sur une échelle de 0 à 10.)

Plus de liberté en général.

0 1 2 3 4 5 6 7 8 9 10

Plus de disponibilité pour mon entourage (enfants, amis, famille, etc.).

0 1 2 3 4 5 6 7 8 9 10

Plus de disponibilité pour moi-même.

0 1 2 3 4 5 6 7 8 9 10

Plus de tranquillité.

0 1 2 3 4 5 6 7 8 9 10

Autre :

....

** Parmi les propositions suivantes, évaluez celles qui pourraient vous aider à remonter la pente. Pour chacune d'elles, que faudrait-il faire pour qu'elle puisse réellement vous aider ? Vous sentez-vous prêt à solliciter ces personnes ou lieux-ressources ?*

La présence des enfants.

☐ Beaucoup ☐ Moyennement ☐ Un peu
☐ Pas du tout ☐ Je ne sais pas

....

Votre entourage familial.

☐ Beaucoup ☐ Moyennement ☐ Un peu
☐ Pas du tout ☐ Je ne sais pas

....

Vos amis.

☐ Beaucoup ☐ Moyennement ☐ Un peu
☐ Pas du tout ☐ Je ne sais pas

....

Votre travail.

☐ Beaucoup ☐ Moyennement ☐ Un peu
☐ Pas du tout ☐ Je ne sais pas

....

Votre force de caractère.

☐ Beaucoup ☐ Moyennement ☐ Un peu
☐ Pas du tout ☐ Je ne sais pas

....

Un soutien psychologique extérieur.

☐ Beaucoup ☐ Moyennement ☐ Un peu
☐ Pas du tout ☐ Je ne sais pas

....

La méditation.

☐ Beaucoup ☐ Moyennement ☐ Un peu
☐ Pas du tout ☐ Je ne sais pas

....

Une activité sportive.

☐ Beaucoup ☐ Moyennement ☐ Un peu
☐ Pas du tout ☐ Je ne sais pas

....

Une activité artistique.

☐ Beaucoup ☐ Moyennement ☐ Un peu
☐ Pas du tout ☐ Je ne sais pas

....

L'espoir d'une nouvelle rencontre
plus épanouissante.

☐ Beaucoup ☐ Moyennement ☐ Un peu
☐ Pas du tout ☐ Je ne sais pas

....

Autre :

....

** Évaluez ce que cette séparation pourrait vous apporter de positif, malgré tout.*
(Évaluez sur une échelle de 0 à 10.)

Plus de liberté en général.

0 1 2 3 4 5 6 7 8 9 10

Plus de disponibilité pour mon entourage (enfants, amis, famille, etc.).

0 1 2 3 4 5 6 7 8 9 10

Plus de disponibilité pour moi-même.

0 1 2 3 4 5 6 7 8 9 10

Plus de tranquillité.

0 1 2 3 4 5 6 7 8 9 10

Autre :

....

Groupe 2. Reconnaître

Qu'est-ce qui vous a amené à décider de vous séparer ?
(Évaluez sur une échelle de 0 à 10.)

Trop de souffrance dans le couple.

0 1 2 3 4 5 6 7 8 9 10

Pas assez de reconnaissance.

0 1 2 3 4 5 6 7 8 9 10

Trop de conflits.

0 1 2 3 4 5 6 7 8 9 10

Nous n'avons pas assez évolué ensemble.

0 1 2 3 4 5 6 7 8 9 10

Nous partagions trop peu de choses.

0 1 2 3 4 5 6 7 8 9 10

Pas d'épanouissement sexuel.

0 1 2 3 4 5 6 7 8 9 10

Une autre rencontre importante.

0 1 2 3 4 5 6 7 8 9 10

Vous vous êtes senti trahi.

0 1 2 3 4 5 6 7 8 9 10

Autre :

....

Avez-vous hésité longtemps ? Pour quelles raisons ?

....
....
....
....
....
....

Aujourd'hui, vous estimez que vous êtes...
(Évaluez sur une échelle de 0 à 10.)

En bons termes avec votre ex.

0 1 2 3 4 5 6 7 8 9 10

En conflit.

0 1 2 3 4 5 6 7 8 9 10

Dans l'ignorance mutuelle.

0 1 2 3 4 5 6 7 8 9 10

Pensez-vous que cela puisse évoluer ?
De quelles manières ?

....

....

....

....

....

....

Comment la séparation a-t-elle été vécue par votre ex ?
(Évaluez sur une échelle de 0 à 10.)

Il ne s'y attendait pas.

0 1 2 3 4 5 6 7 8 9 10

Il en a beaucoup souffert.

0 1 2 3 4 5 6 7 8 9 10

Il est très en colère contre moi.

0 1 2 3 4 5 6 7 8 9 10

Il ne comprend pas.

0 1 2 3 4 5 6 7 8 9 10

Autre :

....

Pour chacune des propositions précédentes, comprenez-vous les réactions de votre ex ?
(Évaluez sur une échelle de 0 à 10.)

Il ne s'y attendait pas.

0 1 2 3 4 5 6 7 8 9 10

Il en a beaucoup souffert.

0 1 2 3 4 5 6 7 8 9 10

Il est très en colère contre moi.

0 1 2 3 4 5 6 7 8 9 10

Il ne comprend pas.

0 1 2 3 4 5 6 7 8 9 10

Autre :

....

Cette séparation a-t-elle été difficile aussi pour vous ? Pour quelles raisons ?

....
....
....
....
....
....

Que ressentez-vous par rapport à votre ex ?
(Évaluez sur une échelle de 0 à 10.)

Du ressentiment.

0 1 2 3 4 5 6 7 8 9 10

De l'incompréhension.

0 1 2 3 4 5 6 7 8 9 10

De la colère.

0 1 2 3 4 5 6 7 8 9 10

De la compassion.

0 1 2 3 4 5 6 7 8 9 10

Du respect.

0 1 2 3 4 5 6 7 8 9 10

De la reconnaissance, malgré tout,
pour les bons moments passés ensemble.

0 1 2 3 4 5 6 7 8 9 10

Du regret pour les bons souvenirs.

0 1 2 3 4 5 6 7 8 9 10

Concernant ces deux derniers points, pouvez-vous essayer de vous rappeler les bons moments.

Décrivez-les en quelques lignes ?

....
....
....
....
....
....

Cette expérience de couple, malgré son échec, vous a-t-elle apporté des choses positives et lesquelles ?

....
....
....
....
....
....

Groupe 3. Bonne entente ?

Si vous avez le sentiment que la décision de la séparation a été prise à deux, imaginez-vous que votre ex est du même avis ?

☐ Pas du tout ☐ Moyennement
☐ Tout à fait ☐ Ne sais pas

A-t-elle été plus difficile à admettre pour l'un ou pour l'autre ? Si oui, pourquoi ?

....

....

....

....

....

....

Avez-vous eu beaucoup de discussions ensemble, avant de vous séparer ?

☐ Pas du tout ☐ Moyennement
☐ Tout à fait ☐ Ne sais pas

Est-ce que ces discussions vous ont aidé à mieux vivre la séparation ?

☐ Pas du tout ☐ Moyennement
☐ Tout à fait ☐ Ne sais pas

Êtes-vous restés en bons termes après ?

☐ Pas du tout ☐ Moyennement
☐ Tout à fait ☐ Ne sais pas

Que ressentez-vous par rapport à votre ex ?
(Évaluez sur une échelle de 0 à 10.)

Du ressentiment.

0 1 2 3 4 5 6 7 8 9 10

De l'incompréhension.

0 1 2 3 4 5 6 7 8 9 10

De la colère.

0 1 2 3 4 5 6 7 8 9 10

De la compassion.

0 1 2 3 4 5 6 7 8 9 10

Du respect.

0 1 2 3 4 5 6 7 8 9 10

De la reconnaissance, malgré tout,
pour les bons moments passés ensemble.

0 1 2 3 4 5 6 7 8 9 10

Du regret pour les bons souvenirs.

0 1 2 3 4 5 6 7 8 9 10

Concernant ces deux derniers points, pouvez-vous essayer de vous rappeler les bons moments ? Décrivez-les en quelques lignes.

....

....

....

....

....

....

Cette expérience de couple, malgré son échec, vous a-t-elle apporté des choses positives et lesquelles ?

....

....
....
....
....

Chapitre 4. L'amitié dans la tempête. L'effet papillon des trahisons

L'effet papillon

Avez-vous déjà eu le sentiment de vivre des catastrophes en série ?
(Évaluez sur une échelle de 0 à 10.)

0 1 2 3 4 5 6 7 8 9 10

À quel(s) moment(s) de votre vie ?

....
....
....
....

Vous avez éprouvé…

De la tristesse.

☐ Beaucoup ☐ Moyennement ☐ Un peu
☐ Pas du tout ☐ Je ne sais pas

De la colère.

☐ Beaucoup ☐ Moyennement ☐ Un peu
☐ Pas du tout ☐ Je ne sais pas

Du désespoir.

☐ Beaucoup ☐ Moyennement ☐ Un peu
☐ Pas du tout ☐ Je ne sais pas

Un sentiment d'impuissance.

☐ Beaucoup ☐ Moyennement ☐ Un peu
☐ Pas du tout ☐ Je ne sais pas

De la culpabilité.

☐ Beaucoup ☐ Moyennement ☐ Un peu
☐ Pas du tout ☐ Je ne sais pas

De l'incompréhension.

☐ Beaucoup ☐ Moyennement ☐ Un peu
☐ Pas du tout ☐ Je ne sais pas

Un sentiment de révolte.

☐ Beaucoup ☐ Moyennement ☐ Un peu
☐ Pas du tout ☐ Je ne sais pas

Autre :

....

Qu'est-ce qui vous a aidé à remonter la pente ?
(Évaluez sur une échelle de 0 à 10.)

Vos propres ressources.

0 1 2 3 4 5 6 7 8 9 10

Votre famille.

0 1 2 3 4 5 6 7 8 9 10

Votre couple.

0 1 2 3 4 5 6 7 8 9 10

Vos amis.

0 1 2 3 4 5 6 7 8 9 10

Vos frères et sœurs.

0 1 2 3 4 5 6 7 8 9 10

Le travail.

0 1 2 3 4 5 6 7 8 9 10

Vos activités de loisirs (sport, etc.).

0 1 2 3 4 5 6 7 8 9 10

Autre :

....

L'amitié

Enfant, étiez-vous satisfait de votre vie amicale ?
(Évaluez sur une échelle de 0 à 10.)

0 1 2 3 4 5 6 7 8 9 10

À l'adolescence, étiez-vous satisfait de votre vie amicale ?
(Évaluez sur une échelle de 0 à 10.)

0 1 2 3 4 5 6 7 8 9 10

Pendant ces périodes, avez-vous souffert de taquineries, de harcèlement ?

....

....

....

....

Qu'est-ce qui vous a aidé alors pour vous en sortir ?

....

....

....

....

Avez-vous gardé des amis d'enfance ?

....

....

....

Aujourd'hui, quelle place l'amitié a-t-elle dans votre vie ? (Évaluez sur une échelle de 0 à 10.)

0 1 2 3 4 5 6 7 8 9 10

Qu'appréciez-vous chez vos amis les plus proches ?

Leur disponibilité.

☐ Beaucoup ☐ Moyennement ☐ Un peu
☐ Pas du tout ☐ Je ne sais pas

Leur humour.

☐ Beaucoup ☐ Moyennement ☐ Un peu
☐ Pas du tout ☐ Je ne sais pas

Leurs conseils.

☐ Beaucoup ☐ Moyennement ☐ Un peu
☐ Pas du tout ☐ Je ne sais pas

Leur mode de vie.

☐ Beaucoup ☐ Moyennement ☐ Un peu
☐ Pas du tout ☐ Je ne sais pas

Leur écoute.

☐ Beaucoup ☐ Moyennement ☐ Un peu
☐ Pas du tout ☐ Je ne sais pas

Leur capacité à vous comprendre.

☐ Beaucoup ☐ Moyennement ☐ Un peu
☐ Pas du tout ☐ Je ne sais pas

Autre :

....

Qu'aimez-vous faire avec eux ?
Citez au moins 3 moments que vous aimez partager.

1. ....
2. ....
3. ....

Et vous, que pensez-vous apporter à vos amis ?

Votre disponibilité.

☐ Beaucoup ☐ Moyennement ☐ Un peu
☐ Pas du tout ☐ Je ne sais pas

Votre humour.

☐ Beaucoup ☐ Moyennement ☐ Un peu
☐ Pas du tout ☐ Je ne sais pas

Vos conseils.

☐ Beaucoup ☐ Moyennement ☐ Un peu
☐ Pas du tout ☐ Je ne sais pas

Votre mode de vie.

☐ Beaucoup ☐ Moyennement ☐ Un peu
☐ Pas du tout ☐ Je ne sais pas

Votre écoute.

☐ Beaucoup ☐ Moyennement ☐ Un peu
☐ Pas du tout ☐ Je ne sais pas

Votre capacité à les comprendre.

☐ Beaucoup ☐ Moyennement ☐ Un peu
☐ Pas du tout ☐ Je ne sais pas

Autre :

....

Chagrins d'amitié

Avez-vous été déçu par vos amis ?

....
....
....

Qu'est-ce qui a été le plus douloureux pour vous ?

....
....
....
....
....

Avez-vous pu en parler avec eux ?

....
....
....

Avez-vous le sentiment que vous avez appris à « faire avec leurs défauts ». Si oui, avec quels défauts ?

....
....
....
....

Qu'est-ce que cela vous apporte ?

....
....
....
....

Avez-vous déjà rompu une amitié ? Si oui, comment avez-vous vécu cette rupture ?

....
....
....
....

Chapitre 5.
La fratrie à l'épreuve du temps et de la mort des parents

Être enfant unique

Si vous êtes enfant unique, seules les 3 questions suivantes vous concernent. Vous pourrez ensuite aller directement aux questions relatives au chapitre 6.

Appréciez-vous votre situation d'enfant unique ?
(Évaluez sur une échelle de 0 à 10.)

0 1 2 3 4 5 6 7 8 9 10

Qu'est-ce que vous appréciez le plus dans votre situation ?
Citez 3 caractéristiques.

1. ....
2. ....
3. ....

Regrettez-vous ou avez-vous à un moment donné regretté de ne pas avoir de frère ou sœur ?
Pourquoi et comment avez-vous dépassé ces regrets ?

....

....

....

....

....

....

La fratrie entre complicité et rivalité

Si vous avez des frères et/ou des sœurs, comment vous entendez-vous aujourd'hui avec eux ?
(Évaluez sur une échelle de 0 à 10.)

0 1 2 3 4 5 6 7 8 9 10

Enfants, vous disputiez-vous ?

0 1 2 3 4 5 6 7 8 9 10

Aviez-vous des moments de complicité ?

0 1 2 3 4 5 6 7 8 9 10

Rappelez-vous 3 disputes violentes et 3 très bons moments passés ensemble quand vous étiez enfants ou adolescents.

Disputes	*Bons moments*
1.	*1.*
2.	*2.*
3.	*3.*

Pouvez-vous demander à vos frères et/ou vos sœurs s'ils s'en souviennent ou s'ils se souviennent d'autres épisodes ?

....

....

....

....

....

Aujourd'hui, avec le recul, qu'en pensez-vous ?

....
....
....
....
....
....

Concernant l'attitude de vos parents, estimez-vous qu'ils ont été justes ?
(Évaluez sur une échelle de 0 à 10.)

0 1 2 3 4 5 6 7 8 9 10

Ont-ils, selon vous, eu des préférences ?

0 1 2 3 4 5 6 7 8 9 10

En avez-vous souffert ?

0 1 2 3 4 5 6 7 8 9 10

Leur en voulez-vous encore aujourd'hui, tout au fond de vous ?

0 1 2 3 4 5 6 7 8 9 10

Est-ce que cela a une incidence sur vos relations avec vos frères et sœurs ?

0 1 2 3 4 5 6 7 8 9 10

Comment pouvez-vous dépasser cette souffrance, pour qu'elle ne vous encombre plus et n'entrave ni vos relations avec votre fratrie, ni votre position de parent si vous avez plusieurs enfants ?

....
....

....
....
....
....

La fratrie à l'épreuve du temps

Quelles conséquences l'avancée en âge de vos parents, leurs nouveaux besoins, ont-ils sur votre relation avec vos frères et/ou vos sœurs ?

....
....
....
....
....

Avez-vous l'impression que cela se passe bien ?
(Évaluez sur une échelle de 0 à 10.)

0 1 2 3 4 5 6 7 8 9 10

Si vous n'êtes pas encore concerné par cette situation, craignez-vous que cela devienne compliqué avec votre fratrie quand il faudra prendre davantage en charge vos parents ?

....
....
....
....
....

Qu'est-ce qui est difficile ou qui risque de l'être ?
Citez 5 éléments.

1. ....
2. ....

3. ....
4. ....
5. ....

Pour chacun d'eux, que pourriez-vous faire pour en atténuer la difficulté ?

1. ....
2. ....
3. ....
4. ....
5. ....

La succession de vos parents : en parler de leur vivant

Vos parents vous-ont ils déjà parlé de leur succession ?

....
....
....
....
....
....

Seriez-vous favorable à ce qu'ils la règlent de leur vivant ? Qu'est-ce que cela simplifierait selon vous ? Vos frères et sœurs seraient-ils dans la même optique que vous ?

....
....
....
....
....
....

Imaginez-vous pouvoir aborder le sujet avec votre fratrie ? Et avec vos parents ? Comment vous y préparer ?

....

....

....

....

....

....

Estimez-vous utile d'aller ensemble consulter un notaire ?

....

....

....

....

....

....

L'héritage…

Estimez-vous que les parts laissées en héritage par vos parents sont équitables ?
(Évaluez sur une échelle de 0 à 10.)

0 1 2 3 4 5 6 7 8 9 10

Quelles répercussions cela a-t-il sur vos relations avec vos frères et/ou vos sœurs ?

....

....

....

....

....

....

Arrivez-vous à en parler ensemble ?

....

....

....

....

....

....

Qu'est-ce qui, selon vous, pourrait améliorer les relations dans la fratrie ?

....

....

....

....

....

....

Qu'êtes-vous prêt à faire ?

....

....

....

....

....

....

Qui vous soutient pendant cette période ?

....

....

....

....

....

....

Chapitre 6.
Le travail, entre souffrance et accomplissement

Votre rapport au travail

D'une manière générale, vous diriez…

Le travail éloigne de ceux que l'on aime.

0 1 2 3 4 5 6 7 8 9 10

Il suscite des tiraillements
entre la vie professionnelle et personnelle.

0 1 2 3 4 5 6 7 8 9 10

Sans travail, notre place dans la société est difficile.

0 1 2 3 4 5 6 7 8 9 10

Le travail est un opérateur de liberté.

0 1 2 3 4 5 6 7 8 9 10

Le plaisir que l'on y trouve peut-être un piège.

0 1 2 3 4 5 6 7 8 9 10

À part l'argent que l'on gagne,
le travail n'a pas beaucoup d'intérêt.

0 1 2 3 4 5 6 7 8 9 10

Il y a plus de trahisons
dans le milieu professionnel qu'ailleurs.

0 1 2 3 4 5 6 7 8 9 10

Les trahisons sont inévitables.

0 1 2 3 4 5 6 7 8 9 10

Les trahisons dépendent surtout du statut que l'on a.

0 1 2 3 4 5 6 7 8 9 10

Les collègues ne sont pas des amis.

0 1 2 3 4 5 6 7 8 9 10

Votre perception du travail au fil des années.

J'ai eu du mal à trouver ma voie.

0 1 2 3 4 5 6 7 8 9 10

J'ai suivi l'exemple de mes parents
par rapport au travail.

0 1 2 3 4 5 6 7 8 9 10

Mon ascension au travail me donne
l'impression de trahir ma famille d'origine.

0 1 2 3 4 5 6 7 8 9 10

Je suis satisfait de l'équilibre que j'ai trouvé
entre agréments et désagréments au travail.

0 1 2 3 4 5 6 7 8 9 10

Le travail est une source de bien-être.

0 1 2 3 4 5 6 7 8 9 10

Je réussis à rester moi-même au travail.

0 1 2 3 4 5 6 7 8 9 10

Il a fallu que j'apprenne à être stratégique
pour me protéger.

0 1 2 3 4 5 6 7 8 9 10

Finalement...

Votre rapport au travail a-t-il changé au cours des années ? Si oui, en positif ou en négatif ? Précisez depuis combien de temps et sous l'effet de quels événements.

....

....

....

....

....

....

La souffrance au travail, cela vous concerne-t-il ? Si oui, comment se manifeste-t-elle pour vous ?

....

....

....

....

....

....

Vous trouvez de l'aide et du soutien...

Dans le milieu professionnel.

☐ Beaucoup ☐ Moyennement ☐ Un peu
☐ Pas du tout ☐ Je ne sais pas

Auprès de votre famille.

☐ Beaucoup ☐ Moyennement ☐ Un peu
☐ Pas du tout ☐ Je ne sais pas

Auprès de votre couple.

☐ Beaucoup ☐ Moyennement ☐ Un peu
☐ Pas du tout ☐ Je ne sais pas

Auprès de vos amis.

☐ Beaucoup ☐ Moyennement ☐ Un peu
☐ Pas du tout ☐ Je ne sais pas

Autre :

....

À quoi imputez-vous votre souffrance ?

....
....
....
....
....
....

Comment pouvez-vous ou avez-vous pu l'alléger ?

....
....
....
....
....
....

Si des collègues ont souffert eux aussi, comment cela s'est-il manifesté ?

....

....

....

....

....

....

Ont-ils trouvé de l'aide ?

....

....

Les trahisons dans le milieu professionnel

Votre malaise est-il dû à des trahisons ?

....

....

....

....

....

Lesquelles ?

....

....

Pouvez-vous vous en protéger ? Comment ?

....

....

....

....

....

Personnellement, vous avez le sentiment d'avoir trahi...

Votre chef.

☐ Beaucoup ☐ Moyennement ☐ Un peu
☐ Pas du tout ☐ Je ne sais pas

Vos collègues.

☐ Beaucoup ☐ Moyennement ☐ Un peu
☐ Pas du tout ☐ Je ne sais pas

Votre direction.

☐ Beaucoup ☐ Moyennement ☐ Un peu
☐ Pas du tout ☐ Je ne sais pas

Vos employés.

☐ Beaucoup ☐ Moyennement ☐ Un peu
☐ Pas du tout ☐ Je ne sais pas

Autre :

....

Cela a-t-il eu des conséquences pour vous ? Pour votre travail ? Pour les autres ?

....
....
....
....
....

Chapitre 7. Trahir pour ne pas se trahir. Un besoin universel qui traverse les époques

Concernant la notion de trahison, vous estimez, après votre lecture, que…

Elle est plus intéressante que vous ne l'imaginiez au départ.

☐ Beaucoup ☐ Moyennement ☐ Un peu
☐ Pas du tout ☐ Ne sais pas

Elle transforme votre regard sur les événements historiques et sur votre propre vie.

☐ Beaucoup ☐ Moyennement ☐ Un peu
☐ Pas du tout ☐ Ne sais pas

Elle paraît moins « immorale ».

☐ Beaucoup ☐ Moyennement ☐ Un peu
☐ Pas du tout ☐ Ne sais pas

Elle paraît même « éthique ».

☐ Beaucoup ☐ Moyennement ☐ Un peu
☐ Pas du tout ☐ Ne sais pas

Elle est inévitablement présente dans de nombreux choix.

☐ Beaucoup ☐ Moyennement ☐ Un peu
☐ Pas du tout ☐ Ne sais pas

Seriez-vous à présent tenté de devenir un « traître heureux » ?

....

....

Nous avons vu que les grandes figures de traîtres libérateurs ont trahi pour respecter des valeurs suprêmes à leurs yeux.

Considérez-vous que les valeurs suivantes sont importantes ?

Faire valoir le droit à la liberté.

☐ Beaucoup ☐ Moyennement ☐ Un peu
☐ Pas du tout ☐ Ne sais pas

Respecter la dignité des hommes et des femmes.

☐ Beaucoup ☐ Moyennement ☐ Un peu
☐ Pas du tout ☐ Ne sais pas

Rechercher la vérité.

☐ Beaucoup ☐ Moyennement ☐ Un peu
☐ Pas du tout ☐ Ne sais pas

Ne pas se soumettre.

☐ Beaucoup ☐ Moyennement ☐ Un peu
☐ Pas du tout ☐ Ne sais pas

Avoir le droit d'être soi.

☐ Beaucoup ☐ Moyennement ☐ Un peu
☐ Pas du tout ☐ Ne sais pas

Honorer la vie.

☐ Beaucoup ☐ Moyennement ☐ Un peu
☐ Pas du tout ☐ Ne sais pas

Défendre l'égalité de tous.

☐ Beaucoup ☐ Moyennement ☐ Un peu
☐ Pas du tout ☐ Ne sais pas

Combattre l'injustice et la discrimination.

☐ Beaucoup ☐ Moyennement ☐ Un peu
☐ Pas du tout ☐ Ne sais pas

Autre :

....

Pourriez-vous classer ces valeurs par ordre décroissant, de la plus importante à vos yeux à celle qui vous paraît la moins primordiale ?

1. ....
2. ....
3. ....
4. ....
5. ....
6. ....
7. ....
8. ....
9. ....
10. ....

Faire face à des choix difficiles

Choisir d'une manière générale, c'est pour vous plutôt…

☐ Facile ☐ Difficile ☐ Ne sais pas

Quand vous choisissez, vous avez tendance à...

☐ Hésiter.
☐ Réfléchir.
☐ Décider vite.
☐ En parler autour de vous.
☐ Peser le pour et le contre.
☐ Envisager les conséquences.
☐ Être influencé par l'extérieur.
☐ Avoir des regrets une fois que vous avez choisi.

Pensez à un choix cornélien que vous avez eu à faire récemment : vous avez été obligé de choisir entre deux choses aussi importantes l'une que l'autre à vos yeux.

Qu'est-ce qui a fini par vous faire pencher d'un côté ou de l'autre ?

....
....
....
....
....
....

Avez-vous eu le sentiment que vous trahissiez quelqu'un ? Un de vos principes ? Vous-même ?

....
....
....
....
....
....

Si vous avez fait ce choix, était-ce au nom d'une valeur supérieure avec laquelle vous vous sentiez en accord ? Laquelle ?

....

....

....

....

....

....

Quelles ont été les conséquences de votre choix pour les autres ? Et pour vous-même ? Comment les avez-vous assumées ?

....

....

....

....

....

....

Avez-vous regretté ce choix ?

....

....

Êtes-vous fier de l'avoir fait ?

....

....

Le temps de la liberté

Avez-vous dû vous battre pour acquérir davantage de liberté et de respect dans votre vie, d'une manière générale ?

....

....

....

Qu'est-ce qui a aidé dans cette conquête ?

Des rencontres.

☐ Beaucoup ☐ Moyennement ☐ Un peu
☐ Pas du tout ☐ Je ne sais pas

Des idées à défendre.

☐ Beaucoup ☐ Moyennement ☐ Un peu
☐ Pas du tout ☐ Je ne sais pas

Des livres.

☐ Beaucoup ☐ Moyennement ☐ Un peu
☐ Pas du tout ☐ Je ne sais pas

Votre besoin de liberté.

☐ Beaucoup ☐ Moyennement ☐ Un peu
☐ Pas du tout ☐ Je ne sais pas

Votre énergie.

☐ Beaucoup ☐ Moyennement ☐ Un peu
☐ Pas du tout ☐ Je ne sais pas

Votre résilience et votre force de survie.

☐ Beaucoup ☐ Moyennement ☐ Un peu
☐ Pas du tout ☐ Je ne sais pas

Les réseaux sociaux.

☐ Beaucoup ☐ Moyennement ☐ Un peu
☐ Pas du tout ☐ Je ne sais pas

Autre :

....

Quelle place laissez-vous à la liberté des autres ?

....
....
....

Prenez-vous en considération les besoins des autres ?

....
....

Percevez-vous les limites qu'il est important de respecter pour ne pas « écraser les autres » ?

....
....

Mesurez-vous les « devoirs » que vous avez aussi envers les autres ?

....
....

Conclusion. Soyons fous, espérons !

S'autoriser à être soi

Après ce parcours passé ensemble, comment vous sentez-vous globalement ?

Plus en accord avec vous-même.

☐ Beaucoup ☐ Moyennement ☐ Un peu
☐ Pas du tout ☐ Je ne sais pas

Plus confiant en vous-même.

☐ Beaucoup ☐ Moyennement ☐ Un peu
☐ Pas du tout ☐ Je ne sais pas

Plus tranquille avec les autres.

☐ Beaucoup ☐ Moyennement ☐ Un peu
☐ Pas du tout ☐ Je ne sais pas

Plus paisible face aux événements.

☐ Beaucoup ☐ Moyennement ☐ Un peu
☐ Pas du tout ☐ Je ne sais pas

Plus perplexe.

☐ Beaucoup ☐ Moyennement ☐ Un peu
☐ Pas du tout ☐ Je ne sais pas

Autre :

....

Vous avez le sentiment que ce qui vous a aidé le plus, ce sont...

Les explications développées dans le live.

☐ Beaucoup ☐ Moyennement ☐ Un peu
☐ Pas du tout ☐ Je ne sais pas

Les questions du livret pratique.

☐ Beaucoup ☐ Moyennement ☐ Un peu
☐ Pas du tout ☐ Je ne sais pas

Les deux.

☐ Beaucoup ☐ Moyennement ☐ Un peu
☐ Pas du tout ☐ Je ne sais pas

Des événements qui se sont passés dans votre existence.

☐ Beaucoup ☐ Moyennement ☐ Un peu
☐ Pas du tout ☐ Je ne sais pas

Autre :

....

Qu'est-ce que ce cheminement vous a apporté ?

....
....
....
....
....
....

Se poser, être là tout simplement

Il est temps de vous poser, de savourer tout simplement votre présence dans un fauteuil, dans une forêt, dans un jardin, au bord de l'eau. Vous vous laissez bercer, porter par la brise, les rayons du soleil, le chant des oiseaux, vous vous abandonnez à la légèreté de l'air et du vent dans les feuilles, des jeux de lumière et des reflets. Juste être là, avec vous et le monde, dans une résonance intime, qui vous apporte la joie de vous sentir vivant.

Remerciements

C'est au gré de rencontres précieuses que j'ai pu petit à petit entrer dans la profondeur des relations humaines, comprendre les processus à l'œuvre au sein des familles, des couples, des fratries… J'aimerais ici remercier celles et ceux que j'ai eu la chance de connaître, mais plus encore leur témoigner ma gratitude.

Tout d'abord Fabrice Midal, sans qui ce livre n'aurait pas vu le jour. Son enthousiasme pour le sujet des trahisons, sa générosité, son soutien quand je doutais, m'ont permis de travailler sereinement et avec beaucoup de plaisir.

Le regard pertinent et perspicace de Sophie Rouanet m'a éclairée et accompagnée de manière efficace tout au long de l'écriture. La présence et la rigueur de Claire Poulin et d'Ivanne Robineau m'ont aidée à présenter un texte clair et accessible. Merci également aux correctrices, précises et disponibles.

Je dois aussi beaucoup à mes patients, enfants et adultes. J'ai tout appris d'eux. Leur confiance m'a particulièrement touchée. Leurs parcours, leur capacité à mobiliser leurs ressources, à rebondir malgré les blessures, ont forgé ma croyance en l'humain. Ils ont nourri ma passion pour ce métier.

Quant aux professionnels de santé, avec lesquels j'ai pu partager des moments d'échanges intenses, que ce soit au cours de formations, de conférences ou de séminaires, ils m'ont amenée à affiner mes concepts, à les étoffer, à les retravailler sans cesse. L'École des parents puis, pendant de longues années, le Ceccof (Centre d'études cliniques des communications familiales) ont été des lieux inspirants et propices au développement d'idées novatrices, notamment lors des colloques annuels et internationaux que nous organisions et qui réunissaient tant de personnalités passionnantes et stimulantes, telles que Mony Elkaïm, président et fondateur de l'EFTA (Association européenne de thérapie familiale), Boris Cyrulnik, Daniel Stern…

Mes thèmes de réflexion, notamment celui de l'argent dans les relations familiales, ou celui de l'évolution des liens de parenté, m'ont permis de rencontrer des professionnels dans des domaines autres que ceux de la santé et du soin : magistrats, juges aux affaires familiales, juges des tutelles, notaires, avocats, banquiers, médiateurs, enseignants…, eux aussi confrontés à la complexité des relations humaines et sensibles à la dimension éthique du lien.

Bien entendu, j'ai un profond respect pour mes « maîtres à penser » : François Roustang, avec qui j'ai travaillé, mais aussi ceux que j'ai lus, comme Emmanuel Levinas, Paul Ricœur, Maurice Merleau-Ponty ou Donald W. Winnicott. Ma reconnaissance va également aux animateurs du site Akadem, qui offre des analyses passionnantes de nos textes fondateurs.

Combien je suis sensible aussi à la gentillesse de mes amis et proches qui ont su ne pas m'en vouloir quand je n'ai pas été suffisamment disponible pour eux, malgré mon désir sincère de les voir, de les recevoir plus souvent !

Et mes enfants et petits-enfants si chers à mon cœur, si importants dans ma vie, comme ils me font rire avec leur humour tendre qui me stimule et me tient éveillée ! Grâce à eux, j'apprends à établir des priorités. Faire de la pâtisserie, voyager, faire des sorties ensemble..., tout cela est essentiel et primordial pour mon équilibre.

Depuis cinquante ans, il est à mes côtés, compagnon fidèle d'une vie riche et pleine, tant sur le plan familial que sur le plan professionnel. Aurais-je eu le courage de me lancer dans toutes ces aventures sans la présence précieuse et amoureuse de Bernard ? Il a orienté certaines de mes recherches, m'a encouragée dans leur approfondissement. Il supporte, finalement, mon besoin de changement constant, mes exigences, voire mes exubérances, mais aussi mes silences, en un mot ma liberté. Notre complémentarité nous a amenés chacun au plus près de l'autre dans le respect réciproque de nos différences petit à petit assumées et acceptées. Sans aucun doute chacun, au fil des années, a pu, au sein de notre couple, s'autoriser à être soi !

Tables des matières

FABRICE MIDAL PRÉSENTE

AUX ÉDITIONS ROBERT LAFFONT

Thich Nhat Hanh
Prendre soin de l'enfant intérieur, 2021.

Dr Michael Greger
Soyez l'expert de votre alimentation, 2021.

Tal Ben Shahar
Les cinq clés du bonheur, 2021.

Natalie Goldberg
Pourquoi écrire va vous rendre heureux, 2021.

Thich Nhat Hanh
Nous sommes la Terre : l'humain au cœur de l'écologie, 2021.

Tara Brach
La méthode R.A.I.N., 2021.

Satish Kumar
Comment j'ai appris la simplicité, 2021.

Imprimé en France par CPI
en juin 2022

Composition réalisée par Nord Compo à Villeneuve-d'Ascq

N° d'édition : 64472/02 – N° d'impression : 2065591

Ce livre existe grâce au travail de toute une équipe.

Communication : Caroline Babulle, Sandrine Perrier-Replein, Typhaine Maison, Adélaïde Yvert.

Coordination éditoriale et administrative : Céline Poiteaux, Martine Rivierre.

Studio : Pascaline Bressan, Barbara Cassouto-Lhenry, Joël Renaudat.

Fabrication : Muriel Le Ménez, Céline Ducournau, Bernadette Cristini, Sophia Paroussoglou, Phousa Chantharath, Isabelle Goulhot, Émilie Lapan (Canada).

Correction : Emmanuelle Coppeaux, Valérie Gautheron.

Commercial, relation libraires et marketing : Laetitia Beauvillain, Alexandra Profizi, Élise Iwasinta, Morgane Rissel, Aurélie Scart, Clément Vekeman.

Cessions de droits : Isabelle Votier, Benita Edzard, Lucile Besse, Sonia Guerreiro.

Gestion : Sophie Veisseyre, Chloé Hocquet, Isabelle Déxès, Camille Douin.

Service auteurs : Viviane Ouadenni, Jean-François Rechtman, Catherine Reimbold.

Ressources humaines : Mylène Bourreau.

Juridique : Laëtitia Doré, Anaïs Rebouh, Valérie Robe, Jean-Benoît Vassogne, Julia Crosnier.

Diffusion : Aurélia Spalacci (directrice des ventes), Nadine Eugénie, Céline Pitt, Arnaud Weill, Hervé Adamczyk, Annie Bourgade, Éric Charpentier, Gilles Couillard, Sandrine Ducrocq, Élisabeth Ehlinger, Guillaume Loras, Jean-Philippe Pilloux, Philippe Maulnier, Gilles Torché, Élisabeth Gastaldo, Jean-Pierre Stephany (Belgique), Olivier Béguin (Suisse), Jean Bouchard et Marie-Ève Provost (Canada), Emmanuelle Cadot, Virginie Godet et Caroline Pan.

Avec le soutien des équipes d'Interforum et d'Editis qui participent à la création, la diffusion et la distribution de ce livre.

Canoros Vehit Canentes